高职高专公共课系列教材

新时代劳动教育理论与实践

主　　编　代　琼　张　炜　熊光奎
副主编　田　天　邹　畅　李国荣　殷朝华
参　　编　刘应科　张浩南　王垂祺
　　　　　胡　琴　施永红　何　浪
　　　　　罗咏银　王仕欣　覃　可
　　　　　张　雪　杨　晔　廖欣瑜

西安电子科技大学出版社

内 容 简 介

　　本书围绕高职院校培养适用性、技能型、建设型人才的目标，以实践育人为统领，以劳动育人为核心载体，培养学生具备满足生存发展需要的基本劳动技能，形成良好的劳动习惯，强化学生勤俭、奋斗、创新、奉献的劳动精神与劳动观，着力构建"三全育人"(全员育人、全程育人、全方位育人)背景下高职院校劳动育人的内在逻辑与实践体系。

　　本书分为 8 章，主要内容包括劳动教育课程概述、新时代劳动价值观、劳模追求与工匠精神、劳动技能与职业理想、劳动品德与劳动习惯、创造性劳动与创新创业、劳动者的权益与法律保障、劳动实践。在内容结构安排上，本书设置有丰富的拓展阅读材料，以增强教材内容的丰富性与可读性。

　　本书既可以作为高职高专"大学生劳动教育"课程的教材，也可作为各行各业进行劳动教育的参考用书。

图书在版编目(CIP)数据

新时代劳动教育理论与实践 ／ 代琼，张炜，熊光奎主编. —西安：西安电子科技大学出版社，2023.3(2024.1 重印)

ISBN 978–7–5606–6818–5

Ⅰ. ①新… Ⅱ. ①代… ②张… ③熊… Ⅲ. ①劳动教育—高等职业教育—教材 Ⅳ. ①G40-015

中国国家版本馆 CIP 数据核字(2023)第 028383 号

策　　划　刘玉芳　刘统军
责任编辑　刘玉芳
出版发行　西安电子科技大学出版社(西安市太白南路 2 号)
电　　话　(029) 88202421　88201467　　　　邮　编　710071
网　　址　www.xduph.com　　　　　　　　电子邮箱　xdupfxb001@163.com
经　　销　新华书店
印刷单位　陕西天意印务有限责任公司
版　　次　2023 年 3 月第 1 版　　2024 年 1 月第 2 次印刷
开　　本　787 毫米×1092 毫米　1/16　印张 13.25
字　　数　242 千字
定　　价　42.00 元
ISBN　978–7–5606–6818–5 / G

XDUP 7120001–2
如有印装问题可调换

前　言

　　劳动创造了人类，创造了世界，更是我们幸福生活的源泉。从刀耕火种的原始农业时代，到现在的信息化时代，劳动创造美好生活的实质从来没有改变，改变的只是劳动的形式。然而，近年来大学生中出现了不珍惜劳动成果、不想劳动、不会劳动的现象。他们大多没有意识到劳动的意义，轻视劳动，甚至不尊重普通劳动者，这对他们的成长成才非常不利。因此，对大学生强化新时代的劳动教育迫在眉睫。

　　2020年3月20日，中共中央、国务院印发《关于全面加强新时代大中小学劳动教育的意见》(以下简称《意见》)。《意见》指出，劳动教育是国民教育体系的重要内容，是学生成长的必要途径，具有树德、增智、强体、育美的综合育人价值。实施劳动教育重点是在系统的文化知识学习之外，有目的、有计划地组织学生参加日常生活劳动、生产劳动和服务性劳动，让学生动手实践、出力流汗，接受锻炼、磨炼意志，培养学生正确的劳动价值观和良好的劳动品质。

　　本书的编写围绕高职院校培养适用性、技能型、建设型人才的目标，结合学校"十四五"发展规划和"三动育人"理论，以及创建"双高"、争进"百强"的发展目标与高职学生学情，以实践育人为统领，以劳动育人为实践育人的核心载体，建立立德树人背景下高职院校劳动育人的内在逻辑与实践体系，重在培养学生具备满足生存发展需要的基本劳动技能，形成良好劳动习惯，强化学生勤俭、奋斗、创新、奉献的劳动精神和价值观。

　　本书分为8章，主要内容包括劳动教育课程概述、新时代劳动价值观、劳模追求与工匠精神、劳动技能与职业理想、劳动品德与劳动习惯、创造性劳动与创新创业、劳动者的权益与法律保障、劳动实践。其中，1~7章设置了丰富的拓展阅读材料，充实了教材的内容，增强了教材的可读性；第8章给出了一些实践活动指导，可帮助学生从实践中学习和领会劳动的深刻意义。

本书由代琼、张炜、熊光奎任主编，田天、邹畅、李国荣、殷朝华任副主编，其他编写人员有刘应科、张浩南、王垂祺、胡琴、施永红、何浪、罗咏银、王仕欣、覃可、张雪、杨晔、廖欣瑜，感谢大家对本书出版做出的贡献。本书在编写过程中，参考和借鉴了劳动教育研究方面的文献资料、网络资源和相关研究成果，在此向相关作者一并表示真诚的感谢！

由于编者水平有限，加之编写时间仓促，书中不足之处在所难免，敬请广大专家、同行和学生批评指正，并提出宝贵意见，帮助我们不断完善。

编　者

2022 年 10 月

目　　录

第一章　劳动教育课程概述 1

第一节　劳动与劳动教育概述 2

一、劳动的基本内涵 2

二、劳动教育的基本内涵 4

三、劳动教育的内容 6

第二节　劳动教育的组织实施 7

一、劳动教育的基本原则 7

二、劳动教育的目标 8

三、劳动教育的实施 9

四、劳动教育工作要求 11

第三节　新时代劳动教育概述 15

一、新时代劳动教育的意义 15

二、新时代劳动教育的基本特征与基本理念 20

第二章　新时代劳动价值观 23

第一节　马克思主义的劳动观 23

一、劳动的本质和主体 23

二、劳动与人类和社会发展 26

第二节　新时代高校劳动教育的内涵与重要意义 28

一、新时代高校劳动教育的内涵与外延 29

二、新时代高校加强劳动教育的重要意义 37

第三章　劳模追求与工匠精神 44

第一节　新时代劳模精神 44

一、劳模精神概述 44

二、传承新时代劳模精神 49

第二节　新时代工匠的自我修炼 51

一、务实勤劳的实干精神 51

二、锐意进取的奋斗精神..54

三、敢为人先的创新精神..56

第三节 新时代劳动教育中的大学生......................................60

一、新时代大学生要锐意进取、奋斗前行............................60

二、弘扬新时代工匠精神..61

第四章 劳动技能与职业理想..63

第一节 参与实习实训，锤炼劳动技能................................63

一、实习实训的内涵..64

二、大学生参加实习实训的意义..66

三、劳动教育与实习实训相结合有其必然性....................67

四、从劳动锻炼走向工作世界..70

第二节 公益劳动与义务劳动..74

一、公益劳动与义务劳动的内涵..74

二、公益劳动与义务劳动的属性..79

三、公益劳动与义务劳动的意义..82

四、公益劳动和义务劳动的社会功能................................84

第三节 提升职业素养，适应职场要求................................88

一、职业..88

二、职场..91

三、职业素养..93

四、提升职业素养，适应职场要求....................................96

五、助推职业生涯，成就职业理想..................................100

第五章 劳动品德与劳动习惯..103

第一节 依法履约，保护合法权益......................................103

第二节 勤俭节约，珍惜劳动成果......................................108

一、尊重他人劳动..108

二、珍惜劳动成果..109

三、养成良好的消费习惯..109

四、抵制奢靡浪费..110

第三节 诚实守信，发扬优良品格......................................112

一、诚者不自欺..112

　　二、于己无愧，于人无损，于国有益 112

　第四节　吃苦耐劳，培养劳动习惯 114

　　一、热爱劳动 114

　　二、终身劳动 115

　　三、人生在勤，勤则不匮 115

　　四、以辛勤劳动为荣，以好逸恶劳为耻 116

第六章　创造性劳动与创新创业 118

　第一节　创造性劳动 118

　　一、创造性劳动的内涵 119

　　二、创造性劳动的意义 125

　　三、新时代大学生创造性劳动能力的学习路径 127

　第二节　劳动与创新创业 136

　　一、创新创业的内涵 136

　　二、大学生进行创新创业学习的意义 140

　　三、国家对大学生创新创业的政策支持 143

　　四、大学生进行创新创业必备的技能 144

　　五、从劳动者到创业者 146

第七章　劳动者的权益与法律保障 153

　第一节　劳动者的权利与义务 153

　　一、劳动者的内涵 153

　　二、权利与义务内涵 155

　　三、劳动者的权利与义务 158

　　四、劳动者权利的主要实现方式 162

　第二节　劳动保障与社会保障 163

　　一、劳动保障 164

　　二、社会保障 165

　　三、劳动保障与社会保障的区别 166

　　四、《劳动法》 166

　　五、《社会保障法》 167

　　六、《劳动法》与《社会保障法》的联系与区别 168

　　七、提高安全意识，谨防就业陷阱 169

八、订立劳动合同，加强劳动保障 174

九、劳动纠纷处理 181

第三节 促进劳动者全面发展 182

一、入职准备 182

二、积极进行角色转换 183

三、尽快融入企业 187

四、克服职业倦怠 189

五、养成良好的职业习惯 192

第八章 劳动实践 196

第一节 校园劳动实践 196

第二节 社会劳动实践 201

参考文献 204

第一章　劳动教育课程概述

【章首导读】

　　劳动，是人类创造物质或精神财富的特殊实践活动，是人类社会存在和发展的最基本条件。劳动创造了世界，可以说，没有劳动，就没有人类的生活。

　　本章主要内容包括劳动与劳动教育的基本内涵，劳动的组织实施，新时代高校劳动教育的意义等。通过学习，学生可以深刻理解劳动之于人类的伟大意义，从而从自己做起，养成热爱劳动、尊重劳动、崇尚劳动的劳动态度。

【拓展阅读】

贵阳职业技术学院"三动育人"理念

　　在有关教育活动的长期探索中，人们早已经意识到实践的重要意义。在马克思主义教育理论中，教育只有与劳动实践相结合才能实现人的全面发展。在我国古代教育思想中，实践教育同样也受到高度重视。陆游曾写有一诗："古人学问无遗力，少壮工夫老始成。纸上得来终觉浅，绝知此事要躬行。"可见，教育从来不能完全独立于实践。2020年3月，中共中央、国务院印发的《关于全面加强新时代大中小学劳动教育的意见》站在新时代培养社会主义建设者和接班人的高度，厘清了加强大中小学生劳动教育的重大意义，构建了体现时代特征的劳动教育体系，要求在大中小学广泛开展劳动教育实践活动。

　　基于上述背景，贵阳职业技术学院创造性地提出了"三动育人"理念。所谓"三动"，即运动、活动、劳动。这一理念以立德树人为根本，以人的全面发展为目标，在劳动教育的基础上强调了活动与运动的育人价值，用"三动"的概念和"三动育人"的思路补充实践育人理论的系统性。事实上，实践育人已经形成了较为丰富的理论。卢梭(Jean-Jacques Rousseau，1712—1778年)将教育分为三种："这种教育，我们或是受之于自然，或是受之于人，或是受之于物。我们的才能和器官的内在的发展，是自然的教育；别人教我们如何利用这种发展，是人的教育；我们对影响我们的事物获得良好的经验，是事物的教育。"无论是自然的教育、人的教育还是事物的教育，都离不开实践，而这种实践又不仅仅指课堂教学实践，它指的应该是更为宽泛的、几乎贯穿人的生命历程的一切生产与生活实践。杜威(John Dewey，1859—1952年)则更加直白，认为教育就是"经验的改造和重新组织"，反对那些远离受教育者经验的、呆板的、形式主义的课程和教材。因此，我们也不难从杜威的思想中发现实践对于教育的重要性，它几乎被等同于教材。陶行知(1891—1946年)继承了杜威的教育思想，更加具体地指出"生活即教育""社会即学校"，更加强调"教学做合一"。这就是他的生活教育思想："生活教育与生俱来，与生同去。出世便是破蒙，进棺材才算毕业。"在陶行知的教育思想中，我们同样看到了实践的教育价值。从概念上来说，实践作为一种重要的育人方式，其涵盖的内容十分广泛。因此，实践育人其实已经从概念上对"三动"的各个领域和范畴进行了统合。但这种统合是在概念之下实现的，当实践育人作为一个系统时，我们不得不考虑实践育人各个领域的落脚点。因此，贵阳职业技术学院提出更加具体的"三动育人"理念，目的在于将实践育人从理论层面落地到实践层面。

"三动育人"理念强调实践的系统性。由于人的实践具有系统性，因此，无论我们如何划分实践的类型，各种类型的实践之间的边际并不明显，或者说，即使有一种方式对人的实践作了清晰的划分，却依然无法截断各种类型的实践之间的关联。但是，当不同类型的实践在同一主体上发生时，这些不同类型的实践将有机统一于这个主体，使这个主体能够成为一个完整的、德智体美劳全面发展的主体。而这显然不是教室里的"讲"和"听"所能达到的效果，它必须依赖于系统的实践，在学校里，我们将这种系统的实践落脚到运动、活动和劳动。

第一节 劳动与劳动教育概述

一、劳动的基本内涵

(一) 劳动的概念

从哲学高度看，劳动是主体、客体和意义的内涵集成体。

劳动，是人类实践活动的一种特殊形式，主要是指生产物质资料的过程，多指创造物质财富和精神财富的活动，是能够对外输出劳动量或劳动价值的人类运动。在经济学中，"劳动"则是指劳动力(含体力和脑力)的支出和使用。例如在《资本论》中，马克思对"劳动"的定义是："劳动力的使用就是劳动本身。劳动力的买者消费劳动力，就是让劳动力的卖者为其提供劳动。"

劳动是人类社会存在和发展的基本条件，是人维持自我生存和自我发展的唯一手段。劳动创造、改变未来，同时也改变着劳动者自身。劳动创造了美，它是脑力劳动和体力劳动的结合。

(二) 劳动的特征

1. 人类专属性

从表面上看，劳动作为一种活动，是对自身生活有用的自然物质的占有，这好像与自然界中动物的活动没有什么区别。如蜘蛛通过织网来捕食猎物，蜜蜂通过建筑蜂房来储存蜂蜜，燕子通过衔草筑巢来繁殖后代。然而，动物的这些活动不能称为劳动，因为它是一种动物生存的本能。人的劳动和动物的本能活动最不同的地方在于，人的劳动是具有自觉意识支配的、能动的和具有一定目的的活动。

2. 自觉意识和能动性

马克思指出：蜘蛛的活动与织工的活动相似，蜜蜂建筑蜂房的本领使人间的许多建筑师感到惭愧。但是，最蹩脚的建筑师从一开始就比最灵巧的蜜蜂高明的地方，是他在建筑蜂房以前，已经在自己的头脑中把它建成了。人类在劳动时不仅知道为什么去做、怎样去做，而且知道将会做成什么样，这些就是人类劳动和动物本能活动之间的本质区别。劳动具有自觉意识和能动性，它是具有目的的活动。

3. 劳动的创造性

有自觉意识和能动性的活动，并不都是劳动。因为人是有意识和思想的，人的一切活动都受意识的支配。如旅游、跳舞、吃饭，虽然也具有目的性，但就不能称之为劳动。在人的活动中，只有那些能够创造出物质财富和精神财富的创造性活动，才能称之为劳动。而前面所说的那些消费性活动，则不能称为劳动。

(三) 劳动的三大基本类型

(1) 体力劳动。体力劳动是指以人体肌肉与骨骼的劳动为主，以大脑和其他生理系统的劳动为辅的人类劳动。

(2) 脑力劳动。脑力劳动是指以大脑神经系统的劳动为主，以其他生理系统的劳动为辅的人类劳动。

(3) 生理力劳动。生理力劳动是指除了体力劳动和脑力劳动以外的其他形式的人类劳动。

一般的人类劳动由脑力劳动、体力劳动与生理力劳动按照不同的比例关系组合而成。

二、劳动教育的基本内涵

(一) 劳动教育的概念

劳动教育是以提升学生劳动素养的方式促进学生全面发展的教育活动。由于劳动价值观是劳动素养的核心内涵，劳动教育也可以定义为以促进学生形成劳动价值观(即确立正确的劳动观点、积极的劳动态度，热爱劳动和劳动人民等)和养成良好劳动素养(形成劳动习惯，有一定劳动知识与技能，有能力开展创造性劳动等)为目的的教育活动。

《教育大辞典》从劳动教育的内容和劳动素养出发，将"劳动教育"定义为劳动、生产、技术和劳动素养方面的教育，旨在培养学生正确的劳动观点、劳动态度、劳动习惯，使学生获得工农业生产基本知识和技能。

劳动教育还与"劳动技术教育""通用技术教育"等概念相关。不过"劳动技术教育"较强调技术的学习，与职业定向存在更密切的关联；"通用技术教育"则是开展基础技术教育的课程形式，"通用技术"是其教育重点，"劳动"已不是其核心意涵。换言之，劳动教育是面向所有教育对象的普通教育，而"劳动技术教育""通用技术教育"两个概念中虽也有"劳动"的要素，但更多指向具体技术或者通用技术的学习等，强调重点有显著差异。

在劳动价值观方面，劳动教育有助于帮助学生确立正确的劳动观点、积极的劳动态度，拒绝"好逸恶劳""不劳而获"等错误的价值观；形成尊重和热爱劳动过程、劳动成果和劳动主体的价值态度。在养成良好劳动素养方面，劳动教育特别强调：第一，促进学生具备一定的劳动知识与技能，成为全面发展的人；第二，发展学生创造性劳动的潜质，成为新时代所需要的创造性劳动者；第三，形成良好的劳动习惯，成为"流自己的汗、吃自己的饭"的有尊严、有教养的现代公民。

(二) 劳动教育的基本特征

1. 本质的自然性

劳动是生命存在的标志。为了吃饭就必须劳动，这是普遍的自然规律，这句话揭示了劳动的本质属性，即劳动是人类存在的形式、路径与意义所在。人类因有目的的劳动成就自身，同时因为有价值的劳动改造社会、促进社会、发展社会。为了生存，劳动是自然的，劳动教育也就是自然的，而且是一种由内而外、充溢于天地间的自然自觉，所以，本质的自然性是劳动教育的首要特征。这一特征从本源上决定了劳动教育在人的全面发展过程中的根基性，证明了劳动教育作为学科结构的有机组成对于人的全面发展不可或缺。

2. 内涵的统领性

劳动是人的存在方式，也是社会氛围，更是精神传承。劳动教育在学校教育中虽然不占核心位置，更不能提供认识社会的整体知识，但在人的全面发展过程中却具有统领意义。内涵的统领性，关键不在于内容，而在于意义。如果能领会到整个教育过程中充溢的这种"劳动性"，即从纯粹的"劳动力"认知走向充溢的"劳动性"体验，便能更深入地解读"劳动"与"劳动教育"，有助于让人们在劳动中发现自己、发展自己、完善自己。

3. 概念的发展性

一部人类发展史，实际上就是人类改造自然的劳动发展史。在人类发展过程中，劳动从其原始形态逐渐过渡到现代形态，即使是在劳动高度机械化、智能化的将来，形似简单的劳动也不是以往的简单劳动的回归，而是一种更深意义上的复杂劳动。时代的发展不断改变着劳动结构，劳动结构的变化又不断更新着人们对劳动教育的理解与期待，劳动教育的概念就这样被不断发展、不断丰富。所以，不能再单纯地理解劳动教育，而是要在一个变迁、转型、过渡的意义上去理解今天的劳动和劳动教育，它是发展的，同时也是复杂的，在发展中产生复杂，在复杂中孕育发展。

4. 价值的召唤性

劳动是人类创造财富的唯一途径，人类因这些财富得以生存、发展、壮大，这一点应该被人类铭记。劳动的价值、意义应该被代代相传，而不应出现断层。不劳而获、一夜暴富的思想根源于对劳动的无视与轻视，是劳动意识整体失落的集中体现，劳动意识淡薄、劳动能力下降、劳动素质不高等一系列社会问题都是它的"蝴蝶效应"。劳动教育是一种聚焦，一种提醒，更是一种价值召唤：以劳动教育唤起劳动意识，以劳动意识培养劳动习惯，以劳动习惯提高劳动能力，以劳动能力增强劳动素质，这种价值召唤对于民族自尊、民族自信、民族自豪都是一种严肃的重塑，对实现中华民族伟大复兴的中国梦具有重要意义。

5. 形态的时代性

由于人类劳动的形态处在不断演变的过程中，具体表现为脑力劳动的比重不断增加、新形态的劳动不断形成，因此劳动教育包括参加体力劳动，但又不能狭隘地理解为简单的体力劳动锻炼，劳动教育应依据劳动形态的演进而与时俱进。学校应创造条件让学生参加服务性劳动、创造性劳动等，形成当代劳动教育的新方向。此外，劳动价值观形成的基础是社会大众对劳动价值的肯定认知，若社会没有尊重劳动的分配机制与舆论氛围，学校的劳动教育必然孤掌难鸣，难有实质成效。家庭教育中的劳动教育环境对劳动教育的推行也有巨大的促进作用。因此，学校必须与家长和社会携手合作才能取得劳动教育的实效。

三、劳动教育的内容

(一) 劳动精神

精神一是指人的意识、思维活动和一般心理状态，二是指(人)所表现出来的活力和活跃、有生气。劳动精神则主要指人们对劳动的热爱态度，以及劳动者在劳动过程中体现出来的积极人格气质。劳动精神包含对劳动价值的认识、对劳动的正向态度以及对劳动者、劳动过程、劳动成果的尊重等。在日常生活中，劳动精神的学习常常与向劳动者尤其是向"劳动模范"的榜样学习联系在一起。

大学生是国家建设的主力军，是国家的未来和希望，担负着建设社会主义、实现社会主义现代化、振兴中华民族的历史重任，因此，我们的传统美德和精神非但不能丢，还要在新的历史时期让它继续发扬光大。因此，对大学生进行劳动精神和劳动意识的教育就显得尤为重要。这种精神动力，也将激励着我们为实现自身价值、为社会进步而辛勤劳动，脚踏实地地劳动，在劳动中创造价值、实现价值。

(二) 劳动价值观

人们的劳动认识和实践会受到劳动价值观的影响，在正确的价值观指导下人们才会做出正确的行为，因此，要对大学生进行劳动教育需从劳动价值观的教育入手，让观念先行。劳动价值观是人们对劳动的价值、目的和意义等观念的认识，直接影响着人们的劳动态度、劳动价值取向、劳动目标的追求、劳动价值的评判。它是人们劳动认识和实践活动达到自觉的重要标志。

(三) 劳动素养

劳动素养，是指经过生活和教育活动形成的与劳动有关的人的素养，包括劳动的价值观(态度)、劳动的知识与能力等维度。同时劳动素养也具有规范性概念的特征。例如，说某人具有"劳动素养"，实际上是指某人具有"好的"劳动素养。一个具有良好劳动素养的人，一方面应当对劳动价值有正确认识及积极态度，另一方面也要对劳动的理论知识与实践策略有深入了解和掌握，且有良好的劳动习惯。故广义的劳动素养包含劳动价值观，狭义的劳动素养则专指与劳动有关的知识、能力、习惯等。

(四) 劳动技能

大学生培养的最终目的是要为社会输送品德与能力兼备的新型劳动者，然而大学期间的课程更多地偏重理论学习，这就导致了大学生劳动实践能力的不足，这显然不符合社会对人才的要求。因此，劳动教育就是要通过劳动实践活动将理论与实际相联系，使大学生能够学以致用，掌握劳动实践技能。大学生劳动技能教育大致包含两部分内容：一是教学计划内的劳动教育，这需要结合大学生所学专业的特点具体安排，包括教学实验、课程设计、专业实习、毕业设计、生产见习等；二是教学计划外的劳动教育，包括学校提供的科技文化服务、勤工助学活动、支教服务，以及大学生自主参与、组织的社会公益劳动、生产劳动、其他形式的社会实践活动等。

(五) 劳动习惯

大学生是备受社会关注，并被寄予了厚望的一个群体，但是近年来出现的大学生劳动习惯堪忧的问题需要引起我们的重视。一方面是大学生生活自理能力的下降以及不良行为习惯的产生，如洗衣、做饭、打扫卫生等基本的个人生活能力不足，公共卫生意识差，体力劳动欠缺，生活懒散，浪费粮食及各种资源等；另一方面是学业上的懒惰，如学习上不够勤勉、不够自律，缺乏刻苦钻研的精神等。因此，大学生劳动教育应重视其劳动习惯的养成，使学生无论在体力劳动还是脑力劳动方面都能养成良好的习惯，并形成一种自觉行为。大学教育要培养的是全面发展的人，需要通过劳动教育使学生养成良好的个人生活习惯及勤奋严谨的学习风尚。

第二节 劳动教育的组织实施

一、劳动教育的基本原则

(一) 把握育人导向

坚持党的领导，培养担当民族复兴大任的时代新人，着力提升学生综合素质，促进学生全面发展、健康成长。把准劳动教育价值取向，引导学生树立正确的劳动观，崇尚劳动、尊重劳动，增强学生对劳动人民的感情，从而积极致力于报效国家、奉献社会。

(二) 遵循教育规律

劳动教育要符合大学生的年龄特点，以体力劳动为主，注意手脑并用、安全适度，强化实践体验，让学生亲历劳动过程，遵循教育规律，提升育人的实效性。

(三) 体现时代特征

新时代劳动教育要适应科技发展和产业变革，针对劳动新形态，注重新兴技术支撑和社会服务新变化，体现时代特征，深化产教融合，改进劳动教育方式。劳动教育要强化诚实合法劳动意识，培养科学精神，提高创造性劳动能力。

(四) 强化综合实施

加强政府统筹，拓宽劳动教育途径，整合家庭、学校、社会各方面的力量。家庭劳动教育要日常化，学校劳动教育要规范化，社会劳动教育要多样化，三方合力形成协同育人格局。

(五) 坚持因地制宜

根据地区和学校实际，结合当地在自然、经济、文化等方面的条件，充分挖掘行业企业、职业院校等可利用资源，宜工则工、宜农则农，采取多种方式开展劳动教育，避免"一刀切"。

二、劳动教育的目标

劳动教育要准确把握社会主义建设者和接班人的劳动精神面貌、劳动价值取向和劳动技能水平的培养要求，全面提高学生劳动素养，使学生达到以下目标。

(一) 树立正确的劳动观念

正确理解劳动是人类发展和社会进步的根本力量，认识劳动创造人、劳动创造价值、劳动创造财富、劳动创造美好生活的道理，尊重劳动，尊重普通劳动者，牢固树立劳动最光荣、劳动最崇高、劳动最伟大、劳动最美丽的思想观念。

(二) 具有必备的劳动能力

掌握基本的劳动知识和技能，正确使用常见的劳动工具，增强体力、智力和创造力，具备完成一定劳动任务所需要的策划能力、操作能力及团队合作能力。

(三) 培育积极的劳动精神

领会"幸福是奋斗出来的"的内涵与意义，继承中华民族勤俭节约、敬业奉献的优良传统，弘扬开拓创新、砥砺奋进的时代精神。

(四) 全面提高个人劳动修养

能够自觉自愿、认真负责、安全规范、坚持不懈地参与劳动，养成诚实守信、吃苦耐劳的品质。珍惜劳动成果，养成良好的消费习惯，杜绝浪费。

三、劳动教育的实施

(一) 组织领导

在学校党委的领导下，成立劳动教育管理委员会，确定一名成员主持劳动教育管理委员会工作，负责劳动教育管理和劳动实践基地建设；由教务处制订实施方案，明确课程设置，建立课程资源，制订考核标准，各二级学院负责劳动教育的组织实施和日常管理。

(二) 师资建设

根据劳动教育需要，配备必要的专任教师。通过不定期的在职培训等措施，建立专、兼职相结合的劳动教育师资队伍。设立劳模工作室、技能大师工作室、荣誉教师岗位等，聘请相关行业专业人士担任劳动实践指导教师。把劳动教育纳入教师培训内容，开展全员培训，强化每位教师的劳动意识、劳动观念，提升其实施劳动教育的自觉性；对承担劳动教育课程的教师进行专项培训，提高其劳动教育专业化水平。

(三) 课程资源

学校从实际出发成立劳动教育校本教材开发小组，开发适用于本校的劳动教育教材。教务处、学生处、校产管理处、后勤管理处、各二级学院制订劳动实践基地建设规划，逐步完善学校劳动实践基地。教师要充分利用和开发学校潜在的教育资源，引入与学生生活实际、社会生产实际相关的教学内容，使学生感受新信息和新科技，有效实现劳动教育目标。

(四) 教育管理

劳动教育过程中，教师应与学生积极互动、共同发展，要处理好知识目标与素质目标的关系，注重培养学生的独立性和自主性，引导学生质疑、探究，促进学生主动地、富有个性地在实践中学习。教师应尊重学生的人格，关注个体差异，区别对待不同动手能力的学生。注重在活动中调动学生的积极性，依靠学生固有的经验，充分挖掘学生的潜能，并注重实施跨学科教学，全面培养学生的专业能力、社会能力等综合能力素质。

(五) 展示评价

建立健全劳动教育评价机制，将劳动素养纳入学生综合素质评价体系和综合素质学分评定中，制订评价标准，建立激励机制，组织开展劳动技能和劳动成果展示、劳动竞赛等活动，全面客观地记录课内外劳动过程和结果，加强对学生实际劳动技能和价值体认情况的考核。学校要建立公示制度、审核制度，确保记录真实可靠。要把劳动素养评价结果作为衡量学生全面发展情况的重要内容，作为评优评先的重要参考和毕业依据。

(六) 安全保障

加强对师生的劳动安全教育，鼓励师生购买劳动安全相关保险，强化劳动风险意识，建立健全安全教育与管理并重的劳动安全保障体系，保障劳动教育正常开展。科学评估劳动实践活动的安全风险，认真排查、清除学生劳动实践中的各种隐患，特别是辐射、疾病传染等。在场所设施选择、材料选用、工具设备和防护用品使用、活动流程等方面制订安全、科学的实施规范，强化对劳动过程每个岗位的管理，明确各方责任，防患于未然。制订劳动实践活动风险防控预案，完善应急与事故处理机制。

 【拓展阅读】

西北师范大学搭建劳动教育实践平台

为了促进学生全面发展、健康成长，让学生在实践中体会平凡劳动中的伟大，西北师范大学率先在学生社区推行"劳动实践课"。

"作为一名学生党员，我们有责任、有义务积极探索劳动教育新内涵，带动更多的学生参与劳动实践，为公寓的净化、美化贡献力量。"多次参加劳动实践课的该校地理与环境科学学院学生党员陈天舒如是说。

为了让这门"实践课"更生动，西北师范大学让劳动教育进公寓。定期在兰天学生公寓组织开展"践初心·当先锋"党员义务劳动主题日活动，每次都能吸引学生社区100余名党员参加活动。

历史文化学院学生党员宋万山在"我的劳动观"留言板上写下："义务劳动虽然是从整理宿舍内务、打扫卫生、捡拾公寓垃圾、清扫树叶、擦洗盆景等身边劳动做起，但是给我很大的启迪，让我真正体会到，任何一项劳动都凝结着别人的辛勤付出，尊重劳动、热爱劳动、投身劳动是新时代大学生应该具有的品格"。

西北师范大学校长刘仲奎认为，在学生成长的每个环节，无论在课堂内还是课堂外，都有价值引导的问题，让学生上好"劳动实践课"，在以劳树德、以劳增智、以劳强体、以劳育美中，实现全面育人价值。

有了学生的参与，宿舍内务及卫生状况有了明显改善，学生热爱劳动、尊重劳动、崇尚劳动的观念正在形成。同时，该校还在学生社区构建了"辅导员＋学生党员＋宿舍互助引导员"的网格化管理体系，发挥学生党员的模范带头作用，让劳动最光荣、劳动最崇高、劳动最伟大、劳动最美丽的观念蔚然成风。

"我觉得打扫公寓卫生这样的劳动，不是让我们干多少活，而是唤醒更多同学对公共环境卫生保护的意识，让更多同学学会尊重别人的劳动成果。"已推免至复旦大学攻读博士学位的大四学生沈院感触很深，他在这个"岗位"上坚守了 4 年，在他的影响下，更多的学生"上岗"。

这是西北师范大学重视劳动教育，为学生搭建的常态化实践平台。同时，该校还构建了物质帮助、道德浸润、能力拓展、精神激励有效融合的资助育人长效机制。在学生公寓设立互助发展引导员岗位，宿舍、楼层、楼宇三级互助发展引导员、公寓安全信息员、公寓文化宣传采编员分工明确的3860多个实践岗位被学生"认领"，"宿舍＋楼层＋楼宇"的网格化学生自主管理体系自此搭建。

从自我做起，从点滴做起，带动周围的人共同行动起来。这是西北师范大学3860名"自律咖"的"宣言"。在这一宣言的感召下，全校 1.5 万多名学生参与其中。以此全面推进劳动教育常态化，带动每个学生都成为学校的主人，为"以劳树德、以劳增智、以劳强体、以劳育美"的劳动教育机制开辟了新途径。

(资料来源：中国教育报新闻网，2020－05－04)

四、劳动教育工作要求

(一) 坚持实践性要求

实践性是劳动教育工作的基本要求。学生亲身参加劳动操作实践是劳动教育的主要形式和基本方法。实践是劳动教育必不可少的环节。创新素质只有在解决实际问题的过程中才能得到发展。学校要结合实际，创设足够的时间和空间，千方百计为学生创设劳动操作的条件，让学生在实践中掌握知识和技能。学校、教师要切实做好指导和管理工作，提高劳动教育的教学效果。

(二) 坚持技术性要求

随着科学技术的迅猛发展，在基础教育中加强技术教育已成为世界性潮流。在劳动教育上，无论是生活劳动或生产劳动，在确立学生主体地位的同时，都要紧紧围绕提高学生劳动技术素质这一中心，注重培养学生的技术意识，发展学生的技术思维能力，提高学生的智力水平、创新精神和实践能力。

(三) 坚持基础性要求

劳动教育是从基础教育阶段开始培养学生劳动技能素质的一门基础性课程，应该使学生具备基本的技术处理能力，以适应未来的职业生活、家庭生活和社会生活。在劳动教育中，通过对某些劳动技术项目的学习，使学生掌握相关的劳动知识，提高他们运用工具进行劳动的动手操作能力和思维能力，为将来的发展、成长打下坚实的基础。

(四) 坚持适应性要求

教师在实施劳动教育时，要根据学校实际选择合适的内容和形式。在进行课本知识教学的同时，要不断地融入新科学、新技术的教学，使劳动教育教学能够适应科学技术和社会经济发展的需要。劳动教育还须注意适应学生年龄、性别、个性差异等生理、心理特征和知识、技能的水平，把握好劳动教育内容的可接受性。

(五) 坚持开放性要求

在劳动教育过程中，既要保证学生主体有足够的劳动实践活动的时间，使学生通过劳动实践活动来理解、认识、探索和创造，又要使学生在独立与合作的各项活动中得到交流和精神体验。劳动教育的综合性、实践性决定了它开放的性质。教学活动、学生实践操作活动的时间应有弹性，教学内容应不拘泥于教材，要做到课内课外、校内校外相结合，这对于改变学校劳动教育内容过于单一、要求过于统一的状况有积极的意义。劳动成果的呈现方式应该是开放的，是学生在广阔的时空中实践和探索得来的。把实施劳动教育与各项实践活动有机地结合起来，逐步构建学校、社会、家庭相互协调、互为补充的劳动教育体系，能够为对劳动有特殊兴趣和爱好的学生，提供一个充分发挥自己天赋、才能和创造力的新思路。

(六)　坚持安全性要求

劳动教育必须确保学生的安全。劳动教育的主要教学方式是让学生动手操作，操作过程中涉及的材料、工具、设备等都带有不安全因素，因此，要规定各个项目的操作程序和安全规程，并制订必要的安全检查制度。

 【拓展阅读】

陶行知的劳动教育观：生活·劳动·教育

陶行知是中国伟大的人民教育家，其一生都在为改造中国教育、服务人民大众而不断奋斗，并且留下了大量的著述。陶行知有着深厚的教育理论体系与丰富的教育实践活动，其教育理论体系与教育实践活动是相辅相成的，而不是互相割裂的。20世纪20年代至40年代，陶行知的具体教育实践活动主要是创办晓庄学校(乡村师范学校)、山海工学团、育才学校等。在此基础上，他构建了自己的生活教育理论体系。他的生活教育理论源于教育实践，同时也指导着教育实践，正如他(1932年)将王阳明的知行观转换成行知观，提道："行是知之始，知是行之成。"

陶行知生活教育理论的核心内容为"生活即教育，社会即学校，教学做合一"，强调在做中教、在做中学，教学做三位一体。由此可知，连接生活与教育的组带是"做"，活动表现为"劳力"与"劳心"的结合。纵观陶行知的生活教育理论，不难发现，劳动教育思想在某种程度上是其生活教育理论的基石与核心。劳动教育是现代教育目标的5大方面之一，是人的全面发展的必然要求。深入分析陶行知的劳动教育思想，挖掘其内涵与特点，有助于我们加深对其生活教育理论的理解，同时对于当前各学习阶段开展劳动教育具有重要借鉴意义。

一般在探讨教育的起源问题时，都会论及教育的劳动起源说。这一学说认为"劳动创造了人，因而劳动必然是教育产生的最初的本源"。由此可知，劳动在人类社会发展和教育活动中具有重要的作用。教育家苏霍姆林斯基曾认为，"劳动教育是对年轻一代参加社会生产的实际训练，同时也是德育、智育和美育的重要因素"。这同样表达了劳动教育在学生的物质生活与精神生活中的重要作用。关于劳动教育的内涵或定义，马克思曾指出："教育同生产劳动相结合是提高社会生产的一种方法，教育同生产劳动相结合是改造现代社会的最强有力的手段，是造就全面发展的人的唯一方法。"《中国百科大辞典》(1990)指出，"劳动技术教育是全面发展教育的重要组成部分之一，由劳动教育和技术教育两方面组成，劳动教育以劳动实践为主，结合进行思想教育"。可见，劳动不仅是教育起源的重要方面之一，也是教育实践的主要内容之一。

概览中国现代教育史，陶行知是最早提出教育与生产劳动相结合的教育家。陶行知生活教育的核心内容之一即以生活为中心的教育，而对于什么是生活，陶行知(1934)给出了简明扼要的定义——"劳动即生活"，揭示了生活的基本内涵。人类社会的劳动生活包括了社会生活的各个方面，人想要什么样的生活，必须参加相应的劳动和生活实践活动。因而，教育与生产劳动和社会生活相结合是生活教育理论的内在需求。陶行知的劳动教育思想集中体现在以下几个方面。

1. 手脑并用

"手脑并用"是陶行知生活教育理论的具体目标之一，也是其劳动教育思想的目的。陶行知(1928)曾说："劳动教育的目的，在谋手脑相长，以增进自立之能力，获得事物之真知及了解劳动者之甘苦。"要想达到这样一种目的，则"非师生共同用手做事不可"。而当时中国的教育方式是教育与生产劳动、社会活动相脱节，"教用脑的人不用手，不教用手的人用脑，所以一无所能"(陶行知，1931)，将中国的教育导向了歧路。因而，陶行知将教育与生产劳动、社会生活密切联系起来，以彻底改造这种教育，从而培养造就手脑并用的一代新人。陶行知针对当时中国存在的"软手软脚病"和"笨头笨脑病"，相应地开出了两贴膏药，一贴主要针对旧知识分子"呆头呆脑"的"脑化手"，另一贴针对无产阶级的农人和工人"粗手粗脚"的"手化脑"。他认为，"一个人要有贡献于社会，一定要手与脑缔结大同盟""中国教育革命的对策是使手脑联盟，结果是手与脑的力量都可以大到不可思议"。就此，他还专门作了一首《手脑相长歌》："人生两个宝，双手与大脑。用脑不用手，快要被打倒。用手不用脑，饭也吃不饱。手脑都会用，才算是开天辟地的大好佬。"这十分形象且深刻地阐述了教育与生产劳动、社会活动相结合的伟大意义。

2. 在劳力上劳心，用心以制力

"在劳力上劳心"是陶行知劳动教育思想的理论基础。陶行知认为，在传统教育之下，劳心者与劳力者是分离的，因而造成了"田呆子"(劳力者)和"书呆子"(劳心者)两个极端。当时的学校里存在严重的劳心而不劳力、读书而不做工的"书呆子"现象，"教书的人是'教死书''死教书''教书死'；读书的人是'读死书''死读书''读书死'(陶行知，1932)"，而社会上的"田呆子"只知道"做死工""死做工""做工死"。这种传统的教育方式已经严重威胁到国家的危亡，而要挽救危亡，必须做到两条："(1)教劳心者劳力，教读书的人做工；(2)教劳力者劳心，教做工的人读书。"(陶行知，1932)只有人人在劳力上劳心，才没有废人，没有阶级，而且可以征服天然的势力，获得事物的真理。陶行知(1927)说，"在劳力上劳心，是一切发明之母。事事在劳力上劳心，便可得事物之真理"。这也就是说，不仅要有物质生产的劳动，更要有精神生产的劳动，要在物质生产劳动的基础上进行精神心灵的劳动，这才是陶行知所倡导的合理的劳动教育。这种"在劳力上劳心"的教育，"能够造就在劳力上劳心的人类，才能征服自然势力，创造大同社会"。

3. 行—知—行

陶行知批评过去的教育以学校作为知识的唯一来源，将王阳明的"知是行之始，行是知之成"的观念奉为圭臬。陶行知后来发现，需要将王阳明的话"翻个筋斗"，改为"行是知之始"，行才是知识的来源，也是创造的基础。陶行知(1931)曾对行动、知识与创造三者的关系进行了非常形象的阐述，说"行动是老子，知识是儿子，创造是孙子"，不管是获取知识，还是进行创造，前提都必须行动，都须做或是实践，在实践中求得知识，然后进行创造。陶行知将行动放在首要位置，体现出他对实践的重视。而在学校中开展行动教育，培养学生的行动意识，即要求学生从事劳动，在劳动中获得知识，将知识应用于劳动，劳动是工具或方法，知识是目的，二者不可分割。陶行知(1927)曾对教育做出如此定义："教育是什么？教育是教人发明工具，制造工具，运用工具。生活教育教人发明生活工具，制造生活工具，运用生活工具。"这不仅阐明了陶行知生活教育的内涵，也道出了陶行知劳动教育所遵循的逻辑"行—知—行"。

(资料来源：搜狐网，2019—02—19)

第三节　新时代劳动教育概述

一、新时代劳动教育的意义

(一) 重视劳动教育是中华民族的优良传统

我国的劳动教育源远流长。"民生在勤，勤则不匮。"早在春秋时期，我国先民就告诫世人唯有辛勤劳动才不会缺衣少食。他们不仅自己懂得劳动的重要性，而且训育子女尊重劳动，珍惜劳动果实，以积极的态度参加劳动。我国儒家提出的大同社会所描绘的"壮有所用，幼有所长""力恶其不出于身也，不必为己"的画面就内含对有劳动能力的人应当劳动的伦理要求。南北朝时期的《颜氏家训》和明末清初的《朱子家训》，都表达了注重通过衣食住行等日常生活中的劳动实践，发挥家庭在劳动教育中的基础作用。作为我国古代教育与生产劳动相结合的典型形式，"耕读传家"是我国古人非常推崇的社会风尚。"耕"指从事农业劳动；"读"即读书、学习。耕读不仅扩大了教育的社会基础，促使读书人自食其力，同时也成为其培养品格、磨砺心性的重要方式。

【拓展阅读】

古诗词里的"劳动"美

千百年来，人类用自己的劳动来改造世界，创造财富，改善生活。在我国古代的文字记录中，有不少和劳动有关的诗词歌赋。

翻开我国古代诗歌作品，历代文人墨客都写下了许多关于古人辛勤劳动的诗篇，歌颂劳动之美、劳动之乐的美好情怀。《诗经》是我国最早的一部诗歌总集，里面就有大量描绘劳动生产的农事诗，像那首著名的描写伐木工人劳作的民歌《伐檀》，一开头就讲"坎坎伐檀兮，置之河之干兮"，热情歌颂了劳动人民热爱劳动的高贵品质。

"锄禾日当午，汗滴禾下土。谁知盘中餐，粒粒皆辛苦。"唐代诗人李绅的《悯农》妇孺所知，寥寥数句，就把劳动者的辛勤和劳苦写到了极致。他的另一首《悯农》："春种一粒粟，秋收万颗子。四海无闲田，农夫犹饿死。"则形象地描绘了彼时到处硕果累累的景象，突出了农民辛勤劳动获得丰收，却依然吃不饱、穿不暖、惨遭饿死的现实问题，读来令人感慨动容。

陶渊明不为五斗米折腰，甘愿归田务农，他把农活写进诗里，充满诗情画意。譬如他的《归田园居》："种豆南山下，草盛豆苗稀。晨兴理荒秽，带月荷锄归。道狭草木长，夕露沾我衣。衣沾不足惜，但使愿无违。"全诗平淡自然、清新质朴，言简意长，真挚感人，抒写了对田园生活的热爱以及享受田园劳作之乐的惬意、闲适的心情。他在《庚戌岁九月中于西田获早稻》一诗中写道："人生归有道，衣食固其端，孰是却不营，而以求自安"，告诫了人们要自食其力，勤奋劳动，如果什么事都不做，又怎么能解决自己的温饱问题呢？

白居易在《观刈麦》里把劳动的艰辛描绘得细致入微，生动感人。"田家少闲月，五月人倍忙。夜来南风起，小麦覆陇黄。妇姑荷箪食，童稚携壶浆。相随饷田去，丁壮在南冈。足蒸暑土气，背灼炎天光。力尽不知热，但惜夏日长。"五月，是麦收时节。妇女领着小孩往田野去，给正在割麦劳作的男子送饭送水，这些农民在麦田埋头割麦，脚下暑气熏蒸，背上烈日烘烤，累得筋疲力尽也不觉得炎热，为的是珍惜夏天昼长能够多干点活。读着这样的诗句，我们不能不为诗人对农家的同情与怜惜之情所感动。他的另一首名作《卖炭翁》，也充满了对劳动人民的真挚感情，引人深思，扣人心弦。

"富贵本无根，尽从勤里得。"人世间的一切幸福都需要靠辛勤的劳动来创造，劳动最光荣，劳动最伟大，劳动最美丽。崇尚劳动、热爱劳动、尊重劳动永远是中华民族的传统美德。

（资料来源：京工网，2020—04—29）

(二) 加强劳动教育是促进大学生全面发展的现实需要

1. 有助于学生养成良好的劳动习惯

新时代是劳动者的时代、奋斗者的时代。广大大学生是国家未来的建设者和接班人，如何引导广大大学生树立正确的劳动价值观和良好的劳动品质，这既是破解他们怎样获得人生幸福的现实命题，又是关系能否培育担当民族复兴大任时代新人的重大课题。但是，近年来，一些大学生中出现了不珍惜劳动成果、不想劳动、不会劳动的现象，劳动的独特育人价值在一定程度上被忽视，劳动教育有时被淡化、弱化。学校应该教育引导广大大学生树立热爱劳动的意识、养成热爱劳动的习惯，努力培育更多担当民族复兴大任的时代新人。

2. 有助于提高学生学习的积极主动性

近年来，一些大学生缺乏学习动力，不要学、不肯学、不勤学，上课缺课、迟到、早退现象严重。课堂纪律较差，考试作弊屡禁不止，严重影响着校风、学风建设，这与大学生的历史使命格格不入。要通过劳动教育，引导学生进一步认识创造财富的劳动是辛苦的，而学习和掌握科学知识的劳动则是一种艰苦的脑力劳动，只有端正学习目的，树立远大理想，养成扎扎实实的学习习惯，掌握科学文化知识，才能练就过硬本领。

3. 有助于学生形成正确的价值观念

劳动教育对于引导学生践行社会主义核心价值观具有重要意义。当今演艺圈的"天价"片酬和"阴阳合同"、娱乐选秀节目批量造星、"流量小生"一夜暴富、"网络红人"靠打赏日进斗金，这些社会不良风气和乱象，如同雾霾一般无孔不入，侵蚀学生的心灵，扭曲其价值观念，助长好逸恶劳、拜金主义、享乐主义和极端个人主义的思想。只有通过劳动教育，让学生热爱劳动、尊重劳动，尊重每一位劳动者，使他们真正认识到劳动是财富的源泉；让他们相信劳动是推动人类社会进步的根本力量，社会发展中的各种难题，只有通过创造性劳动才能破解；让他们自觉将日常生活与理想追求紧密结合，在劳动实践中实现远大理想和个人目标，树立依靠辛勤劳动、诚实劳动，以劳动获取财富、实现人生价值的正确思想观念。

4. 有助于培养学生的艰苦奋斗精神

艰苦奋斗是中华民族的传统美德，也是社会主义精神文明建设的重要内容。通过劳动教育，培养学生自立自强、不怕艰苦、追求真理的大无畏精神，增强自身的责任感，培养学生的奋斗精神。人世间的一切幸福都需要靠辛勤的劳动来创造，艰苦奋斗、自强不息自古以来就是我们民族精神的重要内容。正是依靠这种艰苦奋斗精神，中华民族才能历经沧桑而不衰，巍然屹立于世界民族之林。劳动教育重在引导学生尊重劳动、崇尚劳动、参与劳动，在劳动实践中感悟劳动的价值，为大学生奋斗精神的养成提供了有效途径。

 【拓展阅读】

奋斗的人们最美丽，奋斗的国家正青春

2020 年的"五一"，注定是一个不平凡的节日。在这个特殊的日子里，中华全国总工会和中央广播电视总台共同举办的《中国梦·劳动美——致敬劳动者"五一"特别节目》在央视播出，唱响了对劳动者的真情礼赞，凝聚起持续奋进的磅礴力量。

劳动创造历史，奋斗成就奇迹。2020 年突如其来的新冠疫情，对我国经济社会发展带来前所未有的冲击。经过艰苦卓绝的努力，湖北保卫战、武汉保卫战取得决定性成果，全国疫情防控阻击战取得重大战略成果。这来之不易的成绩，彰显了无数劳动者的坚守奉献，凸显了劳动的伟大、奋斗的至关重要。在由张国立、温玉娟、黄轩、王鸥、尚大庆、全总话剧团共同带来的情景表演《你看！春天的花海》中，我们重温了那些迎接英雄凯旋、感怀春暖花开的故事，感受到劳动者们英勇抗击疫情的无畏精神；由中文、英语、老挝语、意大利语、俄语、阿拉伯语、法语 7 种语言混剪的 MV《天使的身影》，以沙画的形式定格出一个个细腻动情的感人瞬间，聚焦战"疫"中那些"最美逆行身影"，展现战"疫"的感人故事，致敬白衣天使；歌曲《升》《让爱洒满人间》等，深情诉说新时代青年的成长与壮志豪情，唱响劳动者心中那份担当和家国情怀……疫情无情人有情，战"疫"中的人间大爱，平凡劳动者的不平凡作为，汇聚成这个春天最激荡人心的时代暖流。

弘扬劳动精神，激发奋斗力量。2020年是具有里程碑意义的一年。我们将实现第一个百年奋斗目标，实现决胜全面建成小康社会、决战脱贫攻坚的目标任务。面对这庄严而重大的任务，劳动者肩上的责任更大、使命更神圣，必须争分夺秒、奋勇向前，把失去的时间追回来，用劳动再创辉煌。由马少骅、刘佩琦、吴京安、侯勇、倪大红、刘劲共同演绎的诗朗诵《向胜利进军》，回顾了中华民族历史上经历过的磨难，展现了中华儿女在磨难中不断成长、从磨难中奋起的不屈精神，传递出困难和挑战越大、中国人民的凝聚力和战斗力就越强的坚定信心和必胜决心；歌曲《国旗之下》《壮丽航程》等以歌声抒发爱国热忱，唱出今日中国之底气与志气，激发为中华民族伟大复兴而奋斗的行动力量；在徐工集团火热开工场景的远程连线中，工人代表驾驶大型装载机挑战高空"走钢丝"，展现了中国工人的高超专业技能、勇攀高峰的快乐劳动精神……沧海横流见英雄，从全国劳模到各行各业的基层劳动者，从领跑者到普通人，万众一心向前进，我们就将无往而不胜。

人世间的美好梦想，只有通过诚实劳动才能实现。在"五一"这个充满奋斗意味的节日里，我们通过精彩的文艺节目，向奋战在疫情防控一线、复工复产一线、脱贫攻坚一线等各条战线上的劳动者们致以敬意、献上祝福，正是千千万万个他们的同心聚力、无私奉献，凝聚成了推动经济社会秩序走向全面恢复的深厚力量。

"日日行，不怕千万里；常常做，不怕千万事。"让我们用奋斗书写人生、用汗水浇灌收获、以实干笃定前行，艰苦奋斗、团结奋斗、不懈奋斗，不断开辟事业发展的新天地，开创人民美好生活的新未来。

(资料来源：新华网，2020—05—01)

(三) 加强劳动教育是高校落实立德树人根本任务的重要途径

培育正确的劳动价值观、养成良好的劳动习惯是德育工作的重要内容，教育学生掌握劳动知识技能是智育工作的重要内容，养成坚韧不拔、勇于拼搏的劳动精神和促进劳动能力的锻炼是体育工作的重要内容，劳动者对美的追求和创造是美育工作的重要内容。此外，劳动教育反过来可以养德、启智、健体、益美，它们之间是相辅相成的关系。因此，劳动教育是培育和践行社会主义核心价值观的有效途径，是高校立德树人的重要载体。新时代加强大学生劳动教育，要充分发挥劳动教育的育人功能，实现劳动教育与德育、智育、体育、美育相互促进，协力引导学生坚定理想信念、厚植爱国主义情怀、加强品德修养、增长知识见识、培养奋斗精神、增强综合素质，促进大学生德智体美劳全面发展。

二、新时代劳动教育的基本特征与基本理念

(一) 新时代劳动教育的基本特征

劳动教育作为提升学生劳动素养的方式而促进学生全面发展的教育活动，有如下几个基本特征。

1. 普通教育的属性

劳动教育旨在落实全面发展的教育方针，具有普通教育的属性。虽然职业教育往往包含较多的劳动教育成分，但是劳动教育却是覆盖不同教育类型的教育形态，职业教育、普通教育、大中小幼不同学段的教育，都要开展劳动教育。而由于这一普通教育的属性，劳动教育在基础教育阶段具有更为重要的意义。

2. 价值教育的属性

劳动教育区别于当代社会以发展基础技术能力为核心目标的"通用技术教育"等概念。劳动教育所要培养的劳动素养，包括形成劳动习惯、有一定劳动知识与技能、有能力开展创造性劳动等，但劳动价值观才是劳动素养的核心。努力帮助学生确立正确的劳动观点、积极的劳动态度，努力帮助他们形成尊重、热爱劳动过程、成果和劳动主体(劳动人民)的价值态度。

3. 强烈的时代特征与社会属性

由于人类劳动的形态处在不断演进的过程之中，劳动形态也在不断变化，具体表现为脑力劳动的比重不断增加、新形态的劳动不断形成，因此新时代劳动教育包括参加体力劳动，但又不能狭隘地理解为简单的体力劳动锻炼。学校必须与家长和社会携手合作才能取得劳动教育的实效。

(二) 新时代劳动教育的基本理念

1. 强化劳动观念，弘扬劳动精神

将劳动观念和劳动精神教育贯穿于人才培养的全过程，贯穿于家庭、学校、社会的各个方面。注重让学生在学习和掌握基本劳动知识和技能的过程中，领悟劳动的意义价值，培育其勤俭、奋斗、创新、奉献的劳动精神。

2. 强调身心参与，注重手脑并用

把握劳动教育的根本特征，让学生面对真实的个人生活、生产和社会性服务情境，亲历实际的劳动过程，善于观察思考，注重运用所学知识解决实际问题，提高劳动质

量和效率。

3. 继承优良传统，彰显时代特征

在充分发挥传统劳动、传统工艺项目育人功能的同时，紧跟科技发展和产业变革脚步，准确把握新时代劳动工具、劳动技术、劳动形态的新变化，创新劳动教育的内容、途径、方式，增强劳动教育的时代性。

4. 发挥主体作用，激发创新创造

关注学生劳动过程中的体验和感悟，引导学生感受劳动的艰辛和收获的快乐，体验劳动的获得感、成就感、荣誉感。鼓励学生在学习和借鉴他人丰富经验、技能的基础上，尝试新方法、探索新技术，打破僵化的思维方式，推陈出新。

 【拓展阅读】

劳动教育，新时代素质教育的期待

伴随着高校和基础教育改革的步伐，大中小学生的各方面素质都有了明显进步，尤其在外语和网络学习运用能力上，令他们的前辈大都望尘莫及。然而，"坑爹的""啃老的"等贬称差不多也成了部分大中小学生的"外挂"。怨怼所指，就在于他们的好逸恶劳，严重依赖他人，动手能力奇缺，以致连生活也无法自理。劳动素质匮乏，素质教育演绎成"数字教育"。值此之际，设立劳动教育必修课程，自然引发了人们的一些期待。

期待设立劳动教育课程让素质教育更"接地气"。新时代网络技术在素质教育领域突飞猛进，虚拟课程、网络活动风靡大中小学的日常教学和生活，"教育要与生产劳动相结合"的初心被日渐淡忘，学生大多不食人间烟火，甚至不知土地、环境为何物。如何为学生接通除网络空间之外的其他学习空间，更多地体验校园之外的劳动实践，劳动教育应有所作为。

期待设立劳动教育课程弥补素质教育的"短板"。知行合一，德才兼备。大中学生综合素质的全面培养，需要"德智体美劳"五育并举。其中任何一块教育的欠缺都会拖其他教育的后腿，导致学生素质的缺陷，不利于学生与社会的和谐发展。劳动教育的短板相对明显，加强劳动教育，培育劳动创造美好生活的意识，五育并驾齐驱，才是素质教育的重心。

期待设立劳动教育课程成为新课程改革的"拐点"。发端于21世纪初的新课程改革，迄今已二十载，可谓成效显著，但课改大都局限在教法、学法和课堂上，"纸上

得来终觉浅，绝知此事要躬行"。步入深水区的课改，往哪里走，关联着千千万万莘莘学子的命运。以课程改革为抓手，设立劳动教育必修课程，新课程改革迎来"拐点"，更上一层楼。

当今时代，各种思想交相融合和冲突，青少年的成长环境发生了深刻变化，面临着复杂环境的挑战，一些高校存在着"重智育、轻德育""重书本教育、轻实践教育"等问题。立德树人就是聚焦学生这个中心，围绕学生、关照学生、服务学生，引导他们正确认识世界和中国发展大势，正确认识中国特色并进行国际比较，正确认识时代责任和历史使命，正确认识远大抱负和脚踏实地，全面提高学生思想政治素质，成为为中国特色社会主义伟大事业而培养的德才兼备、全面发展的建设者和接班人。

（资料来源：中国社会科学网，2020—06—23）

第二章　新时代劳动价值观

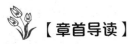

【章首导读】

恩格斯指出："某种意义上不得不说，劳动创造了人本身"。劳动分为脑力劳动和体力劳动，在知识经济时代，脑力劳动在创造社会财富中所占的比重大为提升，但并不意味着体力劳动已经不再重要，体力劳动仍然是当今社会不可或缺的基本能力。

本章主要内容包括劳动的本质和主体，劳动与人类、社会发展的关系，新时代高校劳动教育的内涵与重要意义等内容。学生通过学习可以培养自己吃苦耐劳、埋头苦干的劳动精神，养成热爱劳动、尊重劳动、崇尚劳动的劳动态度。

第一节　马克思主义的劳动观

马克思主义关于劳动的相关理论构成了马克思主义理论的出发点和落脚点。从某种意义上说，马克思主义整个思想体系是围绕着劳动问题展开的。其中，马克思在《1844年经济学哲学手稿》中提出了著名的"异化劳动"概念，并通过研究和分析，得出了一系列经典的哲学、法学、经济学、管理学等相关判断和论述。《资本论》和很多手稿围绕劳动的本质、物质劳动与精神劳动、劳动的意义等展开论述，从唯物史观的角度，以劳动为中心来看待和分析人类社会的历史演变，把整个世界历史看作人通过劳动而诞生的过程。可以说，马克思主义的劳动观是贯彻马克思主义理论体系结构的红线，是马克思主义理论的基石，也是马克思主义理论的体系轴心。时至今日，马克思主义的劳动观仍然对当代社会具有十分重要的意义。

一、劳动的本质和主体

劳动既把人同动物区别开，把人从自然界中提升出来，又把人与人类社会同自然界紧密地联系起来。劳动是人类的本质活动，它使人类获得了自己的本质，把自己与其他动物从根本上区别开来。人通过劳动改变自然，创造属于人自己的物质生活条件。

(一) 劳动的本质

马克思与恩格斯认为：劳动创造了价值。教育与生产劳动相结合的思想，是马克思主义教育学说的重要内涵。在《资本论》中，马克思从劳动价值观的视角对劳动本质进行了探讨，他认为劳动本质是基于劳动者立场，目的在于促进劳动者的全面发展。青年学生要肩负起中华民族的未来，实现中华民族伟大复兴的中国梦，离不开"学习、实践、创造、职业、发展"这五个人生关键词，而这些正是马克思主义理论体系中劳动本质理论不可或缺的要素。厘清劳动与学习、实践、创造、职业及发展之间的内在关系，深入认识和理解劳动的本质，对于学生树立正确的劳动价值观，促进其全面发展，推动我国教育事业的改革和发展，培养社会主义建设者和接班人具有重要的指导意义。

1. 劳动与学习

马克思说，劳动是人类的本质；学习是人类生存的本能。乌申斯基则提出，学习是劳动，是充满思想的劳动。面对飞速发展的现代社会，学习使劳动走向信息化、网络化、数据化、科学化，二者的共生关系越来越紧密。

劳动与学习相辅相成，二者共同影响着我们的工作和生活。一方面，学习作用于劳动。学习新知识、新技能可以帮助我们更好地从事劳动实践。另一方面，劳动反作用于学习。在劳动的过程中，我们可以发现新问题，认识到自己的不足，使学习更具针对性。要培养有社会主义觉悟的、有文化的劳动者，必须实行教育与生产劳动相结合的方式。从某种程度上说，青年学生要一边学习，一边劳动；既要搞好学习，又要搞好劳动。青年学生在学校学习的过程，实质上就是知识化的过程，同时也是劳动化的过程。劳动助力学习主要包括以下四个方面：劳动有助于明确学习目标与任务；劳动有助于认识学习的价值与意义；劳动有助于探索学习方式与途径；劳动有助于缓解学习压力。

2. 劳动与实践

劳动来源于实践，实践包含劳动，二者均是指向人的活动。劳动是人类创造物质财富和精神财富的活动，包括体力劳动和脑力劳动；实践是人们有意识地改造自然和改造社会的活动。可见，它们的概念都包含主体(人)、客体(自然与社会)。劳动与实践的结构概念是基本一致的，都有体力和脑力的付出，都能创造物质财富和精神财富。

从狭义上看，并不是所有的实践都是劳动。劳动是实践的一种，在商品经济里，劳动专指创造商品的活动，即只有那些能够生产出用于交换的劳动产品(商品)的活动，此时劳动的目的性、指向性、功能性更为具体和明确。但是，实践的包容性更大，即使是在商品经济时代，实践也是从非商品实践开始的，因为人类的社会生产不只有商品生产，还要有非商品生产。

3. 劳动与创造

"人有两个宝，双手和大脑。双手会做工，大脑会思考。用手又用脑，才能有创造。"创造的发生离不开劳动。劳动可以使创造更具象，因为创造不是凭空想象，而是在劳动过程中的创新行为。这种创造的发生并非偶然，它是劳动从量变走向质变的过程。劳动本身就是一种创造性的活动，世界上无数的发明成果皆由劳动创造。教育家陶行知曾经说过，在劳力上劳心，是一切发明创造之母。事事在劳力上劳心，便可得事物之真理。这句话充分道出了发明创造与劳动的直接关系。如果没有劳动，便没有创造，人类也将永远停留在原始、野蛮的古代社会，根本不会创造出当下如此灿烂辉煌的物质财富和精神财富。

习近平总书记非常重视高素质劳动者、创造性人才，他在讲话中多次提到"劳动"与"创造"。劳动者素质对一个国家、一个民族的发展至关重要，劳动者的知识和才能积累越多，创造能力就越大；让劳动光荣、创造伟大成为铿锵的时代强音；教育孩子们从小热爱劳动、热爱创造，通过劳动和创造播种希望、收获果实；把蕴藏于工人阶级和广大人民群众中的无穷创造活力焕发出来。实干与创造在习近平总书记的"劳动观"中是相辅相成的。《摆脱贫困》一书中写道：农村劳动力如果继续束缚在原有规模的耕地上，倚锄舞镰，沿袭几千年来日出而作、日落而息的耕作老传统，进行慢节奏、低效率的生产劳动，那就不是一件好事。反之，用改革开放的眼光来看待劳动力的大量转移这件事，会惊喜地发现：我们又获得了一种极其宝贵、可待开发、可能创造巨大价值的崭新资源。可见，数以万计的劳动资源为创造提供了动力，并产生更高的效率。

4. 劳动与职业

苏霍姆林斯基认为，脱离劳动，没有劳动，就没有、也不可能有教育。劳动教育对于学生未来的职业发展尤为重要。劳动是人类的本质活动，职业是个体与社会建立联系的桥梁，二者的有机结合能使青年学生获得关于劳动、职业的基本认知，使其形成初步的劳动情感、职业理想和职业伦理，进而为青年学生职业生涯的规划和人生理想的实现提供指导。同时，从劳动的价值来看，良好的劳动习惯和积极的劳动态度可以有效提升学生的职业发展空间。职业教育是劳动教育的专业版，是与劳动操作密切相关的专业教育，其培养目标本身包含工作或劳动技能的培育。职业教育培养的是面向生产一线、从事专业劳动和专业生产的技术技能人才，其中既包括实体经济中生产物质资料的技术技能人才，也包括服务业中提供生产性服务和生活性服务的技术技能人才。因此，职业教育的劳动是与生产实践和专业发展结合起来的。

5. 劳动与发展

劳动是实现学生全面发展的重要途径，学生的发展最后都应落实到劳动中来。"德、智、体、美、劳"是学生全面发展的五大要素，缺一不可。只有当德、智、体、美践行于劳动中时，人才能真正地实现全面发展。由此可见，劳动在人的终身发展中，特别是在青年学生全面、自由发展的过程中起到了至关重要的作用。

人的任何一种思想认识或感受，都来源于劳动实践。劳动实践的机会越多，认识或感受便越深。通过劳动，人的道德品质能够得到不断提高。同时，劳动还能促进智力发展。现代科学已经证明，良好的动手能力是智力发展的重要基础。各种不同形式、不同内容的劳动，特别是那些比较复杂的劳动，不仅需要大脑下达命令，而且需要人体各器官协调配合，从而实现劳动效率的提高。由此可见，劳动能训练广大学生手脑并用的能力，有利于促进智力的发展。

民生在勤，勤则不匮。改革开放以来，在中国共产党的领导下，全国各族人民发扬主人翁精神，用自己的辛勤劳动创造了一个又一个奇迹。因此，从某种程度上来说，劳动是发展的基础，劳动成就了发展。而发展也会反作用于劳动，提高劳动效率，变革劳动方式，促进社会的发展。

(二) 劳动的主体

劳动的主体是人。正是劳动，彻底将人与猿区别开来。恩格斯在《劳动在从猿到人转变中的作用》中写道："我们的祖先在从猿到人的好几十万年的转变过程中，逐渐摆脱行走时用手帮助的习惯，逐渐使自己的手适应了一些动作，手变得自由了，能够不断获得新的技巧""手不仅是一种劳动的工具，而且手也是劳动的产物"。人类在漫长的进化过程中，要用手去劳动，在劳动的过程中，由于手和日新月异的动作相适应，这样所引起的肌肉、韧带以及在更长时间内引起的骨骼的变化，人类的手才能像今天一样完善。会使用和创造劳动工具将人类社会和猿群社会彻底区分开来，劳动使人直立行走，劳动还创造了语言。

二、劳动与人类和社会发展

在马克思主义经典著作中，关于劳动的论述很多。从某种程度上讲，马克思主义的整个思想体系是围绕着劳动问题展开的，《1844 年经济学哲学手稿》提出了"异化劳动",《德意志意识形态》提出了"物质生产劳动",《资本论》和很多手稿则是围绕"雇佣劳动""剩余劳动""自主劳动"等展开论述的。

(一) 劳动与人类

马克思在《1844年经济学哲学手稿》中指出,正是在改造对象世界中,人才真正地证明自己是类存在物。这种生产是人的能动的类生活。通过这种生产,自然界才表现为他的作品和他的现实。因此,劳动的对象是人的类生活的对象化:人不仅像在意识中那样理智地复现自己,而且能动地、现实地复现自己,从而在他所创造的世界中直观自身。恩格斯在《劳动在从猿到人转变过程中的作用》中指出,其实劳动和自然界一起才是一切财富的源泉,自然界为劳动提供材料,劳动把材料变为财富。但是劳动还远不止如此。它是整个人类生活的第一个基本条件,而且达到这样的程度,以致我们在某种意义上不得不说:劳动创造了人本身。所以,劳动是人类赖以生存、发展的决定力量。在劳动的直接推动下,人类经历了从早期猿人到晚期智人的发展过程。劳动促使人类的脑量不断增大优化,使人类体态特征愈来愈区别于猿而近似于现代人,而且使劳动工具日益改进和多样化,人类智力得到进化,物质生活逐渐丰富起来。

(二) 劳动与社会发展

马克思在《德意志意识形态》一书中指出:我们首先应当确定一切人类生存的第一个前提,也就是一切历史的第一个前提,这个前提是:人们为了能够"创造历史",必须能够生活。但是为了生活,首先就需要吃喝住穿以及其他一些东西。因此第一个历史活动就是生产满足这些需要的资料,即生产物质生活本身,而且就是这样的历史活动,一切历史的一种基本条件,人们单是为了能够生活就必须每日每时去完成它,现在和几千年前都是这样。在马克思看来,劳动是"一切历史的基本条件",有了人类的劳动,有了满足人类生存必需的前提,才产生了生活和历史。马克思从唯物主义立场出发,充分肯定了劳动对于整个人类和人类历史的重要意义。他进一步强调这一简单事实:"任何一个民族,如果停止劳动,不用说一年,就是几个星期,也要灭亡,这是每一个小孩都知道的。"

(三) 劳动与人的发展

无论是自然界、人类社会还是人的思维都在不断地运动、变化和发展;发展的实质是事物的前进和上升;人类社会的发展是前进性与曲折性的统一。实践是指人能动地改造客观世界的物质活动,是人所特有的对象性活动。人的实践活动具有自主性,人通过实践不但能够认识客观规律，而且能够利用客观规律，使客观规律为人所用。同时，实践还具有创造性，它能创造出按照自然规律本身无法产生或产生的概率几乎等于零的事物。实践的自主性和创造性一起，共同体现了人的主体性特征。

马克思以异化劳动理论为基础，尖锐地批判了资本主义社会异化扭曲人的本质。在私有制条件下，本应是"自由自觉的活动"的生产劳动却变成了异化劳动，劳动本身成为劳动者的一种异己的力量。从本质上看，劳动异化折射出的恰恰是因私有制而导致的无产阶级和资产阶级的对立。在马克思看来，在未来的共产主义社会里消灭了旧式的社会分工，消灭了异化劳动，将人的本质重新还给人，从而实现人的自由全面发展。正是在以上论述的基础上，马克思深刻指出，生产劳动同智育和体育相结合，它不仅是提高社会生产的一种方法，而且是造就全面发展的人的唯一方法。

 【拓展阅读】

传奇的杰作——都江堰之奇功

都江堰是中国古老的灌溉系统，它最初建于约公元前256年，作为灌溉和防洪工程，至今仍在使用。战国时期，生活在岷江沿岸的人们饱受洪灾困扰。秦蜀郡太守、灌溉工程师和水文学家李冰对这一问题进行了调查，发现岷江从岷山上冲下来后，到达成都平原会突然减速，给河道注入淤泥，从而使附近地区极易发生洪灾，其中一个解决办法是建一座水坝。于是，李冰从秦昭王那里求得10万枚银币，并组建了一支据说有数万人的队伍。用长长的香肠状竹子编织成的篮子建成大堤，篮子里装满了石头，叫作竹龙，并用一种名为"马哈"的木制三脚架固定在原处。但切割通道是一个大问题，因为在火药被发明之前，李冰可用的工具无法穿透坚硬的岩石，所以他使用火和水来加热和冷却岩石，直到它们破裂并将其移除。经过8年的努力，一条20米宽的水道凿穿了山。都江堰系统建成后，岷江沿岸不再发生洪灾，灌溉使四川成为中国最高产的农业区。2000年，都江堰成为联合国教科文组织世界遗产地。如今，它已成为四川的主要旅游景点之一。

（资料来源：百度百家，有删减。）

第二节　新时代高校劳动教育的内涵与重要意义

2018年全国教育大会上，习近平总书记首次将劳动教育明确为全面发展教育的重要组成部分，提出了建构德智体美劳全面培养的教育体系的总要求。这一思想指引历史性地把劳动教育从传统意义上促进青少年全面发展的有效途径提升为重要教育内容，也预示着新时代劳动教育需要有不同于以往的新体系、新设计。准确辨析新时代高校劳动教育的内涵与外延，是完成新时代高校劳动教育新体系设计的基础。

一、新时代高校劳动教育的内涵与外延

内涵与外延是对概念反映的事物本质属性及其适应范围的概括。辨析新时代高校劳动教育概念的内涵与外延，就是在辨析其属性概念——在劳动教育的内涵实质基础上，紧扣"新时代"和"高校"二词反映的种差特点，进一步明确新时代高校劳动教育应该是什么和教什么。种差是指被定义项与其所在属概念下的其他种概念之间的本质差别。

（一）劳动教育概念的内涵辨析

分析以往劳动教育的有关定义可以发现，人们对劳动教育的本质属性认识大体可以分为四类。

1. 将劳动教育主要视为德育的内容

《辞海》对劳动教育的定义是："劳动教育是德育的内容之一，对学生进行热爱劳动和劳动人民、珍惜劳动成果、树立正确的劳动观点和劳动态度、通过日常生活培养劳动习惯和技能的教育活动。"《中国大百科全书》中将劳动教育定义为："使学生树立正确的劳动观点和劳动态度，热爱劳动和劳动人民，养成劳动习惯的教育，是德育的内容之一。"这两个定义均更强调劳动教育的德育属性，直接将劳动教育定义为德育的一部分，侧重热爱劳动和劳动人民的情感、正确劳动观念和态度的培养，把劳动习惯和技能的教育看作日常生活培养的结果，并不突出劳动教育的智育价值。

2. 将劳动教育主要视为智育的内容

《教师百科辞典》对劳动的定义是："劳动教育就是向受教育者传播现代生产的基本知识和技能，培养他们具有正确的劳动观点、劳动习惯和热爱劳动人民、劳动成果的感情。劳动教育十分重视劳动过程中的智力因素，把平凡的劳动同创造性劳动结合起来，把简单的劳动与富有知识的劳动结合起来。"成有信在其《教育学原理》中更是直截了当地将劳动教育定义为："培养学生具有现代工农业生产的基本知识和基本技能的教育。"这两个定义均更强调劳动教育的智育属性，将劳动教育的主要价值定位为传播现代生产基本知识和技能，提高社会劳动生产的智力水平。

3. 将劳动教育视为德育和智育的综合体

《中国百科大辞典》在劳动技术教育词条下对劳动教育和技术教育分别做了解释："劳动教育是以劳动实践为主，结合进行思想教育。技术教育是使学生掌握一定的生产知识及技术和劳动技能。其实施有利于培养学生的劳动观点、劳动技能和劳动习惯，为普通教育和职业教育打下基础。"也就是说，劳动教育更偏重德育，技术教育更偏重智育，二者相结合共同培养劳动观点、劳动技能和劳动习惯。黄济先生认为，劳动教育是一个涉及范围很广、不甚确定的概念，但从其基本任务而言，不外乎两大方面：一是劳动技能的培养，二是思想品德的教育。在学校的劳动教育中，常常是二者兼而有之。徐长发认为："劳动教育是使青少年学生获得正确劳动观念、劳动习惯、劳动情感、劳动精神，了解和懂得生产技术知识，掌握生活和劳动技能，在劳动创造中追求幸福感的育人活动。它包括劳动思想观念的教育、劳动技术知识和劳动技能的教育。"这些定义均强调劳动教育的思想品德教育和知识技能教育双重属性。

4. 将劳动教育视为促进学生全面发展的实践教育形式

陈勇军认为，劳动教育的本质涵义是指通过参加劳动实践活动所进行的一种有目的、有计划、有组织地培养受教育者多种素质的教育活动，是融德育、智育、体育、美育为一体的全面提高学生素质的综合性教育。可见，陈勇军倾向于将劳动教育视为学生参加劳动实践活动的教育形式，并借此全面提升德智体美各方面素质。许多伟大的教育家也倾向于将劳动教育理解为结合学生生活和社会生产实际进行的"做中学"的活动。苏霍姆林斯基认为，"劳动教育是对年轻一代参加社会生产的实际训练，同时也是德育、智育和美育的重要因素"，其劳动教育的理想追求是"使每一个人早在少年时期和青年早期就能领悟到劳动能使他的自然天赋更全面、更明显地发挥出来，劳动会带给他精神创造的幸福"。可见，苏霍姆林斯基把劳动教育视为让学生参加社会生产实际训练的形式，通过这一形式渗入德育、智育和美育，全面发挥学生的自然天赋。陶行知也把劳动教育视为"在劳力上劳心"的实践活动。他说："中国教育之通病是教用脑的人不用手，不教用手的人用脑，所以一无所能"，劳动教育的目的就在于"谋手脑相长，以增进自立之能力，获得事物之真知及了解劳动者之甘苦"。在劳动教育的目的方面，教育实践家们更强调劳动教育之于个体发展的内在价值——激发劳动热情、促进认知发展、提高实践能力、养成良好个性。

从前人关于劳动教育的定义分析可以发现，劳动教育既是一种教育内容，又是一种教育形式。作为内容，劳动教育可以理解为"关于劳动"的教育，它应该是与德智体美四育并举的概念，有自身独特的教育任务——热爱劳动和劳动人民的情感的养成，正确的劳动观念和劳动态度的培养、劳动习惯和劳动技能的培养等，但由于劳动教育的这些内容被认为可以包含在广义的德育和智育范围内，所以，劳动教育一直没有取得与德智体美四育并举的地位。作为形式，劳动教育可以理解为"通过劳动"的教育，就是让学生通过生产劳动的实际锻炼，全面发展德智体美各方面素质。当劳动教育被视作教育形式时，它就只是完成各育任务的载体，难以取得与其他各育平等的地位。可见，劳动教育在学校中被弱化现象的出现，与劳动教育本身的性质和在国民教育体系中的地位不明确有很大的关系。因此，要落实习近平总书记提出的"建构德智体美劳全面培养的教育体系"的总要求，首先需要着力解决的就是劳动教育在整个教育体系中的性质和地位问题。

5. 对劳动教育概念的再认识

作为全面发展的教育体系的一部分，我们既要看到劳动教育作为形式所具有的树德、增智、健体、育美的综合育人价值，更要看到劳动教育作为内容在国民素质养成中所具有的德智体美育不可替代的独特价值。因为作为合格的公民，每个人都应工作，都得劳动，所以，具备基本的劳动能力以及对劳动的正确认知、价值观和生活态度是最基本、最重要的公民素质。中共中央、国务院于 2015 年印发了《关于构建和谐劳动关系的意见》，要求各级党委和政府从夺取中国特色社会主义新胜利的全局和战略高度，深刻认识构建和谐劳动关系的重大意义，把构建和谐劳动关系作为一项紧迫任务，采取有力措施抓实抓好。从长远看，构建和谐劳动关系，不仅需要各级党委和政府制定规范、健全机制，更需要在学校教育阶段就为学生提供相对系统而完整的劳动教育，使学生将来不仅带着胜任工作的基本劳动知识与技能，而且带着正确的劳动价值观、劳动伦理观和劳动权益意识步入职场。经过了这种系统的教育后，学生将来在工作中，无论是作为资方还是劳方，都能在合法维护自身权益的同时积极承担自己的劳动伦理责任，都能从社会分工的角度正确认识双方的角色和相互依存关系，那么，劳动关系领域的冲突与矛盾必然会极大降低，和谐劳动关系与社会主义和谐社会的构建才会有长治久安的内在基础。因此，劳动教育理应成为国民教育体系中与德智体美育并举的专门一部分。

(二) 新时代高校劳动教育的内涵辨析

基于对以往劳动教育概念的分析，充分考虑新时代劳动发展趋势及高校人才培养的特殊性，本书尝试作如下定义：新时代高校劳动教育是高等教育人才培养体系的重要组成部分，是顺应新时代劳动发展趋势对大学生进行系统的劳动思想教育、劳动技能培育与劳动实践锻炼，全面提高大学生劳动素养的过程，其目的是引导新时代大学生在劳动创造中追求幸福感、获得创新灵感，培养具有社会责任感、创新精神和实践能力的高级专门人才。该定义从五个方面明确了新时代高校劳动教育的本质属性。

1. 在地位上，新时代高校劳动教育应被明确为高等教育人才培养体系的专门一部分

如前所述，劳动教育有自身独特的育人价值，理应从促进学生全面发展的有效途径提升至与德智体美并举的、全面发展的人才培养体系的一部分。高等教育阶段是高素质劳动者大军培养的直接出口，是年轻人走向职场的最后一步训练，主要培养的是服务各行各业劳动的高级专门人才。因此，高校劳动教育在依托专业教育强化劳动知识与技能培养的同时，还需要依托专门的体系，强化大学生劳动价值观、劳动情感态度、劳动伦理责任、劳动权益意识等各方面劳动素养的培养。从实践效果看，任何教育要有效落实必须依托于一套成熟、完善、科学的课程与教学体系。目前，高校德育有系统的思政工作体系支撑，高校智育有全方位专业教育体系支撑，高校体育有专门的体育训练课程支撑，高校美育也因为 2002 年《学校艺术教育工作规程》(教育部令第 13 号)的印发得到了有效支撑，各高校纷纷成立了艺术教育中心，开设了艺术类必修或选修课程。独有高校劳动教育既没有统一的教育大纲或工作规程，更没有相应的课程要求、考核与评价要求、人财物保障要求，只把劳动教育融入各专业学习中，认为高校各专业的教育本身就是劳动教育。这种现状很容易造成劳动教育各专业都管，但都管不到位的现象。因此，正如高校思政工作需要努力建构"课程思政"与"专业思政"相结合的教育体系一样，新时代高校劳动教育也应该是"课程劳育"与"专业劳育"的有机结合，在专业教育之外设置专门的劳动教育选修或必修课程，系统建构独立设置与有机融入相结合的高校劳动教育体系。

2. 在内容上，新时代高校劳动教育应反映新时代劳动发展的趋势

劳动是一个发展性的概念，在不同的历史时期有不同的内涵。在新时代新经济条件下，人类认识自然和改造自然的能力不断提高，科学技术的迅猛发展使新时代劳动呈现出新的发展趋势：劳动的内容越来越丰富多彩；劳动的形式越来越富于变化；劳动者的流动性越来越强；劳动者的体力支出会越来越少、智力支出越来越多；劳动生产率越来越高，人的闲暇时间会越来越多；劳动主体的作用越来越突出，人才的重要性越来越突出，世界各国对人才的争夺战越来越加剧；劳动仍然是人们谋生的重要手段，但其乐生性将逐渐成为重要内容。这一系列新变化要求新时代高校劳动教育做出新的呼应、增添新的内容。

3. 在形态上，新时代高校劳动教育表现为劳动思想教育、劳动技能培育与劳动实践锻炼三大任务领域

劳动思想教育凸显了劳动教育的德育属性，新时代大学生劳动价值观、劳动情感态度、劳动伦理责任、劳动权益意识等方面的培养均属于劳动思想教育的范畴。劳动技能培育体现了劳动教育的智育价值，大学各专业的理论学习、实习实训、产教融合等虽不乏劳动思想教育的价值，但更偏重劳动技能的培育。劳动实践锻炼强调了劳动教育的"体知"特点，旨在引导学生在广阔的生产劳动与社会实践中增进知识、磨炼意志、增长才干、提高素质、培养社会责任感。这三大任务领域虽各有侧重，但又"三位一体"，相互影响、相互促进，体现了新时代高校劳动教育是"关于劳动的教育"与"通过劳动的教育"相统一、理论学习与实践训练相结合的知行相需的过程。

4. 在目标上，新时代高校劳动教育以全面提升大学生劳动素养为主要关注点

如前所述，劳动教育一直被视为促进人全面发展的重要途径，新时代高校劳动教育也应更充分地发挥好劳动教育树德、增智、健体、育美、创新的综合育人价值。但同时也要意识到，劳动教育之所以要取得与德智体美育并举的地位，根本原因在于其有自身独特的育人任务——提升学生的劳动素养。高校劳动教育的三大任务领域——劳动思想教育、劳动技能培育、劳动实践锻炼的根本着眼点正是大学生劳动素养的全面提升。换言之，大学育人的各主要环节——思想政治教育、专业教育、实习实训、创新创业教育、就业指导、社会实践、志愿服务、产教融合等本身都含有劳动教育的基因，但如果这些育人环节的关注点主要是知识技能本身的学习、巩固和运用，或一般意义上的道德养成，而非劳动素养的提升的话，严格地说，不能视为真正的劳动教育。从这个意义上讲，有学者提出，一般意义上的知识学习、科学实验、研学旅行和社会实践等，主要解决认识深化、知行统一问题，单纯的职业技术教育侧重技能培养，都不属于劳动教育的范畴。应当明确劳动教育的概念，避免造成实践上的泛化、窄化是有一定道理的。

5. 在目的取向上，新时代高校劳动教育追求内在价值与外在价值的和谐统一

新时代高校劳动教育的目的首先是引导大学生在劳动创造中追求幸福感、获得创新灵感，在此基础上为国家建设培养具有社会责任感、创新精神和实践能力的高级专门人才。这一目的定位体现了新时代劳动教育内在价值与外在价值的统一。

(三) 新时代高校劳动教育的外延分析

外延分析是对概念的适用范围及其所含类别的辨析。依据不同的标准可对概念包含的类别做出不同的区分。对新时代高校劳动教育的外延分析应从劳动教育的独特育人价值——全面提升学生的劳动素养入手。一般认为，素养是个体在长期教育和环境影响下形成的某一方面的稳定修养，包含了能力、知识、态度、价值观等内容。分析新时代高校劳动教育的外延，就是要在深刻理解习近平新时代中国特色社会主义思想，特别是习近平总书记关于劳动问题的重要论述前提下，从新时代对劳动者在思想、心理、伦理、行为、能力五个方面提出的新要求入手，系统设计由劳动价值观、劳动情感态度、劳动品德、劳动习惯、劳动知识与技能有机组成的劳动教育内容体系，全面提升新时代大学生的劳动素养。

1. 在劳动价值观方面，要让"劳动最光荣、劳动最崇高、劳动最伟大、劳动最美丽"的观念内化于心、外化于行

劳动价值观是劳动者对劳动的思想认识、根本看法，它直接决定着劳动者的价值判断、情感取向与行为选择，是劳动素养的核心内容。习近平总书记多次强调，劳动最光荣、劳动最崇高、劳动最伟大、劳动最美丽，这是对新时代劳动价值观的明确定位。落实这一定位，需结合唯物史观教育和劳动科学知识的学习，引导大学生充分认识"人民创造历史，劳动开创未来。劳动是推动人类社会进步的根本力量"的真理性意义；真正明白"劳动是财富的源泉，也是幸福的源泉"的道理，真切体验在劳动创造中"把自己的理想同祖国的前途、把自己的人生同民族的命运紧密联系在一起，扎根人民，奉献国家"的幸福感；深刻理解按劳分配是实现社会正义的基本原则，"全社会都要以辛勤劳动为荣、以好逸恶劳为耻"，鄙视"不劳而获""少劳多获"的投机思想；正确认识新时代劳动的复杂性与多样性，由衷认同"劳动没有高低贵贱之分，任何一份职业都很光荣""一切劳动，无论是体力劳动还是脑力劳动，都值得尊重和鼓励"的道理，切实改变轻视体力劳动和体力劳动者的错误心态；深入理解为什么"尊重劳动"为"四个尊重"之首，不能离开"尊重劳动"去谈时代精神。

2. 在劳动情感态度方面，要大力培植"热爱劳动""热爱创造"的真挚情感

劳动情感态度是劳动者个性心理特征的反应，是个体在一定劳动价值观支配下、在长期劳动情感体验基础上形成的一种相对稳定的对待劳动的心理倾向。"爱劳动"一直是我国劳动教育特别重视培养的基本劳动情感态度。新时代劳动情感态度教育既要强调热爱劳动、勤于劳动，又要强调热爱创造、善于劳动。因为热爱劳动、热爱创造是立业为人的根本，是实干兴邦的基石，更是富民强国的动力。习近平总书记更是多次强调要通过各种措施和方式，教育引导广大青少年牢固树立热爱劳动的思想、牢固养成热爱劳动的习惯，为祖国发展培养一代又一代勤于劳动、善于劳动的高素质劳动者，要教育孩子们从小热爱劳动、热爱创造，通过劳动和创造播种希望、收获果实，也通过劳动和创造磨炼意志、提高自己。培育大学生热爱劳动、热爱创造的情感态度，要在培养热爱劳动者的真挚情感上下功夫，教育引导大学生真正做到"任何时候任何人都不能看不起普通劳动者，都不能贪图不劳而获的生活"，认识到尊重普通劳动者、珍惜他们的劳动成果是人的基本修养；要在科学构建劳动实践训练体系上下功夫，着力优化大学生专业实习实训、精心组织社会实践与志愿服务、全面推进创新创业教育、不断深化产教融合，引导大学生在广阔的生产劳动与实践中加强磨炼、增长本领，教育大学生"要敢于做先锋，而不做过客、当看客，让创新成为青春远航的动力，让创业成为青春搏击的能量"；要在培养大学生勤奋学习、刻苦钻研上下功夫，狠抓学风建设，教育大学生由衷认识到认真学习、刻苦钻研，不仅是增进知识的过程，更是磨炼意志、锤炼品行、提高自己的辛勤劳动过程，让勤奋学习成为青春飞扬的动力。

3. 在劳动品德方面，要在辛勤劳动、诚实劳动的基础上，强调创造性劳动、体面劳动

劳动品德体现了劳动的伦理要求，是指人们在劳动过程中所表现出来的对他人和社会的稳定的心理特征或倾向。辛勤劳动、诚实劳动、创造性劳动，是习近平总书记对新时代劳动的基本要求。辛勤劳动、诚实劳动和创造性劳动是统一的。辛勤劳动是诚实劳动、创造性劳动的前提和基础。"一勤天下无难事""民生在勤，勤则不匮"，这些中国人自古秉承的劳动信念在新时代依然熠熠生辉，"坚持艰苦奋斗，不贪图安逸，不惧怕困难，不怨天尤人，依靠勤劳和汗水开辟人生和事业前程"依然是新时代大学生需要发扬的美德。诚实劳动是辛勤劳动的表现，也是创造性劳动的前提。习近平总书记高度讴歌诚实劳动的价值，将其视为实现人世间的美好梦想、破解发展中的各种难题、创造生命里一切辉煌的必由之路。创造性劳动是辛勤劳动、诚实劳动的发展，也是劳动的核心和本质要求。新时代是创新发展的时代，大学生是新时代创新发展的重要新生力量，因此，新时代高校劳动教育要在辛勤劳动、诚实劳动的基础上强调创造性劳动。要让大学生深刻理解新时代的劳动者"不仅要有力量，还要有智慧、有技术，能发明、会创新"的道理，教育引导大学生以科学家、大国工匠和劳动模范为榜样，胸怀理想、脚踏实地、勤奋学习、锐意进取、敢为先锋、勇于创造，不断谱写新时代的劳动创造之歌。体面劳动彰显了新时代劳动发展的人本趋向。新时代劳动发展为大学生创造了更多体面劳动的机会，也对大学生劳动素质提出了更高的要求。要加强职业生涯规划教育，引导大学生充分考虑自己的个性、能力、禀赋和爱好进行择业就业；要加强劳动法与社会保障法教育，帮助大学生树立合法维权的意识；要强化劳动教育的人本理念，引导大学生为建立一个"排除阻碍劳动者参与发展、分享发展成果的障碍，努力让劳动者实现体面劳动、全面发展"的公平正义的社会而奋斗。

4. 在劳动习惯方面，要让真抓实干、埋头苦干成为基本的生活方式

劳动习惯是个体在长期劳动实践训练中形成的稳定的行为模式。新时代互联网的飞速发展、数字经济的到来、人工智能的崛起，在带给人类生活极大便利的同时，也在无形中滋长了年轻一代企图不劳而获、渴望一夜暴富、追求一夜成名的不良心理。习近平总书记一直强调空谈误国，实干兴邦，倡导在全社会大力弘扬真抓实干、埋头苦干的良好风尚，强调幸福不会从天而降，梦想不会自动成真，人世间的美好梦想，只有通过诚实劳动才能实现；发展中的各种难题，只有通过诚实劳动才能破解；生命里的一切辉煌，只有通过诚实劳动才能铸就，实现我们的奋斗目标，开创我们的美好未来，必须依靠辛勤劳动、诚实劳动、创造性劳动，正是对前述种种不良现象的有力纠偏。

2018 年 5 月 2 日在北京大学师生座谈会上的讲话中，习近平总书记更是谆谆教诲广大青年要力行，知行合一，做实干家，不论学习还是工作，都要面向实际、深入实践，实践出真知；都要严谨务实，一分耕耘一分收获，苦干实干。新时代高校劳动教育要回到全面的、本原的劳动观上，把劳动看成人类创造世界、改造世界的一切实践活动，是劳动、工作、做事、干事、奋斗的统称，让"真抓实干、埋头苦干"成为新时代大学生学习、工作，做人、做事的基本行为方式。

5. 在劳动知识与技能方面，要用系统的科学知识与技能教育教学，为新时代大学生劳动素养的提升奠定坚实基础

劳动知识技能是个体从事一定劳动所必须具备的知识、技术、技巧，以及综合运用这些知识、技术、技巧的能力，是大学生劳动素养全面提升的必备基础。正如习近平总书记所强调的那样，素质是立身之基，技能是立业之本。广大劳动群众要勤于学习，学文化、学科学、学技能、学各方面知识，不断提高综合素质，练就过硬本领。应该说，大学各专业知识的学习本身就是一种劳动知识学习，大学生的专业实习、毕业实习也都是明确被列入教学计划的劳动技能训练，这正是大学劳动教育区别于中小学的重要一维，必须抓紧抓好，为建设宏大的知识型、技术型、创新型劳动者大军奠定基础。除各门专业课程中的劳动知识技能教育外，新时代高校劳动教育还应加强劳动科学的教学。人类在总结规律、创新知识的过程中形成了劳动哲学、劳动伦理学、劳动文化学、劳动社会学、劳动教育学等一系列"劳动+"学科。这些学科深化了人们

对劳动问题的研究，提升了高等教育水平和劳动人才培养质量，同时，也提高了学生对劳动多学科、多维度的认识，使学生学到分析解决劳动问题的本领，增强劳动观念、提升劳动技能。高校结合大学生未来的劳动、工作、职业发展需要，通过开设专门的劳动教育课程、完善大学生职业生涯规划和就业指导教育，加强劳动人权、劳动伦理、劳动关系、劳动条件、社会保障、职工福利、职业安全与卫生、劳动法与社会保障法等相关知识与技能的学习。

二、新时代高校加强劳动教育的重要意义

习近平总书记在全国教育大会上指出，培养德智体美劳全面发展的社会主义建设者和接班人，要在学生中弘扬劳动精神，教育引导学生崇尚劳动、尊重劳动，懂得劳动最光荣、劳动最崇高、劳动最伟大、劳动最美丽的道理，长大后能够辛勤劳动、诚实劳动、创造性劳动。这些重要论述，高扬劳动教育的旗帜，丰富发展了党的教育方针，具有重大的时代价值和鲜明的现实针对性，也对高校提出了加强劳动教育的新任务、新课题。

(一) 扎根中国大地办大学，坚持和发展马克思主义唯物史观的客观需要

强调劳动价值和劳动教育，是马克思主义一以贯之的基本观点，是马克思主义唯物史观的核心内容和本质规定。恩格斯曾经指出："其实劳动和自然界一起才是一切财富的源泉，自然界为劳动提供材料，劳动把材料变为财富。但是劳动还远不止如此。它是整个人类生活的第一个基本条件，而且达到这样的程度，以致我们在某种意义不得不说：劳动创造了人本身。"马克思主义劳动观反复强调，劳动创造世界、劳动创造历史、劳动创造了人本身，劳动是人类的本质特征和存在方式，是实现人的全面发展的重要途径，教育与生产劳动相结合是社会主义教育的根本原则。马克思曾经指出："就是生产劳动同智育和体育相结合，它不仅是提高社会生产的一种方法，而且是造就全面发展的人的唯一方法。"列宁也曾指出："没有年轻一代的教育和生产劳动的结合，未来社会的理想是不能想象的：无论是脱离生产劳动的教学和教育，或是没有同时进行教学和教育的生产劳动，都不能达到现代技术水平和科学知识现状所要求的高度。"苏霍姆林斯基坚持认为，离开了劳动就没有真正的教育，"教育的任务就是让劳动渗入我们所教育的人的精神生活中去，渗入集体生活中去，使得对劳动的热爱在少年早期和青年早期就成为他的重要兴趣之一"，"如果学生只知享用由社会创造并提供给学校的那些物质和精神财富，就不可能产生真正的教育"。中国在社会主义革命、建设和改革开放的历史进程中，正是在中国共产党领导下，依靠广大人民群众的辛勤劳

动，才使久经磨难的中华民族"站起来"，让底子薄、人口多的中国人民"富起来"。

党的十八大以来，习近平在多次重要讲话中围绕劳动、劳动者、劳模精神等内容进行深刻阐述，党的十九大报告又对劳动和劳动者作出了一系列重要论断，这些论述既继承和发展了马克思主义劳动思想，又勾勒出中国特色社会主义伟大事业的实践路径，构建了包含"实干兴邦"的劳动实践观、"崇尚劳动"的劳动价值观、"热爱劳动"的劳动教育观等内容的习近平新时代中国特色社会主义劳动思想理论体系，成为习近平新时代中国特色社会主义思想的重要组成部分。可以说，尊重劳动、倡导劳动、保护劳动，是社会主义社会先进性的显著标志；勤奋劳动、诚实劳动、创造性劳动，是社会主义国家劳动者的鲜明特征。高校加强劳动教育，是新时代中国特色社会主义的要求，是在新时代的历史背景下，旗帜鲜明地坚持和发展马克思主义，坚持和发展中国特色社会主义。

(二) 构建德智体美劳全面培养的教育体系，形成更高水平的人才培养体系的必然要求

我国高校肩负着培养社会主义事业建设者和接班人的重大任务，肩负着"为人民服务、为中国共产党治国理政服务、为巩固和发展中国特色社会主义制度服务、为改革开放和社会主义现代化建设服务"的神圣使命，其培养的人才就应该有正确的世界观、人生观、价值观，以及包括正确的事业观、审美观和劳动观等。新时代加强劳动教育，是构建德智体美劳全面培养的教育体系、形成更高水平的人才培养体系的必然要求。

劳动教育是构建全面教育体系不可或缺的一环，劳动可以树德、增智、强体、育美。德智体美劳既有密切联系又有各自不同的功能，就劳动教育与其他教育的联系而言，劳动精神的培育是高校德育的重要内容，劳动科学和技能的教育是高校智育的重要内容，劳动能力的锻炼是高校体育的重要内容，劳动者对美的追求和创造是高校美育的重要内容。但五者并不能彼此替代，因为德育侧重于解决教育对象的世界观、人生观问题，体现"善"的要求；智育侧重开发智能，体现"真"的要求；体育促进身体发育和功能发展，体现"健"的要求；美育陶冶情操，塑造心灵，体现"美"的要求；而劳动教育侧重培养劳动观念，培育劳动技能，体现"实"的要求。加强劳动教育，倡扬劳动最光荣、劳动最崇高、劳动最伟大、劳动最美丽的价值观念，必将切实加强大学生理想信念教育，使其崇尚劳动价值、追求劳动创造、尊重劳动主体，以辛勤劳动为荣、以好逸恶劳为耻，不断成长为有理想信念、有过硬本领、有责任担当的建设者和接班人，进一步营造劳动光荣的社会风尚和精益求精的敬业风气。将劳动教

育与德智体美育并列，既是对劳动教育本身的有效加强，也是对德智体美育的有力支撑。同时，德智体美劳既有密切联系又有各自不同的功能，劳动教育应该独立为完善人才培养目标、支持德智体美育的重要平台，高校劳动教育是高等教育人才培养体系的一部分。可以说，高校加强劳动教育，是中国特色高等教育的显著特点，是扎根中国大地办大学的本质要求。

(三) 富国强民，建设高素质劳动者大军的重要举措

"以劳动托起中国梦"进行伟大斗争、建设伟大工程、推进伟大事业、实现伟大梦想，全面建成小康社会，进而建成富强、民主、文明、和谐、美丽的社会主义现代化强国，根本上要靠劳动，要靠劳动者的辛勤劳动、诚实劳动和创造性劳动。

在我国转变经济增长方式、实现中国制造 2025 目标、做强实体经济、建设知识型技能型创新型劳动者大军的今天，高度重视劳动教育，是富国强民的大事，具有更加迫切的现实意义和历史意义。改革开放四十多年来，我国经济社会发展取得了巨大成就，这种成就是改革红利、自然资源红利、人口红利、国际贸易投资环境红利等综合贡献的结果。当前，我国同时面临"人口红利"逐渐消失、资源和环境约束不断强化、投资和出口增速放缓、传统的发展动力不断减弱等发展瓶颈。转变发展方式、优化经济结构、转换增长动力，是突破瓶颈、跨越"中等收入陷阱"的唯一出路，必须拥有一支爱劳动、能劳动、会劳动的劳动者大军。新时代加强劳动教育，有利于培育一支高素质的产业工人队伍和大量的"能工巧匠""大国工匠"，为"中国速度"向"中国质量"转变、制造大国向制造强国转变、"中国制造"向"中国创造"转变提供人力支撑、智力支撑和创新支撑。

高校加强劳动教育，既能引导新时代大学生努力学习科学文化知识、练就过硬本领，又能教育大学生坚定理想信念、锤炼高尚品格、培育劳动情怀，自觉把人生理想、家庭幸福融入国家富强、民族复兴的伟业之中，建构个人与集体、个人梦与中国梦、小家与国家民族融合统一的发展共同体和命运共同体，最终推动在广大青年学生的接力奋斗中实现伟大复兴中国梦。

改革开放以来，我国高等教育坚持社会主义办学方向，持续推进教育改革，全面实施素质教育工程，一定程度上增强了大学生服务国家服务人民的社会责任感、勇于探索的创新创造精神和善于发现问题解决问题的实践能力。但现实生活中也存在劳动教育被虚化、弱化、软化、边缘化的现象。一个时期以来，由于受我国传统文化观念中"劳心者治人，劳力者治于人""万般皆下品，唯有读书高"等观念的影响，投机主义、享乐主义、拜金主义等思潮的冲击，以及一些独生子女大学生长期处于"饭来张

口、衣来伸手"的成长环境，大学生中不珍惜劳动成果、不想劳动、不会劳动的现象普遍存在。有的大学生崇尚享乐安逸、渴望一夜暴富、一夜成名，有的以自我为中心、不善协作，有的劳动观念淡漠、劳动能力欠缺、动手能力不足，有的消费超前、大手大脚、攀比享乐，有的逃课睡觉、应付功课、抄袭作弊，有的吃不起苦、受不起累，不知创业艰难、缺乏创业能力，有的就业后追求不切实际的薪酬待遇，随意毁约、频繁跳槽，有的形成了脑力劳动、体力劳动和生产劳动完全不相干，甚至鄙视后者的潜意识。在一项对内蒙古财经大学 400 名本科学生的调查中发现，大部分学生能正确认识劳动，热爱劳动，具有正确的劳动态度和劳动价值观。但是学生参与实践劳动的积极性不高，当个人愿望未能满足或遇到挫折、失败时，他们容易产生消极、否定情绪，从而出现抱怨、退缩、放弃等不良行为。

　　为解决上述问题，我们应加强大学生的劳动教育。高校加强劳动教育，有利于大学生在课堂教学、自身学习、实验实践等教育环节上付出大量劳动，提高教育教学质量，使自己成长为优秀人才；有利于大学生在体味艰辛、挥洒汗水中塑造坚强的心理素质，在艰苦奋斗、顽强拼搏中磨炼自己的意志，由衷热爱与尊重体力劳动和体力劳动者，从而获得受益终身的宝贵精神财富；有利于大学生形成积极向上的就业创业观，在国家社会需要与个人价值实现、专业学习与岗位匹配等方面找到平衡，形成自主多元的积极就业观，提升创业创新意识和能力；有利于大学生不断强化新时代的劳动责任感、使命感和荣誉感，培养和造就辛勤劳动、诚实劳动、创造性劳动的品格，激发其主动融合日常工作与理想事业，敢于担当、勇于创新、不懈奋斗、乐于奉献，收获劳动带来的尊严感、崇高感和幸福感。

(四) 新时代加强大学生思想政治教育的应有之义

　　劳动教育有利于强化思想政治教育的实践性。劳动教育既是立德树人的基本要求，也是在个人成长成才中服务国家经济社会发展的价值引领。对于大学生而言，坚持在课堂教学、实验实践、自我学习等教育环节上付出辛勤劳动，有利于其树立正确的劳动价值观；在体味艰辛和挥洒汗水中磨炼自己，有利于其历练艰苦奋斗、顽强拼搏的意志；在劳动实践和刻苦学习中塑造自己，有利于其养成认真敬业、自信自律的心理素质。

　　劳动教育有利于提升思想政治教育的针对性。从实际情况来看，一些大学生从幼儿园一路读到大学，长期脱离劳动实践，对劳动教育重视不够。这就导致一些大学生对生活的认识和理解比较片面，心理素质差，不善于集体协作，单纯从"个体本位"思想的角度要求社会来满足个人需要，而从未想自己应该对社会应尽的义务。对于这些问题，加强劳动教育，有利于培养大学生的劳动态度、劳动习惯、劳动技能和劳动品德，使其树立正确的世界观、人生观、价值观，从而为将来走向工作岗位奠定坚实的基础。

　　劳动教育有利于拓宽思想政治教育的路径。实践出真知，高等教育不仅是黑板上的教育，而且是实践、创新、社会责任感的教育。劳动教育是联系知识与实际的纽带。单纯灌输式的专业课理论学习，容易使学生变得纸上谈兵，很难熟悉运用到实际工作中。大学生既需要在校园里勤奋学习专业知识、提升综合素质、练就过硬本领，更需要在社会实践这所大学校里感知中国大地、体察国情民情，让大学生在亲自动手、解决实际问题中领悟专业知识、培育劳动情怀。通过劳动教育和劳动实践，在手和脑的协调配合下，身和心对专业有了更深的体验领悟，才能在具体情境中创造性地分析问题、解决问题。劳动教育不仅有利于培养创新意识、创新精神和创新能力，而且能够在实践的过程中提高大学生个体的知识水平和能力素养。

　　劳动教育有利于增强思想政治教育的吸引力。劳动教育更容易落实"以理服人，以情感人，以行带人"的育人思路。"以理服人"，就是教师"晓之以理"，言传身教，做传道"经师"，用讲道理和摆事实的方法向学生进行劳动价值观的传递，解决受教育者的思想认识问题。"以情感人"，就是对学生"动之以情"，教育引导大学生培育劳动情怀，在勤工助学、校园绿化、图书管理，以及助教、助管、助研岗位设置上给予大学生勤工俭学的机会，让学生不仅能够培养良好的劳动习惯，而且能够实现劳有所得。"以行带人"，就是"导之以行"，通过大学校园里艰苦奋斗的励志传奇、向上向善的动人故事、刻苦努力的勤奋模范等大学生身边的榜样进行价值引领；通过"大国工匠进校园"等活动形式，在高校中弘扬劳模精神、劳动精神、工匠精神，传播社会大力宣传的劳动模范和大国工匠故事，让大学生能够近距离感受榜样力量，聆听模范故事，探讨工匠情怀，弘扬工匠精神，使广大学生可知、易感、能学，从而引导青年大学生崇敬劳模、学习劳模，崇尚劳动、热爱劳动，让劳模精神成为青年大学生成长成才的精神动力。

 【拓展阅读】

从一个农民到顶级"老表匠"

　　1300多万深圳人里，可能再也没有谁比刘中华更懂光阴的宝贵，更懂空间的价值。原因很简单：他是一个顶尖级"老表匠"，一个在方寸表盘上"跳舞"的人。1971 年生的他，老家广东揭西农村。19 岁高中毕业后，他急于找份工作。那年正是 1990 年，北京举办亚运会，全国激情澎湃。机缘巧合，他得知一个宝贵消息：深圳飞亚达公司正招人呢！

刘中华属牛，很想到深圳闯一闯。没有迟疑，他抓住了飞亚达招聘的机遇。这家公司 1987 年底刚在深圳成立，是当时的航空工业部在特区设立的企业之一，立志"飞出亚洲，达至全球"，发展势头很好。

种田需要力气，组装手表需要巧劲。万事开头难，到了公司，刘中华先从学徒工干起，起初连镊子都拿不稳，一夹零件手就抖。想进步，没有捷径，必须反复练习。刘中华肯吃苦，比别人付出多，不断磨炼，加上悟性也好，慢慢地成为公司装配部一把好手。

后来，他调到高档手表小组，参与手表维修，做过技术线长，解决生产线上的技术问题。他还对工具夹进行设计改造……在小小机芯里，练就技能是个精细活。机械表走得灵不灵，关键看师傅的调试功力。刘中华的工作，精确度的计量单位不是毫米，而是丝。1 丝有多细？头发丝直径是 8 丝。

随着经验积累，刘中华对石英表、机械表、航空表、智能表等手表特点，对铜、合金、不锈钢、稀有金属、新材料等材料特质，都异常精通。不同手表、不同材料，对手表装备员、维修员的要求不同。无论怎么变化，在刘中华看来，制作手表最核心环节，永远需要匠人用心慢慢打磨。

到公司 12 年后，又是一个马年。2002 年这年，刘中华得了一个大奖：在深圳第四届职工技术运动会手表装配工比赛上，获个人第一名及团体冠军。他有多厉害？拆装两个石英机芯，只用 3 分钟！技惊四座。

这些年，各种大奖，刘中华拿到手软。2006 年，全国机械手表维修技能比赛，他获得个人银奖及团体第二名。2007 年，深圳市百万农民工技能大比武活动，他荣获深圳市技术能手荣誉称号。2016 年，他荣获深圳市百优工匠。2017 年，他成为深圳市劳模……

最让他难忘的，还是研制航天表。2003 年 10 月，神舟五号载人飞天成功，举国欢庆。在此前夕，刘中华参与中国载人航天工程航天员专用手表的研制工作，主要负责机芯调校和成表组装。到了神舟七号，遇到新情况。因有出舱工作安排，舱外温度最低零下 80 摄氏度，航天表能不能适应这个温度？

一个关键是润滑油。钟表油，能适应的最低温是零下 50 摄氏度。必须找到新的润滑油！经过几十次尝试，刘中华最终发现了合适的油。它能在正负 80 摄氏度环境下使用，高温不会挥发，低温不会凝固。找到了油，还需要掌握点油工艺，点少了不能润滑，点多了会溢出。刘中华掌握了这门手艺。

干一行爱一行，还要传帮带。2016 年，"深圳市刘中华精密计时制造技能大师工作室"设立，主要是培养新的"老表匠"。工作室里，他全神贯注工作的场景，让人踏实。

刘中华的"舞台"，就是一个表盘，小得不能再小。因为吃的苦多，因为光阴的力量，他的舞台又大到了天了。深圳也一样，从很小到很大，从贫穷到富裕，从落后到先进，从渔村到都市，也是因为——吃的苦多，光阴的力量。

（资料来源：闪电新闻）

第三章　劳模追求与工匠精神

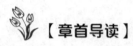【章首导读】

　　新时代各行业中的劳模和工匠不仅仅彰显了中国制造产业的雄厚人才储备，还鼓舞和激励着广大青年和劳动者，增强使命意识和责任担当，大力弘扬劳模精神、劳动精神和工匠精神，让青年人在建设现代化经济体系当中体现价值，在供给侧结构性改革中施展才华，在实现"制造大国"向"创造强国"跨越的征程中展现风采。

第一节　新时代劳模精神

　　劳动模范是民族的精英、人民的楷模。榜样的力量是无穷的。长期以来，广大劳模以平凡的劳动创造了不平凡的业绩，铸就了"爱岗敬业、争创一流，艰苦奋斗、勇于创新，淡泊名利、甘于奉献"的劳模精神，丰富了民族精神和时代精神的内涵，是我们极为宝贵的精神财富。实现国家民族的发展目标，不仅要在物质上强大起来，而且要在精神上强大起来。全国各族人民都要向劳模学习，大力弘扬劳模精神、发挥劳模作用，以劳模为榜样。

一、劳模精神概述

（一）爱岗敬业

　　爱岗和敬业，互为前提，相辅相成。"爱岗"是"敬业"的基石，"敬业"是"爱岗"的升华。爱岗敬业指的是忠于职守的事业精神，这是职业道德的基础。"爱岗"就是热爱自己的工作岗位，热爱本职工作，"敬业"就是要用一种恭敬严肃的态度对待自己的工作。

1. 爱岗敬业是忠于职守的事业精神

　　热爱本职工作，就是工作者以正确的态度对待各种职业劳动，努力培养热爱自己所从事的工作，凸显工作过程中的幸福感、荣誉感。一个人，一旦爱上了自己的职业，他的身心就会融入职业工作中，就能在平凡的岗位上做出不平凡的事业。每个岗位都承担着一定的工作职能，都是从业人员在工作分工中所扮演的角色。中华民族历来有"敬业乐群""忠于职守"的传统美德。

2. 爱岗敬业是道德规范的基本要求

爱岗敬业，即认真对待自己的岗位，无论在任何时候，都要尊重并认真履行自己的岗位职责。这是社会对每个社会成员个体普遍性的、最基本的道德要求。爱岗敬业是服务社会贡献力量的重要途径，是各行各业生存的根本，能促进良好社会风气的形成。立足本职，爱岗敬业，挑战自我，奉献社会，是对每一个从业人员的基本要求。

 【拓展阅读】

坚守岗位的最美"逆行者"

2020年注定是不平凡的一年，新冠肺炎来势汹汹，让处在新春佳节之际的中国人民猝不及防。

大年三十的除夕夜，本该是合家团聚在家里吃年夜饭、看电视春节晚会的时候。医务人员却不辞辛苦，依然坚守在工作岗位上。他们辛苦工作，脸上被口罩和其他防护用具压出一道道红痕，但从没有人喊过累、说过放弃。

在这场没有硝烟的战役中，有数不胜数的军人、医生，他们未曾谋面，素不相识，却为了同一个目标齐聚武汉。他们一直都坚守在自己的岗位上，兢兢业业、争分夺秒地去抢救病人、研究药物。为了全国人民的生命安危，钟南山、李兰娟等院士虽已高龄，但疫情发生后，他们冲到战斗一线，指导防疫工作，从未懈怠。不顾危险、无论生死的誓言让人听了不禁泪目，他们的坚守更是让我们钦佩不已。

面临生死危难的考验，医护人员毫无惧色，慷慨激昂往前冲，英雄气概战"疫"魔，忠心耿耿坚守诊疗"火线"，大义凛然守护着我们的家园。他们喊着豪言壮语，跑上飞机客舱，登上高铁车厢……有这样坚守岗位、默默付出的"逆行者"顽强战斗，国家可以放心，人民可以放心。

（资料来源：搜狐网，2020—04—21）

3. 爱岗敬业的基本要求

(1) 爱岗是敬业的首要因素。

"爱"是投入的前提，"敬"是责任的缘起。只有热爱自己的本职工作，才会始终保持强烈的责任感，才会在工作中投入自己最大的精力，才会自觉地把工作当作事业来做。热爱自己的工作，就不会只把工作当作生计，而是看成自己的事业；热爱自己的工作，就不会只想着这是个临时的位置，整天琢磨着如何跳槽；热爱自己的工作，就不会把它看成苦差事，而是主动从中寻找快乐；热爱自己的工作，就不会觉得糊弄过去就行了，而是力求把工作做到完美；热爱自己的工作，就会努力激发自己的潜能，全面提高自己的工作能力。

(2) 尽责是爱岗敬业的必然选择。

尽责就是认真负责，忠于职守，尽心尽力地做好手中的工作，善始善终地完成自己承担的任务。一个人在多种因素的作用下，选择了自己要从事的职业，社会为你安排了岗位，你必须守土有责，保证这个岗位的顺利运转。责任感是敬业的关键部分，因为责任感越强烈，你对工作和事业的尽力程度就越高，尽力程度越高，就越能激发你的各种能量，从而取得常人所不能及的成绩。

(3) 专注是爱岗敬业的核心因素。

古语说："敬业者，专心致志，以事其业也。"专心致志、心无旁骛是敬业的内在含义。专注于事业，人们就会收起许多私心杂念，就不会受花花世界的诱惑，就能够把更多的热情投入事业和岗位，就会提高工作效率，增强自己在职业方面的造诣。

(4) 钻研是爱岗敬业精神的升华。

敬业更要精业。做好工作，必须要有专业的技能和职业能力。在效率优先的年代，谁效率高、谁拥有的知识丰富，谁拥有的就业机会就多，谁就能获得丰厚的回报。这就需要每个人不断地加强学习，不断地积累经验，从而掌握该领域最前沿的知识、最丰富的经验、最适用的办法，使自己比其他人更精通，成为工作方面的行家里手。

(5) 奉献是爱岗敬业的必然境界。

敬业者怀着使命感工作，对工作表现出极大的热忱，就会比别人投入更多的时间和精力。敬业从本质上要求我们不能只为了薪水而工作，要懂得适当的牺牲和奉献。

(二) 争创一流

争创一流是劳模精神的精华。争创一流即追求一流的技术水平，干出一流的工作业绩，达到一流的工作效率。一代代劳模在自己所钻研的领域内争创一流，正是这种工作态度使他们在众多劳动者中脱颖而出，获得了"劳模"的称号。

劳模精神体现为爱岗敬业、争创一流的精神。爱岗敬业是对劳动者的普遍性要求，争创一流是对劳动者的先进性要求。在爱岗敬业的基础上实现争创一流的业绩，这是只有少数劳动者才能实现的目标，从而成为广大劳动者学习的楷模、效仿的典范。只有大力倡导爱岗敬业、争创一流的劳模精神，才能在广大劳动者中形成有奋斗目标、有扎实劳动、有较高效率的劳动风尚和社会风气。倡导爱岗敬业、争创一流的劳模精神，既要榜样引路，更要机制推动，才能恒久有效。

(三) 艰苦奋斗

中国革命斗争之所以能够取得胜利，很重要的一个原因就在于中国共产党人一直保持着艰苦奋斗精神，井冈山精神、长征精神、延安精神、沂蒙精神、西柏坡精神等，无一不是这种精神的体现。

1. 艰苦奋斗才能成就事业和幸福

无论是建设现代化经济体系、发展社会主义民主政治，还是推动社会主义文化繁荣兴盛、全面推进国防和军队现代化，都需要全国上下共同奋斗，最终使涓涓细流汇成江海。

保持艰苦奋斗，不仅意味着要在物质层面坚持艰苦朴素、勤俭节约的生活作风，更意味着要在精神层面保持战胜一切艰难险阻、一往无前的思想态度。

古人讲得好，"艰难困苦、玉汝于成"。奋斗是新时代的最强音。在新的时代，唯有大力弘扬艰苦奋斗精神，不忘初心、牢记使命，才能凝聚起全面深化改革的强大力量，才能推进社会主义现代化事业的不断创新，才能最终实现中华民族伟大复兴的中国梦。

2. 大力弘扬艰苦奋斗精神

弘扬艰苦奋斗精神，需要用理想信念去支撑。理想是人生的灯塔，是前进不止的动力。"三军可夺帅也，匹夫不可夺志也。"只有树立起远大理想，才能勇挑重担、甘愿付出，始终保持旺盛斗志，才不会在遇到困难时彷徨、犹豫与退缩。

弘扬艰苦奋斗精神，需要用实践行动去体现。空谈误国，实干兴邦。在新时代弘扬艰苦奋斗精神，最终要落实到行动上，体现在实践中。"道虽迩，不行不至；事虽小，不为不成。"青年大学生进入职场后要"不畏浮云遮望眼"，敢于迎难而上，以坚韧不拔的奋斗精神，创造出实实在在的业绩；要自强不息，开拓奋进，在任何时候都不懈怠，不涣散奋斗意志，努力创造出无愧于时代，经得起实践检验，为人民群众所称赞的工作业绩。

 【拓展阅读】

时代楷模——八步沙·六老汉·三代人

有这样一群人，死去的和活着的被一起树碑立传；有这样六位老汉，不但把自己

"埋"进沙漠，还立下了父死子继的誓约；有这样的三代人，子承父志、世代相传，守得沙漠变绿洲。

20 世纪 80 年代，八步沙——腾格里沙漠南，甘肃省古浪县最大的风沙口，沙魔从这里以每年 7.5 米的速度吞噬农田村庄，"秋风吹秕田，春风吹死牛"。当地六位年龄加在一起近 300 岁的庄稼汉，在承包沙漠的合同书上按下手印，誓用白发换绿洲。38 年过去，六老汉如今只剩两位在世。六老汉的后代们接过父辈的铁锹，带领群众封沙育林 37 万亩，植树 4000 万株，形成了牢固的绿色防护带，拱卫着这里的铁路、国道、农田、扶贫移民区。这不仅仅是六个人的故事，也不仅仅是六个家庭的奋斗，更不仅仅是三代人的梦想，这分明是人类探寻生存之路过程中对大自然的敬礼！

1981 年，随着国家三北防护林体系建设工程的启动和实施，当地六位老汉郭朝明、贺发林、石满、罗元奎、程海、张润元，在合同书上摁下红指印，以联产承包的形式组建了八步沙集体林场。

后来的几年里，郭朝明、罗元奎老汉相继离世。老汉们走前约定，六家人每家必须有一个"接锹人"，不能断。就这样，郭老汉的儿子郭万刚、贺老汉的儿子贺中强、石老汉的儿子石银山、罗老汉的儿子罗兴全、程老汉的儿子程生学、张老汉的女婿王志鹏接过老汉们的铁锹。

"六兄弟"成了八步沙第二代治沙人。2017 年，郭朝明的孙子郭玺加入林场，成为八步沙第三代治沙人。父死子继、子承父志、世代相传，成了六家人的誓约。

1999 年，甘肃省绿化委员会、省林业厅、中共古浪县委、县政府曾为"六老汉"和郭万刚及八步沙林场镌碑立传。2019 年 3 月，"六老汉"三代人治沙群体又被授予"时代楷模"荣誉称号。

个人敢做梦，时代能圆梦。郭万刚兄弟几个曾经印刷过一张名片，背后是一幅绿茵茵的生态家园图：山岳染绿，花木点点，雁阵轻翔。这正是他们不懈追求的美丽梦想。

(四) 勇于创新

勇于创新是劳模精神的核心。勇于创新就是敢于创新、善于创新。勇于创新的精神即运用已有的知识、信息、技能和方法进行发明创造、改革、革新的意志、勇气和智慧。创新精神是一个国家和民族发展的不竭动力，也是推动人类文明不断向前发展的重要力量。

劳动条件有好坏之分，劳动环境有优劣之别，劳动任务有轻重之差，劳动过程有顺逆之区，任何人都不能随随便便成功，只有不畏艰苦、积极进取、敢于创新、善于创新才是成功之道。劳动者中的先进分子能够面对艰苦的条件、环境,艰巨的任务、过程,不断进取,善于创新,最终取得超越一般人的成绩。时代在进步,现在的条件与过去不一样了,但勇于创新的劳模精神,仍然要成为新时代每个劳动者追求的精神家园。倡导勇于创新的劳模精神,要坚持实事求是、与时俱进,既不畏艰苦,更追求卓越,才能永葆劳模精神薪火相传、创新发展。

(五) 淡泊名利

淡泊名利,意为轻视外在的名声与利益。淡泊名利是劳模精神的灵魂。对于大多数普通的劳动者而言,需要一定的名利,并且看得较重一些,这是其生存和发展的需要。而淡泊名利者,他们轻视外在的名声与利益,在国家、集体和他人需要的时候,能够放弃个人某些所得,心甘情愿地做力所能及的奉献。淡泊名利是种境界,追逐名利是种贪欲。新时代的劳模不会只看重眼前的利益,而是心怀大志、心无杂念,用纯粹的心投入所从事的事业中。

(六) 甘于奉献

甘于奉献是劳模精神的底色。奉献是一种态度,是一种行动,也是一种信念。一代代劳模在自己的岗位上用劳动为祖国和人民奉献一切,在奉献中实现自己的人生价值,体现出无私奉献的优秀品质,体现出报效祖国、服务人民的崇高追求。

甘于奉献,即是对自己的事业情愿不求回报地热爱并全身心地付出。劳动模范就是这样一群人,他们淡泊名利、甘于奉献,恪守道德底线和法律底线,危害国家和人民利益的事情不为,损公肥私、害人害己的功利不取,不学无术、沽名钓誉、欺世盗名、寡廉鲜耻、自私自利、无情无义的品行不耻。他们是一群纯粹高尚的、脱离了低级趣味的、有益于社会和人民的人。他们以高度的主人翁责任感、卓越的劳动创造、忘我的拼搏奉献,为普通劳动者树立了学习的榜样。

二、传承新时代劳模精神

(一) 实现价值引领, 激发内生动力

人类生存求知的目标是为了发挥主体的能动性、实现自我价值、推动社会的进步发展。作为青年学生,除了实现自我发展的人生目标,探寻超越自我的价值追求,创造属于个体的幸福美好生活外,还应具备参与社会劳动奉献、勇于承担社会责任的精神。

(1) 以个人奋斗的幸福梦激发对劳动的热爱。新时代青年学生期盼能够通过知识技能的学习和社会经验的积累来促进自我的发展,使自身获得更好的工作和更美好的生

活，这些都是个体美好的生活愿景。但是要想达成理想，没有艰辛的努力付出，终究会变成个人的空想。幸福的生活不是坐享其成、贪图享乐就可以实现的，必须通过个体的诚实守法劳动方可获得。

(2) 国家的富强、民族的复兴、伟大中国梦的实现，都需要作为追梦者和圆梦人的每一个青年学生，依靠自己的聪明才智和辛勤劳动来实现。新时代为当代大学生提供了广阔的发展舞台，青年学生要以国家富强、民族振兴、人民幸福为己任，将自己的个人梦想与国家的前途、民族的命运紧密地结合起来，胸怀理想、志存高远，以勤学苦干、敢于创新的精神，激励自己投身于中国特色社会主义伟大实践中去。

(二) 加深劳动认知，提高劳动自觉

劳模精神培育的前提是对劳动要有科学的认知。只有充分认识到劳动的价值和意义，才能为了信仰而产生劳动自觉性，这种劳动信仰就是培养我们自身劳动精神的原动力。其基本要求是要形成崇尚劳动、热爱劳动、尊重劳动者，以辛勤劳动为荣，以不劳而获为耻的科学认知，并将科学认知转化为劳动信仰的劳动实践自觉，体现了人生价值和社会价值的统一，使得个体在追求个人目标实现的同时，能对社会的发展和进步起到推动作用，并最终找到人生的价值和意义。

(三) 实现榜样带动，彰显榜样力量

榜样的力量是无穷的，榜样教育具有示范、激励、导向、调整、自律和矫正等多种功能。作为培育新时代劳动者大军的主渠道、主阵地，学校在传播知识和技能培养的同时，必须把劳模精神融入其中，激发学生的劳动热情，涵养奉献情怀，增强集体意识。

1. 激发劳动热情

新时代的大学生，其物质生活得到了极大改善，但其中相当一部分学生自立意识不强，抗压能力较弱。高校培育和弘扬劳模精神，就是要借助劳模的光辉事迹，感染、启发和带动更多的青年学生热爱劳动，提高劳动能力，养成劳动习惯，形成吃苦耐劳的劳动精神，更好地适应以后的工作岗位。

2. 涵养奉献情怀

劳动和奉献是相互联结、不可分割的。劳动是奉献的基础，没有劳动，奉献就无从谈起；奉献是劳动的升华，为劳动增添价值。劳模精神突破了自给自足的狭隘劳动观念，着重强调奉献社会的人生追求。只有充分发挥个人智慧与才干，通过劳动创造为人民服务、为民族振兴服务，才能完全体现出一个劳动者的人生价值。立德树人就

是要祛除小我的功利劳动观，培育大我的奉献精神，把奉献祖国和人民作为毕生的人生追求，补齐个人性情成长的短板，塑造健康人格。

3. 增强集体意识

现代社会分工细化，人们的相互联系日趋紧密，依赖程度逐步加深，社会发展呼唤集体意识。但在理论学习和实践之中，怎样将集体意识落实为个体的实践行为，把集体潜意识自发提升为团队协作的正能量，凝聚成长发展合力，是立德树人面临的一项重要问题。劳模精神在任何时期都表现出了鲜明的集体主义倾向，在具体的劳动实践过程中推动集体和个人共同发展，将指引大学生将个人的价值追求自觉融入民族复兴的中国梦中。

第二节 新时代工匠的自我修炼

"工匠的自我修炼"要求新时代的建设者和担当者具备工匠精神。工匠精神是一种严谨认真、精益求精、追求完美、勇于创新的精神。在新时代大力弘扬工匠精神，对于推动经济高质量发展、实现"两个一百年"奋斗目标具有重要意义。

我国自古就有尊崇和弘扬工匠精神的优良传统，一些工艺水平在世界上长期处于领先地位。瓷器、丝绸、家具等精美制品和许多庞大壮观的工程建造，都离不开劳动者精益求精的工匠精神。《诗经》中的"如切如磋，如琢如磨"，反映的就是古代工匠在切割、打磨、雕刻玉器等时精益求精、反复琢磨的工作态度。《庄子》中讲庖丁解牛游刃有余，"道也，进乎技矣"。可以说，我国古代就非常注重工匠精神，形成了"尚巧工"的社会氛围。

新中国成立以来，党在带领人民进行社会主义现代化建设的进程中，始终坚持弘扬工匠精神。无论是"两弹一星"、载人航天工程取得的辉煌成就，还是高铁、飞机等的设计与制造，都离不开工匠精神，都展现出中国人民对工匠精神的继承与发扬。

一、务实勤劳的实干精神

"实干"是干好工作的前提，也是发展进步的重要保证。面对纷繁复杂、日新月异的社会现象，青年大学生在新时代、新任务下要弘扬实干精神，做到"想为、敢为"。

(一) 求真务实是实干精神的关键

弘扬求真务实的作风首在观念转变。思想是行动的先导，没有思想认识的大提高，就不会有事业的大进步。要坚持在解放思想中统一思想，在统一思想中更新观念，为推进加快发展、科学发展、又好又快发展奠定坚实的思想基础，提供强大的精神动力。青年大学生要进一步解放思想，勇于创新，奋力开拓，敢为人先，发扬实干精神，坚定求真和务实的观念，只要是有利于自身成长、有利于又快又好发展的事情，就大胆试、大胆闯、大胆干。要善于总结发展中的新经验，善于探索解决问题的新办法，善于找到攻坚克难的好措施。

弘扬求真务实的作风重在落实。"空谈误国，实干兴邦"。推进社会又好又快发展，要求青年大学生真正俯下身子，沉下心来，脚踏实地干事业，埋头苦干促发展，确保工作干一项成一项，取得实实在在的成效。要发扬不怕困难、甘于吃苦的精神，多到基础条件差、发展相对慢的地方脚踏实地地锻炼自己，多到矛盾突出、困难较多的地方有针对性地磨炼自己。青年大学生要力戒形式主义，要说实话、办实事、出实招、求实效，坚决做到不务虚功、不图虚名，坚决反对搞形式主义、做表面文章，真正做到一步一个脚印，以扎实的工作接受社会和实践的检验。

求真务实，就是各项工作要立足于"实"，扎根于"实"，要讲真话、报实情、求实效。实事求是，脚踏实地，敢创新、敢将自己的真才实学发挥到社会真正需要的地方去。实事求是马克思主义的精髓，我们过去取得的一切成就都靠的是实事求是。今天，我们要把中国特色社会主义事业继续推向前进，还是要靠实事求是。

(二) 勤劳踏实是实干精神的保证

青春岁月一生只一次，恰如昙花一现，又如江流入海，奔涌向前。这是人生中最美好且短暂的时光，更是不可复刻的璀璨年华，因此古人有"青春须早为，岂能常少年"之言。于现代青年人而言，似乎时刻都在忧虑，唯恐脚步稍慢就会被这个时代抛在身后。殊不知，"早和快"远不如"稳和静"来得稳妥心安。青春的座右铭的确应是步履不停地向前奋进，但不急功近利、不功利为之的"静"，才是青春中那抹最纯净的"底色"。

脚踏实地是仰望星空的根基。无论梦想如何绚烂，也要靠静下心来一步一个脚印地去追逐实现。守住自己的初心，将自己真正喜爱的专业兴趣发展成为之奋斗的事业，将"热爱"转化为社会生产力，这是当代青年人真正对自己的人生高度负责的体现。在明白"时不待我"紧迫性的同时，更要经历"宁静致远"的人生修炼。于青年人而言，"驱车策驽马"的驰骋前提，是懂得"悠悠涉长道"的心境，也只有在"静"的底色中，青春的拼搏与奋斗才会越挫越勇，一往无前！

务实、勤恳、脚踏实地，不仅对一个人做学问极为重要，而且对一个民族、社会的发展和进步尤为重要。拥有务实的态度，才能保持一颗清醒的头脑，尊重客观事实，从而获得新的进步，反之，一个在虚幻中自我陶醉、浮躁、急于一步登天的民族和社会，是不可能创造辉煌，达到理想境地的。

（三）坚定理想信念是实干精神的基础

实干要有"想为"的境界。理想信念就像人生的灯塔，决定我们的言论和行动，也决定我们的立场和方向。没有理想信念，精神上就会"缺钙"。要真正将理想信念建立在科学理论的理性认同上，建立在对历史客观规律的正确认识上，让实干有"想为"的境界。只有"想为"才能"会为"，进而才能"巧为"。

实干要有"敢为"的担当。担当是一种情怀。"居庙堂之高则忧其民，处江湖之远则忧其君""先天下之忧而忧，后天下之乐而乐"是范仲淹忧国忧民的担当情怀。无论是在烽火连天的战争岁月里，还是在和平建设的新时期，无数共产党员胸怀革命的崇高理想，坚定共产主义的伟大信念，敢于担当，勇于奉献。唯有担当才能扬起人生的风帆，唯有担当才能无愧于历史、无愧于时代、无愧于人民。

 【拓展阅读】

奋斗新时代还需"铁人精神"

伟大时代呼唤伟大精神，伟大事业更需要榜样引领。"铁人精神"是中华民族精神的重要组成部分，是历久弥新、永不褪色的宝贵精神财富，是激励中华儿女拼搏奋进、担当作为、干事创业的强大精神动力。

"铁人"王进喜，1923 年 10 月 8 日出生于甘肃酒泉玉门市赤金堡一个贫苦农民家庭。1950 年，王进喜成为新中国第一代钻井工人。1956 年 4 月，王进喜光荣加入中国共产党，后担任贝乌五队队长，带领井队创出月钻井进尺 5009.47 米的全国最高纪录，贝乌五队荣获"钢铁钻井队"称号，他也以"标杆立祁连"的战绩被誉为"钻井闯将"。1960 年 3 月，他主动请缨，率领 1205 钻井队开赴大庆参加石油大会战，靠"人拉肩扛"搬钻机、"盆端桶提"运水保开钻的办法，打出了到大庆后的第一口井。1960 年 5 月，在开钻 2589 号井时，他不顾腿伤跳进泥浆池，用身体搅拌泥浆压服井喷，被人们誉为"铁人"。1964 年 12 月，王进喜出席第三届全国人民代表大会。1969 年 4 月，王进喜出席党的九大并当选为中央委员，受到党和国家领导人毛泽东、周恩来的亲切接见。由于长期积劳成疾，王进喜身患胃癌，但直到生命最后一刻他仍然关心着油田建设，病逝时年仅 47 岁。1972 年 1 月 27 日，《人民日报》发表长篇通讯《中国工人阶级的先锋战士——铁人王进喜》，高度评价了王进喜伟大的一生，在全国掀起了学习"铁人精神"的热潮。世纪之交，王进喜同孙中山、毛泽东、雷锋、焦裕禄等一起被评为"百年中国十大人物"。

学习传承"铁人精神"，着力激发新时代"铁人"的内生动力。深度挖掘"铁人"事迹和"铁人精神"的时代内涵，坚持将"铁人精神"作为教育党员干部最重要的资源和最鲜活的教材。通过讲述"铁人"故事、传唱"铁人"歌曲、展播"铁人"影视、踏寻"铁人"足迹、编辑"铁人"逸事等多种形式，春风化雨，成风化人，教育引导青年大学生弘扬"铁人精神"，自觉做到政治上对党忠诚、思想上知行合一、作风上严以律己、业务上精益求精、工作上一丝不苟、纪律上从严要求，不忘初心、牢记使命，争做新时代的"铁人"。

（资料来源：人民网，2018-10-15）

二、锐意进取的奋斗精神

"天行健，君子以自强不息"。中华传统文化效法大自然刚健日新、运转不息之象，崇尚自立自强，进德修业，向上向前，永不停止。五千多年的灿烂文明，中华民族筚路蓝缕，胼手胝足，不怕困难，不畏强暴，淬炼了奋发向上、顽强拼搏、自强不息的伟大精神。当下，实现中华民族伟大复兴，就是要每一个中华儿女肩负起历史使命，并保持锐意进取的奋斗精神。

（一）精神状态决定事业成败

保持锐意进取、永不懈怠的精神状态，是我们不断从胜利走向新的胜利的重要法宝。良好的精神状态，是做好一切工作的重要前提，是人们战胜困难、成就事业不可缺少的重要因素。回顾历史，革命、建设、改革事业从来不是一帆风顺的，每个时期都面临各种各样的风险和挑战。面对艰难险阻，我们党始终锐意进取、永不懈怠、一往无前，团结带领人民取得了世人瞩目的巨大成就。今天，中国特色社会主义进入新时代，改革开放事业到了一个"船到中流浪更急、人到半山路更陡"的时候，到了一个愈进愈难、愈进愈险而又不进则退、非进不可的时候，摆在我们面前的使命更光荣、任务更艰巨、挑战更严峻、工作更伟大。这更需要青年大学生始终保持锐意进取、永不懈怠的精神状态，勇于担当作为，善于攻坚克难，只争朝夕、夙夜在公，在新时代创造新的更大奇迹。

志于远大理想。"夫志，气之帅也。"理想志向是心气干劲的统帅。勇于担当作为，良好的精神状态，最终要落实到干事创业上。"事者，生于虑，成于务，失于傲。"

伟大梦想不是等来、喊来的，而是拼出来、干出来的。

(二) 艰苦奋斗成就幸福人生

法国音乐家贝多芬热衷于音乐创作，然而命运在他早年时期残酷地夺去了他的听力，这对一位音乐爱好者来说是多么沉重的打击。然而贝多芬不甘于命运的捉弄，奋斗不停，将自己的不幸变为奋斗的动力，靠不断地自我鼓励、自我暗示来提醒自己时刻不忘努力奋斗，最终取得了斐然的成绩。他创造了音乐史上极大的奇迹，成为人们口口相传的一段佳话，名垂青史。

人生的路不可能是一帆风顺的，就如一条小河一样弯弯曲曲，花朵只有经过了努力才能美丽绽放，大树只有经过了风吹日晒才能参天，而我们只有经过了奋斗才能成才。成功者必备的成功条件之一就是奋斗。成功需要奋斗作基石，我们需要用奋斗书写辉煌，只有通过奋斗才能进步。奋斗是为一个目标去战胜各种困难的过程，这个过程会充满压力、痛苦、挫折。奋斗的目的是享受这个过程，而这个过程带给我们的各种快乐、悲伤、愁苦，都会成为我们心智更加成熟的养料。当我们成熟之后再次回过头来看待这一些压力，这一些痛苦，这一些挫折，只会心满意足地微笑，因为你至少经历过。而相对于那些父母为其铺好路的人来说，奋斗者无疑都是幸运者，因为温室中的花朵是永远无法接受暴风雨的洗礼的。成功的喜悦难以用语言来表达，而奋斗的过程却更值得我们去回味。

 【拓展阅读】

走近"爱折腾"的新时代工匠徐击水

不同岗位，不同讲述，一样的是感动和鼓舞。他是躬耕行业数十载的荆楚楷模、新时代工匠——武汉奋进电力技术有限公司、武汉奋进智能机器有限公司董事长徐击水。

1995 年，徐击水加盟武汉奋进电子仪器有限公司，随后相继创立奋进电力技术有限公司、奋进智能机器有限公司，担任公司负责人及技术研发带头人。

纵观徐击水的创新创业之路，不难理解为何媒体会称其"爱折腾"，更会为新时代匠人刻苦钻研、不断奋斗的精神所折服。

徐击水就读于武汉水利电力学院，毕业后留校做了一名教师。1995 年，他毅然放弃了"铁饭碗"，带领几个学生组建武汉奋进电力技术有限公司走上创业道路。随后，改变电力行业数十年带电作业工具存放传统的新产品——智能化带电作业工具库房面世。据介绍，全自动智能化库房不仅可有效控制带电作业工具存放环境的温度和湿度，而且还可对其进行远程控制。

瞄准行业痛点，徐击水带领武汉奋进电力技术有限公司陆续推出了智能绝缘工具柜、电力配网专用车、带电作业高压水冲洗清洗车、智能配网抢修车、智能库房以及带电作业工具和安全工具的试验系统等产品。

20多年来，该公司不断创新，在行业崭露头角，已完成14项带电作业技术与装备的国内首创，参与制定国家及行业标准8项，拥有相关发明及实用新型专利71个，获得省部级科技进步奖1项。

凭借多年的市场经验和技术敏感性，徐击水觉得：要做不一样的机器人，样子不一样的机器人。就这样，奋进智能放下了经营多年的通用机器人，走向全新领域，为不同行业定制机器人，并起了一个响亮的名字——"工匠机器人"，迎来了奋进智能的又一次春天。

徐击水做了大量调研，他将奋进智能的长期战略目标定为"聚焦行业应用，打通机器人产业链，建立行业定制化工业机器人第一品牌"，"互联网＋机器人＋人工智能"的技术变革为行业带来希望，利用智能机器人技术传承"工匠精神"成为可能。

基于生产流程大数据互联环境，智能工匠机器人诞生——它将"匠人"的手法和技艺，转化成机器人的动作数据库和工艺数据库，严格遵循传统工艺、模仿人工作业，进行定制化结构设计和算法规划，同时集成大量的外部传感器，所有数据传送至云服务器进行云计算和深度学习。

如此一来，这种机器人就仿佛具有工匠一样的"眼睛""鼻子""大脑"和"手脚"，能"自我感知""自动进化"和"主动优化"，交互信息、积累经验并精益求精。

（资料来源：中国光谷，2019－07－18）

三、敢为人先的创新精神

创新是知识经济时代的一个显著标志，创新是一个民族进步的灵魂，一个没有创新能力的民族，难以屹立于世界民族之林。当今国际社会处于飞速发展的时代，追求卓越的创新精神显得尤为重要。只有拥有创新精神的国家，才能让自己立于世界强国之林。

（一）追求创新是工匠精神的传统

追求创新的作风在很早以前就根植于数千年的华夏文明中。这种勤勉认真、刻苦练习和研究的精神，造就了中华璀璨多姿的文化，所以在中华民族几千年的历史里从来都不缺大师级的工匠，正是这种一直流传下来的人生态度、事业态度才造就了我们世世代代的绝学大师、文化巨匠。

在中华民族几千年的文明史中，工匠们除了各种发明创造外，还具有不断追求创新的精神。张衡发明了浑天仪和地动仪，比欧洲早 1700 多年；南朝祖冲之精确地算出圆周率是在 3.1415926～3.1415927 之间，这一成果比欧洲早 1000 年；中国人于公元前 5 世纪发明了双动式活塞风箱，西方于 16 世纪才用双动式活塞风箱，比中国晚了 2100 年左右；公元前 2 世纪，中国人发明了旋转式扬谷扇车，到 18 世纪初，西方才有了扬谷扇车，比中国晚了 2000 年左右；公元前 1 世纪，中国人发明了独轮手推车；而西方到公元 11 世纪才出现独轮车，比中国晚了 1200 多年；东汉华佗擅长外科手术，被誉为"神医"，他发明的有麻醉效果的麻沸散比西方的麻醉药早 1600 多年；隋唐赵州桥是现存世界上最古老的一座石拱桥，等等。

我们在传承中国工匠精神的同时，也要了解中国工匠精神的内涵。将这些宝贵文化遗产与现代企业的管理理念相结合，并引入科学研究范畴，拓宽中国工匠精神与人文研究的视野，加深我们对中国工匠精神在企业文化中的不可替代性以及对提高员工地位的再认识。

中华民族是充满智慧的民族、不甘落后的民族，今天，在大众创业、万众创新的热潮中，我们要呼唤中国古代工匠那种敬业、勤奋、执着、创新精神，以此为企业铸魂。企业更要为冲锋陷阵者、敢于亮剑者、勇于改革者创造良好的制度环境和激励机制，让人人敢担当、个个能出彩，使中国成为创新大国、制造大国。清代郑板桥有诗曰："咬定青山不放松，立根原在破岩中。千磨万击还坚劲，任尔东西南北风。"有了这种精神，定能实现我们的强国之梦。

 【拓展阅读】

创 新 中 国

过去几年，神舟飞天、蛟龙入海、高铁奔驰、大飞机首飞，从移动支付到共享单车，从网购到物联网、大数据、云计算等新技术，我国持续推进科技创新，科技成果密集亮相，呈现井喷态势。

2013 年，"创新"被定义为引领中国未来发展的第一动力。国家投入的科研经费达到 1.1 万亿元，首次超过日本，世界排名第二；2018 年，中国科研经费投入近 2 万亿元。

2014 年，中国的国际专利申请量超 2 万件，成为全球国际专利申请总量的最大贡献者，也是唯一一个国际专利申请量增长达到两位数的国家。

2015 年，我国科技人力资源总量超过了 7100 万人，居世界第一。

2018 年，我国的科技进步对经济增长的贡献率达到了 57.5%，创新能力从 34 名"跑"到了 17 名，是世界前 25 位中唯一的中等收入经济体。现在，超百项深化科技体制改革措施正在加速推进，一个个创新成果，正在改变人们生活，中国正在成为创新型国家。

古有四大发明：造纸术、指南针、火药、印刷术。现有新四大发明：高铁、移动支付、共享单车和网购。从古至今，中国人的创新脚步从未停止，这一步步脚踏实地，都在谱写着一条强国之路。

这些年我国在航空航天领域投入很大，如登月计划、载人航天计划、空间站等。2018 年，我国发射的嫦娥四号无人探测器主要任务就是着陆月球表面。这是世界首个在月球背面着陆和巡视探测的航天器，更深层次科学探测月球地质、资源等方面的信息，完善月球的档案资料。

过去几年，我国日益强大的科技实力也在深海探测领域有所体现。从"进入深海"时代走到"深海探测开发"时代只用了短短几年的时间，深远海利益的维护和保障得到进一步加强。未来，我国还将开启"海底空间站项目"，更深地探索和利用海洋资源。

改革开放至今，我国已经成为名副其实的交通大国，中国高铁能够成为名片走出国门也是我国科技人员技术不断创新的结果。2017 年 5 月 5 日，我国首架具有完全自主知识产权的大型客机 C919 冲上云霄，成功完成首飞任务，圆了国人期盼半个世纪的"飞机梦"。

今天的中国已经是一个不折不扣的网络大国，网民规模已经超过 9 亿，电子商务、电子政务、社交媒体应用、大数据、人工智能各个领域的应用和创新，都取得了长足进步。下一步，我国构建了空、天、地一体化的信息网络，着眼于建设高轨道、低轨道卫星组网，建设一个服务于"一带一路"的空、天、地一体化的信息网络。

我国创新成果层出不穷。因为在创新崛起的背后，一直有着一种突破挑战、求真务实的民族创新精神在指引着我们。"创新"已使中国焕发出"撬动"地球的力量。

(二) 改革创新是时代精神的内涵

历史车轮不断向前，正是因为有了吸收和舍弃，才有了新事物。工业大革命时，人们不局限于仅用手工劳作，才去发明机器；不局限于仅在地上行走，才去研制飞机；

不局限于仅用煤作为能源……如今，人类已可以遨游太空，而无数科学家却仍在努力地探索着，研究、发现新的、更科学的规律，让人类社会不断向前发展。我们不能淹没在历史中，但也不能忘记，那仅仅是古人的业绩。君不见"青，取之于蓝，而胜于蓝"，只有师古而不泥于古，推陈出新，才有存在和发展的可能。

生活需要创新，社会需要创新，国家和民族需要创新。没有创新就没有丰富多彩的物质世界。我们要在创新中求生存，求发展。其实很多问题的答案本是丰富多彩的，若是只能得出一种答案，那么我们就要从主观方面看看是不是思想僵化，是不是被条条框框所局限。改革创新是时代精神的内涵，只有这样，我们才能在前进道路上迈出坚实的步伐。

(三) 工匠精神与创新精神一脉相承

工匠精神的核心在于创新。听起来，创新和不断重复、精益求精的工匠作业似乎有矛盾。但烦琐复杂的工作是培育创新的土壤，追求完美是助推创新的动力。纵观历史，国内有鲁班、张衡，国外有富兰克林、爱迪生，他们都能够被称为"工匠"，最终被后世铭记，不是因为他们日复一日、年复一年地打磨某个产品，而是他们不断提供创造力，通过创新给后世留下了宝贵的财富。现代的工匠精神，并非简单的重复与坚守，而是改进与创新。

工匠精神固然是推动社会建设的一个重要的信仰，繁荣不息的世界离不开工匠精神孜孜不倦地建设和坚守，但是真正推动世界发展和进步的却是创新精神、创造精神。没有对创造的热爱，就没有对知识和真理的热爱。工匠精神离开了创造精神、创新精神，它必然只会像一台简单编程的机器一样枯燥和乏味。工匠精神就像一具壮硕的躯干，而创新精神就像一副生机灵魂，两者结合才能将一个人的创造潜力真正发挥出来，所以说工匠精神离不开创新精神。

 【拓展阅读】

"大国工匠"胡双钱

胡双钱以他"精益求精，追求完美，打造极致"的工匠精神，在平凡的岗位上做出了不平凡的业绩，作为"手艺人"，36年无差错。

胡双钱出生在上海一个工人家庭，从小就喜欢飞机。制造飞机在他心目中更是一件神圣的事，也是他从小藏在心底的梦想。

1980年，技校毕业的他成为上海飞机制造厂(现上海飞机制造有限公司)的一名钳工。从此，伴随着中国飞机制造业发展的坎坎坷坷，他始终坚守在这个岗位上，发挥着一个"手艺人"的价值。航空工业要的就是精细活，大飞机的零件加工精度要求达到十分之一毫米级，胡双钱说："有的孔径公差，相当于人的头发丝的三分之一。"工作中，无论零件是简单还是复杂，胡双钱都一视同仁，核对图纸、划线打磨、完成加工、交付产品，每个步骤他都反复检查数遍，直到"零瑕疵"。

正是因为这种追求完美的"工匠精神"，胡双钱曾连续12年被公司评为"质量信得过岗位"，36年里产品100%合格率，无一例返工单。划线是钳工作业最基础的步骤，稍有不慎就会导致"差之毫厘、谬以千里"结果。为此，胡双钱发明了"对比复查法"：他从最简单的涂淡金水开始，把它当成是零件的初次划线，根据图纸零件形状涂在零件上，"好比在一张纸上先用毛笔写一个字，然后用钢笔再在这张纸上同一个地方写同样一个字，这样就可以增加一次复查的机会，减少事故的发生。"胡双钱说。

胡双钱的手艺和职业道德，不仅在工作中得到了工友们的钦佩，同时也获得了各级政府部门的认可。工作36年来，胡双钱先后获得全国劳动模范、全国五一劳动奖章、上海市质量金奖等，更在2015年被授予全国敬业奉献模范称号。

现在，胡双钱主要负责ARJ21—700飞机项目的零件生产、C919大型客机项目技术攻关，并承担青年员工的培养工作。"我常常鼓励青年安心型号研制，工作中做到严格按照零件'标准加工方法'加工零件，不多步骤、不漏程序，始终带着感恩、责任和思考做工作。"

（资料来源：上海政务网，2019—10—02）

第三节　新时代劳动教育中的大学生

一、新时代大学生要锐意进取、奋斗前行

历史充分证明了，中国人民不仅善于打破一个旧世界，而且善于建设一个新世界。一切伟大的创举和奇迹都源于梦想，一切辉煌的成就和事业都源于执着。成功贵在持之以恒、锐意进取。潮起宜踏浪，风正可扬帆。这是一个最好的时代，一个书写芳华的时代，一个崭新的时代，让我们在这个美好的新时代，牢记使命，锐意进取、大胆创新，以永不懈怠的精神状态和一往无前的奋斗姿态，凝心聚力，在新时代的征途中，创造出无愧于时代，无愧于青春的辉煌事业。

只有与时俱进、开拓创新、顺应时代、不断创造，我们的事业才能更加兴旺发达，

我们才能到达理想的彼岸。开拓、创新、前进是时代的最强音，社会主义国家的前程需要千千万万伟大事业的接班人前赴后继、奋斗不已。我们只有不断学习，努力进取。

乘风破浪会有时，直挂云帆济沧海。我们要继承和发扬老一辈谦虚谨慎、不骄不躁、艰苦奋斗的优良作风，始终保持奋发有为的进取精神，永葆青年大学生的先进性，以"赶考"的清醒和坚定答好新时代的答卷。

二、弘扬新时代工匠精神

大学生热爱劳动在工作中主要表现为以下三种精神。

(一) 务实勤劳的实干精神

务实即讲究实际、实事求是、埋头苦干、不求浮华；勤劳即努力劳动、不怕辛苦。勤劳务实的工作作风取决于人的世界观、人生观和价值观，决定着一个人自身修养的高度。

要想做到勤劳务实，首先，要在勤劳上下功夫。工作时要勤思索、勤动手、勤动脚，以认真负责的态度、实事求是的精神、科学严谨的方法开展工作。其次，要在务实上求突破。在工作中要戒骄戒躁，把心思放在如何落实工作上，发扬兢兢业业、踏实苦干的实干精神。

 【拓展阅读】

职业院校学生为国夺金，中国队再揽世界技能大赛团体第一

2019年8月27日晚，历经多日角逐的第45届世界技能大赛在俄罗斯喀山落下帷幕。中国代表团选手在大赛中表现优异，斩获35枚奖牌，其中金牌16枚、银牌14枚、铜牌5枚，同时还获得优胜奖17枚，一举拿下金牌第一、奖牌第一、团体总分第一，继第44届世界技能大赛之后再一次荣膺全球之首。

从获奖选手来看，获得金牌的16个项目的20名参赛选手中，来自职业院校的学生13名、教师5名，企业一线职工2名；获得银牌的14个项目的16名选手中，来自职业院校的学生6名、教师4名，企业一线职工4名，另有来自上海交大的大学生2名；获得铜牌的5个项目中的5名选手，自来职业院校学生4名、教师1名。总体看，全部获奖摘牌项目的41名选手中，来自职业院校的学生共23名，占比56%；其中职业院校13名摘金选手占到所有中国摘金选手的65%，成为当之无愧的国家队夺金主力军。

在人们的心目中，尤其是家长和学生本人，认为接受职业教育似乎就低人一等。在第 45 届世界技能大赛上，中国队的 23 名学生用实际行动证明，只要用心用力用功，职业院校同样也能育出栋梁之材。

对一个国家、一个民族，需要的不仅仅是高端科研人员，更离不开高端技能人才。缺少了后者，再尖端的科学技术，也难以演变为真正的科技实力。所以，大国工匠也是高端人才，是促进综合国力发展的关键人才。

（资料来源：金融信息网，2019—09—01）

(二) 锐意进取的奋斗精神

锐意进取即意志坚决地追求上进，力图有所作为。锐意进取的奋斗精神是有所成就的根本。它要求在工作中不好高骛远、眼高手低，而是脚踏实地，把奋斗精神融于岗位、融于日常，时刻保持昂扬向上的进击姿态，因时而动、随事而制，不断超越自我。保持锐意进取、永不懈怠的精神状态，是我们不断从胜利走向新的胜利的重要法宝。精神状态决定事业成败。良好的精神状态，是做好一切工作的重要前提，是战胜困难、成就事业不可缺少的重要因素。

(三) 追求卓越的创新精神

创新是当代中国最鲜明的特征。创新精神是一个国家和民族发展的不竭动力，也是一个现代人应该具备的素质。一个没有创新意识的人，要么整天忙于事务，要么浑浑噩噩，是难以在工作上做出亮点的。因此，我们要在日常工作中融汇创新精神，想问题要有超前意识，不能人云亦云；制定的个人工作计划要有新颖性，要有自己的特点和特色，不能照葫芦画瓢；要不断学习新知识，掌握新方法，应用新设备、新载体，创造出日常工作的新效果、新途径、新局面。

第四章　劳动技能与职业理想

 【章首导读】

　　职业理想是人们在职业上依据社会要求和个人条件，借想象而确立的奋斗目标，即个人渴望达到的职业境界。职业理想是人们对职业活动和职业成就的超前反映，在人的职业生涯中具有导向作用、调节作用和激励作用。职业理想源于现实又高于现实，它比现实更美好。为使美好的未来和宏伟的憧憬变成现实，人们会以坚忍不拔的毅力、顽强的拼搏精神和开拓创新的行动去为之努力奋斗。作为一名大学生，只有在课堂上、在实训室里、在实习岗位上努力学习理论知识、锤炼劳动技能，才能成就职业理想，才能用自己的一技之能为社会做贡献、为伟大祖国的繁荣昌盛添砖加瓦。

　　本章主要介绍了高校实习实训的内涵，明确了大学生参加实习实训的意义、劳动教育与实习实训结合的必然性，引导大学生从劳动锻炼走向工作世界；介绍了公益劳动与义务劳动的内涵、属性，强调了大学生参与公益劳动与义务劳动的主要意义和所能实现的社会功能；介绍了职业、职场、职业素养的相关概念，为大学生指明了提升职业能力，适应职场要求的实现路径，引导大学生努力锤炼劳动技能，成就职业理想。

第一节　参与实习实训，锤炼劳动技能

　　劳动教育作为学校德育教育的主要内容之一，主要通过培养学习生活中的劳动习惯和技能，促使大学生自动进行热爱劳动和劳动人民、珍惜劳动成果、树立正确的劳动观点和劳动态度的学习活动。实习实训是高校实践教学的重要组成部分，包括专业实验、专业实训、专业实习等实践活动，是依托实训室、仿真模拟和实习单位等多种教学环境，有计划、系统地组织学生结合专业所学开展形式多样的实操性、实践性活动。实习实训本身就是一种劳动实践活动，强调的是"动手式"和"参与式"的学习方式。大学生要参与到劳动实践中，感受新时代下劳动条件与技术的发展，感悟劳动

对于国家、社会和个人的意义与价值，获得劳动带来的喜悦与自豪，进而形成正确的价值观和思想品质。因此，加强实习实训中的劳动教育，有益于促进立德树人根本任务的实现。

一、实习实训的内涵

实习实训是大学教学计划的一个有机组成部分，是理论联系实际、应用和巩固所学专业知识的一个重要环节，是提升学生劳动能力和生产技能的一个重要手段。针对性强、指导性强的实习实训不仅能够帮助学生更好地理论结合实践，强化专业知识，深入理解专业内涵，还能极大程度地发挥学生的主观能动性，培养良好的学习习惯、探索精神和创新能力。

(一) 实习实训的概念

实习是指大学生亲自到生产现场去学习，一般是在企业工作现场进行，它要求大学生在参加生产实践的过程中逐步深化理论知识，培养和提高自身的专业工作技能水平，并能综合运用专业知识、专业技能，寻求解决生产实际中的技术及管理问题能力的一种实践性学习活动。

实训是职业技能实际训练的简称，是指在学校能控的状态下，按照人才培养规律与目标，大学生积极参与职业技术应用能力训练的学习活动过程(见图 4-1-1)。这个定义取了实验中"学校能控"和实习中"职业技术性"两个长处，形成了高等职业技术教育中最为闪光的特色。实训既突出了学校的主体性，每一个实训项目都需要教师精心设计、精心组织、精心实施；又突出了职业技术的应用性，大学生要积极参与学校开展的实训室实训、校企合作单位岗位实训等，力争在实训岗位不断锤炼自己的劳动技能。

(a) 场景一

(b) 场景二

图 4-1-1　大学生正在进行校内实训

(二) 实习实训的分类

实习实训可分为认识性的实习实训、实训室实习实训、随岗实习、顶岗实习等。

(1) 认识性的实习实训是指组织学生到实习单位观摩、学习相关专业设备的使用，体验企业文化，对实习单位和相关岗位形成初步认识的实践性教学活动。

(2) 实训室实习实训是指依托学校建立的实训室、仿真模拟设施等多种教学环境，大学生可以有计划地、系统地亲身体验相关专业设备、生产工序、岗位环境等的实操性、实践性学习活动。

(3) 随岗实习是指不具有独立操作能力、不能完全适应实习岗位要求的学生，在企业专业人员指导下，到实习单位的相应岗位部分参与实际辅助工作的实践性教学活动。

(4) 顶岗实习是指初步具备实践岗位独立工作能力的学生，到相应实习岗位相对独立参与实际工作的实践性教学活动。

(三) 实习实训的特点

第一，教育性与职业性。实习实训与专业培养目标密切相关，是检验大学生是否能成为合格人才的一个十分重要的学习环节。在实习实训的过程中，大学生可以切身体验，通过学校和实习单位教师的指导，其专业知识能获得一定的增长，实践操作技能也能实现一定的提高。实习实训时，学生到用人单位参观、学习、工作，教学场所也在校内校外间转换，从以课堂和学校为中心逐渐转变为以岗位和企业为中心。学生在实训实习岗位上开展相关的专业学习，是一种职业劳动过程。

第二，学生具有双重身份。在实习实训中，学生既是学校的学生，也是企业的员工，具有双重身份。在实习实训期间，学生必须接受学校和实习单位的双重管理，既要完成学习任务，也要履行实习单位员工的岗位职责；既要遵守学校的规章制度，也要遵守实习单位的相关规定。

第三，教学模式的特殊性。实习实训强调教学实践与工作过程相结合，是实施工学结合人才培养的有效模式。在实习实训过程中，学生是实习单位的准员工，应将所学的理论知识与工作相结合。实习实训是职业院校人才培养过程中的特殊环节，这种特殊性决定了学生在实习实训中必将存在学习和角色转变与适应的过程。

(四) 实习实训学习内容

第一，学习并遵守劳动规则，加强对劳动流程、劳动标准、劳动检查等相关制度的学习。

第二，掌握专业技能，熟悉多种劳动岗位职责，关注新技术的发展和运用，培养创新意识，拓展职业技能，能适应跨专业的、不断变化的职业劳动任务，为将来步入社会做一名复合型人才做好准备。

第三，通过参与生产过程，体会劳动的辛苦，树立会劳动、懂劳动、热爱劳动的劳动理念。

第四，践行并弘扬劳动精神、劳模精神、工匠精神，提升职业核心素养，提高自身的市场竞争力。

(五) 实习实训注意事项

第一，严格遵守学校和企业的实习实训要求，听从教师的安排和指导，保质保量地完成实习实训任务。

第二，严格遵守企业的作息制度，不得无故迟到、早退或擅自离岗。

第三，遵守车间安全规章和实习实训基地安全要求，增强安全防范意识，提高自我保护能力。

第四，严格遵守国家法律法规，自觉遵守社会公德，尊重当地风俗习惯及地域政策，做一名合格的社会公民。

二、大学生参加实习实训的意义

(一) 有助于培养正确的劳动观，养成良好的劳动习惯

经验和实践证明：劳动教育是培养和造就全面发展人才的必要条件，也是基本途径和有效途径。大学生参加实习实训可以树立正确的劳动观点和劳动态度，有助于培养劳动技能，养成热爱劳动的习惯。在职业教育发展进入内涵提升、谋求跨越式发展

的新时期，通过实习实训专业劳动，学生可以掌握必备的专业知识和劳动技能，提高动手能力和实践经验，进一步养成良好的劳动习惯。

（二）有助于增强劳动感悟，培养团队精神。

学生参加实习实训，可以深刻体会到劳动并不只是简单的体力和脑力付出，而是可以从劳动实践中感悟劳动教育的意义，用身体丈量物理世界和心灵世界。实习实训还是孕育团队精神的土壤，学生在工作中各司其职、互相配合完成任务，有助于培养其团队精神。通过实习实训，学生还可以更好地了解社会、走进社会和适应社会，学会关怀社会和尊重差异，为成为合格的社会公民做准备。

（三）有助于树立正确的职业价值观，为职业生涯导航

人们常说，大学是座象牙塔，学校与职场、学生与员工之间存在着巨大的差异。在角色转换的过程中，学生的观点、行为方式、心理等方面都要做适当的调整。学校开展实习实训，为学生提供了一个模拟的或是真实的职场平台，可以帮助学生提升劳动技能，这在竞聘工作岗位时会有很大的优势，并且在工作时可以更快、更好地融入新环境，完成从学生向职场人士的转换。通过实习实训的学习，可以使学生对所学专业有更深入的认知和理解，使其能在生产劳动中提升生产技能，感受生活的来之不易，体会劳动创造物质财富、满足基本生活需求的伟大，从而尊重普通劳动者、尊重劳动成果，并判断自己将来是否能够在所学专业、行业中有所发展，培养正确的职业价值观取向，从而准确地认知自己，为自己的职业生涯导航。

三、劳动教育与实习实训相结合有其必然性

从总体上看，实习实训的开展要把握两个原则，一是与教学目标相一致性的原则，即高校教育要凸显"专业化"，以服务社会经济发展为中心，培养适应新时代、新发展需要的应用型人才。二是与教学手段相适应的原则，即实习实训要突出在实践中"动手、动脑劳动"的教学方式，让学生在实践劳动中更深入地理解专业知识，更熟练地运用专业技能，并内化形成个人的知识与技能储备。为此，加强实习实训中的劳动教育是使劳动教育内化于心、外化于行的必然选择。

（一）实习实训是学习劳动知识技能的主课堂

随着现代科技与经济的发展，我国产业结构发生了深刻的变革，人才需求也随之发生了重大改变，掌握一项劳动技能成为满足人们生存需求的基本手段，精进专业化劳动技能更成为人们提升生活质量、追求美好生活的有效路径。实习实训作为高校专

业课堂教学的延伸，是让学生把专业知识技从"知道"转化为"运用"的第一课堂，是实现学生掌握劳动技能、提升劳动能力的重要平台。因此，加强实习实训中的劳动知识技能教育是培养德智体美劳全面发展的应用型人才的重要方式，对于实现学校与社会的"无缝衔接"是必要且重要的。

(二) 实习实训是培养劳动价值观的主阵地

大学生作为社会劳动力的生力军，每年有几百万大学生走向劳动岗位，他们的劳动价值观是否正确不仅影响大学生个体的成长、成才，更影响着整个社会的生产力发展与生产效率的提升。劳动价值观的形成不是一朝一夕的，是通过观察模仿他人或亲自参与等方式认识世界，进而构建出个体看待世界的一套价值体系。实习实训作为一种以劳动为主的学习方式，为学生提供了亲身体会劳动、观察他人的劳动态度与劳动行为的机会，这将有助于帮助学生在潜移默化中形成崇尚劳动、尊重劳动、热爱劳动的价值观。

(三) 实习实训是养成劳动品质的练兵场

苏霍姆林斯基认为，劳动教育能够让青少年在劳动中最充分、最鲜明地展示他的天赋才能，并给他带来精神创造性的幸福。也就是说，劳动教育最终是劳动品质的培养，培养学生勇于担当、拼搏奋进、积极乐观地面对生活、创造生活的品质。实习实训为磨炼劳动品质提供了练兵场，让学生能够在实践中自主思考、独立操作，在探索尝试中不断打磨，激励学生练就敬业和精业、自信和执着的劳动品质(见图 4-1-2)。

(a) 场景一

(b) 场景二

(c) 场景三

(d) 场景四

图 4-1-2　优秀劳动品质的养成

四、从劳动锻炼走向工作世界

从身体力行的劳动锻炼中获取经验与知识，是人类文明起源和社会发展的主要方式，也是职业院校学生从校园成功走向工作世界的必要途径。通过劳动锻炼，可以帮助学生识别职业特征，挖掘与养成职业兴趣，助力职业选择；通过劳动锻炼，可以帮助学生理解劳动是创新的基础条件，培养创新能力，提升创业意识，发现创业机会；通过劳动锻炼，可以帮助学生习得并提升职业技能，形成职业规划，助推职业生涯，成就职业理想。

(一) 劳动引发职业兴趣

劳动是人类的本质活动，职业是个体与社会联系的桥梁，将两者融为一体进行系统教育，能够帮助大学生在劳动中识别职业特征。坚持以服务为宗旨、以就业为导向是职业院校办学理念的重要组成部分，学生在校期间通过实习、实训对所学专业有了直观的认知，通过参与真实的生产劳动培养与提高职业能力，在劳动中识别职业的社会性、规范性、目的性和时代性等特征。

职业是人类在劳动过程中的分工现象，每一种职业都体现了社会分工的细化。职业体现的是劳动力与劳动资料之间的结合关系，不同的社会成员必须在一定的社会构成的不同职业岗位上工作或劳动。不同的职业在其劳动过程中都会产生一定的操作规范，这是保证职业活动的专业性要求。不同职业在生产产品或提供服务时，还存在伦理范畴的规范性，即职业道德。正如劳动是有目的的活动，职业既要满足职业者谋生的需要，同时也要满足社会的需要，只有把职业的个人目的性与社会目的性相结合，职业活动才具有生命力和意义。

任何时代的职业都会受到那个时代社会生产方式、发展水平的制约。随着科学技术的进步，人们的生活方式、习惯等因素的变化必然会使得职业被打上时代的"烙印"。

通过劳动识别职业特征，培植学生的劳动精神。目前有些大学生对劳动的价值和意义并不清楚，更谈不上劳动情感的强化和劳动精神的建构。加强劳动教育，可以帮助职业院校学生懂得"生活靠劳动创造，人生也靠劳动创造"的道理，纠正理念上的错位，增强劳动自信，懂得"劳动最光荣、劳动最崇高、劳动最伟大、劳动最美丽"的道理(见图 4-1-3)，在情感上认同劳动，在实践上亲近劳动，为个人的全面发展奠定基础。

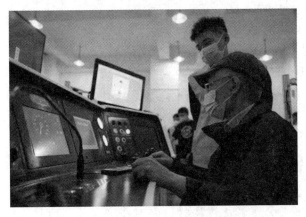

图 4-1-3 老一辈人的劳动精神引领

通过劳动识别职业特征，培养高素质劳动者和技术技能人才。任何教育都是为受教育者的未来发展服务的，其中包括围绕职业进行的职业性质的认识教育和职业素养建构、职业能力培植等。目前，有些大学生对职业、职业岗位、职业劳动缺少初步的认知，导致他们在选择专业方向和未来从事的职业时十分茫然和被动。加强劳动和职业启蒙教育能使学生感知和认识职业，既能帮助他们基于"人类幸福"和"自身完善"选择"适合的教育"，又能为全社会技术技能人才的培养打下基础。

(二) 在劳动中挖掘与养成职业兴趣

兴趣是一种无形的动力，每个人都会对自己感兴趣的事物给予优先注意和进行积极探索，更容易表现出心驰神往。职业兴趣是指个体在探究某种职业活动或者从事某种职业活动时所表现出来的特殊的个性倾向，它使个体对某种职业给予优先的注意，并具有向往的情感。职业兴趣能够影响个人的职业选择，增加个人的工作满意度，提高职业稳定性和职业成就感。霍兰德将职业兴趣分为研究型、艺术型、社会型、企业型、常规型、现实型六种类型。

然而，大多数人都并非只有一种兴趣取向(比如，一个人的职业兴趣中很可能同时包含研究型、社会型和现实型这三种)。霍兰德认为，一个人的兴趣取向越相似、相容性越强，则他在选择职业时所面临的内在冲突和犹豫就会越少。

职业兴趣的挖掘与养成不是一蹴而就的，而是在劳动过程中逐渐形成和显现的。为了找到自己的职业兴趣，大学生们要广泛参与到劳动过程中去，寻找自己的兴趣方向。然后，在此基础上通过一步步的职业实践确定自己的职业兴趣和职业发展路径，并持续地通过劳动实践观察和体会是否需要适度调整形成相对长期且稳定的职业兴趣，最终形成自己的职业向往。职业兴趣可以让我们更为专注地工作。

我国职业教育是一种以职业为导向、以能力为本位的教育。职业院校理实一体的课堂教学，能够通过劳动激发职业兴趣；进企业、进车间的顶岗实习，能够为职业生涯做好规划；技术技能的积累和创新创业，能够为社会提供科技含量越来越高的产品和设备。只有让自己的知识、技术、能力处于一个动态的发展状态，才能适应职业岗位的需求，而这一切都离不开劳动教育。

(三) 劳动助力正确择业

对于职业类型与内容的认知关乎大学生的职业选择，大学生要学会从劳动中判断职业的类型与内容。每所职业院校都开设了若干专业，学生入学前在填报高考志愿时，可能对所选专业并不十分了解；进校时，面对众多专业还可能面临专业调剂或者是转专业的情况，因此，学生需要结合自身的兴趣和条件，找到所选专业及对应的职业内容，并在此基础上，有针对性地做一些专业实践性的劳动，结合理论学习与研究，做好职业规划。

在劳动中实现职业选择是一个人对于自己就业的类型、方向的挑选和确定，大学生要在劳动中实现职业选择。职业选择是人们真正进入社会生活领域的重要行为，是人生发展的关键环节。通过职业选择，有利于人和劳动岗位较好地结合，有利于学生身份社会化的顺利转变。在做出职业选择之前，大学生需要基于在校期间的劳动表现对自身的职业能力、职业意向进行基本判断，对自己与职业岗位的匹配度进行综合分析，在听取相关专业老师意见建议的基础上，权衡利弊之后审慎选择自己未来的职业方向和职业路径。

在职业选择的探索过程中，以自身劳动实践经历与体验来实现职业选择，通常比单纯靠想象与自我预判找一份似乎能胜任却并不热爱的工作更有意义。近年来，高职学生的就业环境正朝着多元、宽容、自由的方向发展，鼓励尝试、允许失败的社会氛围逐渐形成；同时，"大众创业、万众创新"的热潮，为"初生牛犊"的高职学生平添了几分信心和胆气。面对竞争激烈的就业形势，高职毕业生应该调整就业期望值，摆正心态，充分发挥动手能力强、上手快的优势，在基层和一线工作岗位上积累工作经验，为以后的发展打好基础。

 【拓展阅读】

全心打造温暖"汽车家园"

近日，即将迎来店庆的众泰汽车益阳恒泰4S店，交出的成绩单足以令很多同行艳羡：不仅有傲人的销售业绩，更有通过优质服务积攒的客户口碑，还多次荣获四星级优秀服务站。是什么秘诀让一家店从强手林立的4S店中屹立不倒呢？益阳恒泰4S店总经理乔智认为，主要靠过硬的专业技能和真诚的服务，"我是干汽车服务小修理工出身的，从开业第一天起，为客户提供专业的、朋友式的温暖服务就被确定为益阳恒泰的核心理念。"

4S店老总乔智是保定职业技术学院机电工程系2008届汽车技术服务与营销专业毕业生，毕业以来，一直坚持奋斗在自己热爱的汽车领域，凭借对汽车执着的情怀和梦想，凭借专业专注的精神，独立撑起自己的汽车世界，打造出了人、车、生活的和谐驿站。

乔智从小就对车特别感兴趣，侃起汽车知识头头是道，比一般孩子都懂行得多。考大学时，乔智径直报考保定职业技术学院机电工程系汽车技术服务与营销专业，开始真正践行自己热爱的汽车梦想。大学里，乔智保持着强烈的专业兴趣，在专业课堂上汲取系统扎实的汽车基础理论，最令他着迷的是充足的实训课堂，系里有整台汽车可供教学自由拆装，让学生弄明白车辆每个零部件的作用及工作原理，大家都特别喜欢"真刀实枪"的操练。乔智是实践课堂最勤奋的学生，他沉下心钻研鼓捣，追着老师究根问底，从图书馆借阅大量汽车维修等专业书籍，在网上汽车论坛交流学习。在班主任老师眼里，乔智比同龄人早熟早慧，说话办事成熟稳重。他深知汽车专业就是自己的职业方向，必须用过硬的技术征战未来。

实习阶段，乔智一心想去保定长城汽车主机厂工作。机缘巧合，他最终应聘到长城公司对面的保定新世纪汽车城内(海悦振翔华普4S店)。新人入职的铁律是一个月实习期，他仅一星期就打破铁律转正上岗，随即被派到浙江华普(吉利)主机厂做服务接待培训。仅一年半时间，乔智就晋升为4S店售后站长，开始有机会和主机厂区域代表接触。做了近两年，跟随某厂家区域代表应聘至陕西陕汽集团，担任区域经理，主要负责京津冀、东三省、蒙东等32个服务站售后服务管理、销售渠道开发相关工作，从此踏入主机厂这个梦寐以求的领域。

入职三年后，走南闯北、经验丰富的乔智应聘到浙江众泰汽车控股集团，作为售后服务省区经理被分配到湖南，负责湖南地区19家众泰汽车售后服务站的管理工作，凭借扎实的专业基础和良好的沟通能力，配合当地售后店处理各种投诉事件、危机公关事件，乔智在广阔的汽车行业里如鱼得水，一路凯歌。

2015年初，筹谋策划近一年的"益阳市恒泰汽车销售有限公司"闪亮登场，乔智作为总经理，开始打造益阳地区唯一一家根据众泰公司全新设计理念建造的4S店。

经历了最初的兴奋与焦虑，以及起初的业绩惨淡，乔治一路秉承自己特有的经营理念，随着品牌认可度提升，市场基本打开，益阳恒泰4S店进入良性循环轨道。

品质管理赢得市场，专业服务温暖人心。近期益阳众泰 4S 店，在市场服务网络推进上实施"以关爱用户为宗旨的季节性服务行动"，将"让用户更满意"的经营理念落地到每个细小的环节。"广交朋友，众泰大卖，国产自强"，是乔智的愿景目标，他希望以车为媒，把真诚温暖的情谊在干事创业中延续下去。

(资料来源：保定职业技术学院官网，有删改)

第二节　公益劳动与义务劳动

公益劳动与义务劳动的劳动实践对拓展当代大学生的自身素质有着不可替代的作用，近年来，大学生积极主动参与公益劳动与义务劳动等无偿的劳动实践已成为高校开展社会主义核心价值观教育的重要途径。

以各高校党组织和共青团为首的团体，积极探索开展大型活动和单项工作招募志愿者，号召大学生积极参与校园、社会无偿的劳动服务工作。经由这一渠道，大学生切身感受和研究社会，将所学的专业知识应用到社会服务之中，体会了劳动人民的艰辛，也对"劳动最光荣"有了更深层次的感悟；强化了大学生的劳动观念，有助于形成正确的世界观、人生观和价值观；大学生形成了尊重他人、帮助他人、服务社会的意识，增强了大学生的社会责任感和为他人奉献服务的意识；拓展了大学生的视野，也为社会公益事业带来了新的动力，充分发挥了大学生的生力军和突击队作用。在新时代、新形势下，高职学生要掌握社会技能，在所处的家庭与学校、工作(实习)环境、乡村与社区等环境做到游刃有余，利用自己的知识与相关技能奉献社会，为成为适应经济社会发展需要的用得好、站得住、有作为、受欢迎的高素质应用型、复合型、创业型专门人才而努力。

一、公益劳动与义务劳动的内涵

悠久灿烂的中国古代文明中，有一句代表性话语叫日行一善，就是教导我们保持一颗善良的心，每天做一些我们力所能及的事情，帮助更多的人而使社会更加美好和谐。大学生参加公益劳动与义务劳动等无偿的劳动实践正是践行日行一善的具体体现。

(一) 公益劳动与义务劳动的概念

公益劳动是指直接服务于公益事业，不取报酬的劳动。大学生公益劳动是学校劳动技术教育和学生参加社会实践的一项重要内容。

义务劳动(又称志愿劳动)是指不计定额、不要报酬、自觉自愿地为社会劳动。

大学生公益劳动和义务劳动是一种无偿的、自愿的社会服务活动，其直接服务于公益事业，在不计报酬的情况下，为改善社会、促进社会进步而自愿付出个人的时间及精力所做出的服务工作。

(二) 公益劳动与义务劳动的发展背景

随着时代的发展，人才培养综合化已经成为世界性教育改革的大趋势。而随着改革开放的进一步深入和知识经济社会的发展，对高校人才综合素质的培养也提出了更高的要求。2005 年，中共中央、国务院下发了《关于进一步加强和改进大学生思想政治教育的意见》中指出：以大学生全面发展为目标，深入进行素质教育。这使得加强大学生素质教育，培养高素质人才成为高校人才培养的首要目标。《中国教育和改革发展纲要》中指出：加强劳动观点和劳动技能教育，是实现学校培养目标的重要途径和内容。各级各类学校都要把劳动教育列入教学计划，逐步做到制度化、系统化。社会各方面要积极为学校进行劳动教育提供场所和条件。因此，公益劳动与义务劳动作为高校进行素质教育的专业劳动之外的有效载体出现在大学素质教育过程中，体现了公益劳动和义务劳动在人才培养中的重要作用，另外，对大学生开展公益劳动和义务劳动也顺应了大学生成长、成才的需要。

(三) 公益劳动与义务劳动的内容

狭义的公益劳动和义务劳动可以理解为学校层面上，由学校、班级、宿舍、社团等牵头组织，或者学生自发组织，无偿地从事一些力所能及的、有利于校园环境、社区(乡村)环境的劳动。

共青团中央在《中国注册志愿者管理办法》中界定志愿服务类别有扶贫济困、助老助残、社区服务、生态建设、大型活动、抢险救灾、社会管理、文化建设、西部开发、海外服务等。

大学生公益劳动与义务劳动，既可以是上学期间，也可以是假期；劳动的地点可以在校内，也可以在校外；劳动的内容既可以是以体力为主，也可以是以智力为主。具体形式多为学校劳动技术教育和学生社会实践，内容包括工农业生产劳动和各种服务性劳动，例如，在校园里，简单如扫地、擦黑板、清理多媒体讲台等；参加秋收、植树造林，帮助烈士军属和残疾人等；参与"三下乡"、志愿服务、社区报到等社会实践；参与乡村振兴战略实施，参加新时代文明实践志愿服务，开展返乡社会实践等项目活动，获得新的成长路径、进步渠道和展示舞台。

(四) 公益劳动与义务劳动的精神内涵

公益劳动与义务劳动的精神概括起来为奉献、友爱、互助、进步。奉献、友爱、互助、进步的志愿精神与中国传统文化一脉相承，与社会主义核心价值观相契合。

1. 奉献

"奉献"是大学生参与者以无偿奉献的独特方式，推动人类文明发展。奉献精神是高尚的，是公益劳动与义务劳动服务精神的精髓。大学生在不计报酬、不求利、不要特权的情况下参与公益劳动与义务劳动都体现了高尚的奉献精神。

2. 友爱

"友爱"是大学生参与者跨越人类一切障碍与差异，传递关爱，使社会充满温暖的精神。公益劳动与义务劳动服务精神提倡志愿者欣赏他人、与人为善、有爱无碍、平等尊重，这便是友爱精神。大学生参与者之爱跨越了国界、职业和贫富差距，没有文化差异，没有种族之分，没有收入高低，是一种平等之爱，它让社会充满了阳光般的温暖。如医者仁心，他们不分种族、政治及宗教信仰，为受天灾、战火影响的受害者提供人道主义援助，他们奉献的是超国界之爱。

3. 互助

"互助"是大学生参与者以爱心、所长助人自助，促进社会和谐。公益劳动与义务劳动服务包含着深刻的互助精神，它提倡"互相帮助、助人自助"。大学生参与者凭借自己的双手、头脑、知识、爱心开展各种公益劳动与义务劳动，帮助那些处于困难和危机中的人们。大学生参与者以"互助"精神唤醒了许多人内心的仁爱和慈善，使他们付出所余，持之以恒地真心奉献。通过"助人自助"帮助人们走出困境，自强自立，重返生活舞台。受助者获得生活的能力后，也会投入到关心他人、帮助他人、为社会做贡献的志愿活动中，这些公益劳动与义务劳动活动都涵盖着深刻的"互助"精神。

4. 进步

进步精神是公益劳动与义务劳动服务精神的重要组成部分，大学生参与者通过参与公益劳动与义务劳动，既能使自己的能力得到提高，同时也促进了社会的进步。在公益劳动与义务劳动中无处不体现着"进步"的精神，正是这一精神使人们甘心付出，追求社会和谐环境的实现。

5. 公益劳动与义务劳动开展的原则

开展公益劳动与义务劳动应当遵循自愿、无偿、平等、讲究实效、合理合法、量力而行原则，不得违背社会公德、损害社会公共利益和他人合法权益，不得危害国家安全。

(1) 自愿原则。

自愿原则体现了两个方面的含义：一是任何组织和个人不得胁迫他人从事公益劳动与义务劳动；二是大学生参加公益劳动与义务劳动具有自觉性，是主动的，而不是被动的，是自觉的，而不是被强迫的。只有"自愿"才能发自内心地积极参加公益劳动与义务劳动，只有"自愿"才能调动大学生参与者的积极性和主动性，因此，自愿是开展公益劳动与义务劳动的前提(见图 4-2-1)。

(a) 场景一

(b) 场景二

(c) 场景三

(d) 场景四

图 4-2-1　大学生自愿参与疫情阻击战

(2) 无偿原则。

无偿原则是指一切公益劳动与义务劳动都不得收取任何费用。公益劳动与义务劳动不应该被当成达到其他目的的手段。大学生参与者在参加公益劳动与义务劳动时应该始终坚持利他和公益的基本出发点。公益劳动与义务劳动可以获得回报，但是不应该以获得回报为基本目的，即使完全没有回报，也应坚持志愿公益劳动与义务劳动。因此，无偿帮助是从公益劳动与义务劳动的动机而确定的志愿服务的基本原则之一。

(3) 平等原则。

在公益劳动与义务劳动中，大学生参与者对救助对象应一视同仁。同时，大学生参与者和受助者之间也是互相帮助的平等主体，大学生参与者不应有"施予"和"救世主""赠与"的心理和态度。大学生参与者在公益劳动与义务劳动活动中不能高高在上，要尊重和爱护受助者，保护他们的隐私，尊重他们的人格，保障他们的权益不受侵犯。同时，被救助对象之间也是平等的。人与人之间，虽然有民族、信仰等的不同，但人格上都是平等的，大学生参与者在公益劳动与义务劳动活动中要树立人人平等的意识，不能厚此薄彼。

(4) 讲求实效原则。

讲求实效首先就是要办实事。大学生参与者行动的出发点和立足点，首先就是要上为政府分忧，下为群众解难，为社会、为群众办实事。其次要在公益劳动与义务劳动服务中狠抓落实。面上的示范活动要搞，但工作重点要放在基层的落实上。公益劳动与义务劳动只有落实到基层，落实到具体人、具体事，才能真正成为基层广大参与者的经常性行为，才有生命力和发展前途。最后是求实效。求实效集中表现为在实践中使社会和群众体验并享受到公益劳动与义务劳动服务的成效。这三点缺一不可。

(5) 合理合法原则。

公益劳动与义务劳动要遵守我国的一切法律法规，上至《宪法》《民法典》《中华人民共和国刑法》《民事诉讼法》，下至《志愿服务条例》《中国注册志愿者管理办法》，皆需要遵守。而且，近年来志愿服务越来越规范化和制度化，大学生在参与公益劳动与义务劳动服务的过程中，要严格按照流程操作，听从组织安排，切不可单独行动。

(6) 量力而行原则。

对于大学生来说，要进行公益劳动与义务劳动，还要注意量力而行，要根据公益组织自身的人力、物力和财力允许条件的程度来开展工作。公益劳动与义务劳动服务要从自身实际出发，从社会需求的实际出发，将主观愿望同客观实际结合起来，将社会需求和服务能力结合起来，实事求是。对于自己能力有限而无法承担的工作，要主动提出，不可强行接受。

社会需要关注、需要帮扶的人很多，需要努力的方面也有很多，但是作为青年大学生，力量有限、能力有限，我们不可能满足所有的社会需求，我们要做的是知道自己能做什么，既不能无所作为，也不能大包大揽。

二、公益劳动与义务劳动的属性

(一) 学习性

大学生参与公益劳动与义务劳动是大学生参与社会实践活动的一种方式。在这里，"劳动"指的是学习实践，是把理论和专业知识在现实中加以应用，把理论与实践结合起来，从而促进学生学习，即通过"做"来进行"学习"。所以，在推动大学生参与公益劳动与义务劳动时应强调其在"做中学"的意义，让大学生把公益劳动与义务劳动和专业学习有机结合起来，要从理论与实践相结合的高度让学生参与社会、服务他人并最终提升能力，提高学生的综合素质。

(二) 社会性

大学生公益劳动与义务劳动有很大一部分需要在社会领域进行践行，其活动平台为社会，服务对象也应具有社会方面的特征，而不是服务经济部门或私人部门。参与公益劳动与义务劳动的大学生应该走出校园，在了解社会民情及环境特征的基础上参与服务活动。大学生公益劳动与义务劳动的社会性，也意味着大学生公益劳动和义务劳动将产生一定的社会影响，在一定程度上将改善社会某方面的状况，或促进社会的发展进步。

(三) 自愿性

大学生参与公益劳动与义务劳动是大学生自愿参与到社会实践中的一种善意的举动，是以大学生的自愿自觉为前提的，并不是出于政府或学校的强制。当然，政府部门或高校会出于鼓励学生接触社会、了解社会、参与社会以及回馈社会的良好意愿，制订一些政策或采取相关措施来推动大学生进行公益劳动与义务劳动，但这些措施和办法是倡导性的，而不是强制性的，大学生可以根据自身实际选择是否愿意参与。

(四) 组织性

在大学生公益劳动与义务劳动过程中，党委及团中央指导的大学生志愿服务组织总能及时部署安排，环节紧紧相扣，严密的组织程序让被服务者赞不绝口，彰显了我国大学生参与公益劳动与义务劳动的组织优势，表明了我国大学生高涨的爱国情怀。

高校大学生参与公益劳动与义务劳动的形式一般包括两种：一是大学生以个人身份参加的公益劳动与义务劳动；二是高校内部相关单位组织开展的集体公益劳动与义务劳动。从实际情况看，大学生公益劳动与义务劳动的组织性表现得更为明显，绝大多数大学生参加的还是依托高校平台组织开展的公益劳动与义务劳动。在高校共青团组织中，往往设置社会实践与志愿服务部门，由他们进行志愿者的招募动员、培训、使用、组织、激励，从工作机制到管理方法上都具有很强的组织性。

(五) 教育性

对于大学生而言，参与公益劳动与义务劳动不仅是一个实践平台，更是一个可以实现自我发展和自我教育的平台。大学生通过公益劳动与义务劳动，提高了自身的实践能力和实践水平，同时也实现了个人素质和个人阅历的提升。从某种意义上来讲，大学生参与公益劳动与义务劳动就是思想政治教育的一个方面，同时也是高校思政教育的重要形式，有助于促进社会良好风气的形成，有助于大学生良好道德品质和理想人格的养成。与此同时，大学生参与公益劳动与义务劳动能够让学生在发挥余热的同时体现个人的价值追求，提倡"互助、进步、奉献、友爱"的志愿精神，具有一定的教育性(见图 4-2-2)。

(a) 场景一

(b) 场景二

图 4-2-2　在社区托管班当志愿者，辅助老师给小朋友们上课

(六) 利他性

大学生公益劳动和义务劳动具有利他性，不以私利为目的，而是以更多人的公共好处为目标，从公益劳动项目的设计初始便应确立"公益"这个核心价值。青年大学生群体普遍具有热心公益、胸怀理想、有所作为的心理特点，青春、理想、激情与公益的结合，将激发出大学生服务社会、奉献社会的强大动力，使得青年大学生成为推动社会福利发展的重要力量。

公益劳动与义务劳动可以把大学生的个人发展与社会的整体繁荣紧密联系起来，通过两者的有效互动而相得益彰。社会公益实践和义务劳动实践的核心是"人"，既是服务"人"的公益行动，也是培养"人"的有效方法。通过促成大学生参与社会服务，可以达到促成大学生深入社会、了解社会、提升社会技能的目的，从而实现培养他们的担当精神、探索精神、创造精神和实践能力的目标。

三、公益劳动与义务劳动的意义

(一) 触摸生活，认知公德，以劳动精神激发学生内生驱动力

大学生参加公益劳动与义务劳动，触摸生活，认知公德，有助于提高其劳动者素质、培养劳动精神、激发内在生命力。当大学生在参与公益劳动与义务劳动过程中出力流汗、服务同学、服务社会时，能够切实感受到公益劳动与义务劳动所带来的成就感以及所创造的丰富价值；在付出劳动的同时，大学生会收获内心的满足，社会责任感也会得到增强(见图 4-2-3)。与之一脉相承的是，大学生在参与公益劳动与义务劳动过程中所汲取的劳动精神会激发学生的内生驱动力，驱动他们更好地学习科学文化知识，增强为社会、为人民服务的本领。

图 4-2-3　大学生获得的荣誉证书

(二) 以己之长，举一反三，增强生存本领

大学生参加公益劳动与义务劳动，可以充分发挥自己的专业特长，并在公益劳动与义务劳动中积累职业技能。参加公益劳动与义务劳动同生产性劳动实践一样，也是高职学生练习并掌握生存必备的职业技能的重要途径。大学生运用一技之长为他人、企业、社会服务的过程，也是在实践中检验所学理论知识的过程，在公益劳动与义务劳动的实践中运用——反思——运用，精益求精，有利于拓展并提升职业技能，增强生存本领；培育公共服务意识，培养面对危机时主动作为的奉献精神；领悟空谈误国、实干兴邦的道理，培养踏实肯干的劳动态度。

(三) 服务他人，奉献社会，树立正确的择业观

大学阶段是学生的世界观、人生观、价值观形成的关键时期。大学生积极参加公益劳动与义务劳动等服务性劳动，在实践中体会并认识"衡量人生价值的重要标准就是服务人民、奉献社会"的道理。积极参加服务性劳动有助于学生树立正确的择业观，养成到艰苦地区工作的奋斗精神，愿意到人民最需要的地方和行业择业，有利于学生树立正确的世界观、人生观、价值观。

(四) 乐于吃苦奉献，不畏艰难，展现最美担当

大学生积极参加公益劳动与义务劳动，在劳动中锻炼，在服务他人、奉献社会的过程中体会实现个人价值的快乐和自豪，有助于培养其在危难面前积极主动作为的奉献精神，形成不畏艰难、百折不挠、敢于担当的高尚品格，成为有理想、有本领、有担当的时代新人。

(五) 修德明辨，诚信利人，实现和谐统一

劳动教育是课程思政教育思想的重要组成部分，是人才培养方案中实现人才培养目标的重要路径之一，"离开劳动不可能有真正的教育"，公益劳动和义务劳动的社会实践，是劳动教育的重要载体之一，在公益劳动和义务劳动过程中，个体素质得到全面锻炼与提升。大学生参与公益劳动与义务劳动实践，能修德明辨，诚信利人，创造幸福。公益劳动和义务劳动是能给人们带来幸福感的劳动。"幸福是奋斗出来的"，在现实世界中，不同的幸福观会有不同的幸福追求。大学生要能把握自己的优势，诚实劳动，以自己的技能专长造福他人，获得他人尊重。从事社会志愿服务，可以实现个体幸福与社会幸福的和谐统一。

四、公益劳动和义务劳动的社会功能

在社会生态视域下，大学生作为公益劳动和义务劳动的重要参与者，其社会功能的发挥也可以从不同的角度加以分析，同样，也可以从不同角度阐释大学生参与公益劳动和义务劳动对社会发展产生的积极作用。比如：大学生参加公益劳动和义务劳动能够维护国家核心价值观念，培养民族意识，能够聚集社会正能量，促进社会和谐，能够引导公民遵守社会公德，自觉承担社会责任；大学生参加公益劳动和义务劳动正逐渐成为一种新的社会动员机制、社会心理机制、社会参与机制和社会整合机制；大学生参加公益劳动和义务劳动的精神能够促进民族自觉、社会诚信自觉和社会文明自觉等。公益劳动与义务劳动的功能包括社会动员、社会保障、社会整合、社会教化、促进社会和谐、促进社会进步等。我们高校需充分认识大学生社会志愿服务的功能、类型，进一步规范和发展大学生社会志愿服务，推动社会治理创新，促进社会文明、和谐。

(一) 有助于大学生综合素质的提高

对于大学生自身而言，他们在参与公益劳动和义务劳动的过程中运用自身所掌握的知识技能去帮助弱势群体，这一过程，不仅可以使他们的学习能力得到很大的提高，而且还可以使他们的逻辑思维能力在一定程度上得到锻炼。此外，当前的大学生都是在家庭及学校的束缚条件下成长起来的，一般缺乏丰富的社会经验，一旦踏入社会，他们就会感到迷茫，这种巨大的心理压力会使刚踏入社会的大学生感到无所适从，而志愿服务活动的开展恰好为他们提供了一个很好的锻炼机会，让他们从狭小的校园生活中走出来，使他们在为他人提供服务和帮助的同时，调整自己的心态以及适应能力(见图 4-2-4)，这样不仅使他们自身得到了锻炼，而且还使他们的社会适应能力得到了提升。再者，随着社会的不断发展，人们的社会交往领域也在不断拓宽，因此，公益劳动和义务劳动的发展也随着社会的不断发展而日益发展，由于参与公益劳动和义务劳动的大学生大部分都来自不同的学校、不同的地区，甚至是不同的国家，而且他们所服务的对象群体也比较复杂，再加上他们在参与公益劳动和义务劳动的过程中还要与周边的同学或者同事打交道，进行各种交流与沟通，这都可以锻炼他们的人际交往能力和处理问题的能力，当遇到问题时，更需要他们之间互相沟通、共同探讨、积极努力去解决，这些都会使他们的社会交往能力得到提高。

图 4-2-4 大学生走出校园，为他人提供帮助

(二) 有助于建构高校精神文明，进而促进社会文明

大学生参与公益劳动和义务劳动的过程，是精神陶冶的过程，也是正能量传递的过程，更是社会主义精神文明建设的过程。首先，大学生在参与公益劳动和义务劳动的过程中，通过与周边志愿者以及受助者的沟通交流不仅可使他们原有的传统思想观念发生改变，而且还能培养出他们团结友爱、互助包容的开阔胸襟；其次，当代社会由于受到高速发展的市场经济的影响，人与人之间的关系也在某种程度上发生了些许微妙的变化，而大学生公益劳动和义务劳动的发展恰好给予了当前大学生一个与不同地域、不同民族、不同文化的受助者进行交流、沟通的机会，这不仅可以使他们在为他人提供服务的同时体验到不同伦理道德的特殊价值与魅力，提升他们自身对伦理道德的认识，而且还使他们在服务他人的过程中获得了无穷的快乐，并有助于他们感受人生价值的真谛；再者，参与志愿服务活动，培养了当前大学生的社会责任意识、集体观念、团队精神以及奉献精神，使他们在潜意识里懂得了如何关爱他人、关爱集体、关爱社会。由此可见，大学生参与志愿服务活动不仅提升了他们的思想道德水平，而且还有助于高校精神文明的建构，进而促进社会文明的发展。

(三) 助力社会治理，适度调整社会关系

改革开放以来，社会事务快速增多与政府力量有限之间的矛盾更加凸显。而公益劳动和义务劳动具有非营利性，一定程度上可以调整社会关系，弥补政府管理和市场调控的不足。

大学生公益劳动和义务劳动具有组织灵活度高、创新性强等特点，以公益劳动和义务劳动旗帜作引领，大学生参与者能够迅速凝心聚力助推突发事件的解决。2020年，新冠疫情暴发，在这一特殊时期，让我们再次看到了志愿者的强大力量，而志愿者中就有大批的大学生参与者，他们协助相关部门讲解政策、疏导情绪、保障后勤，参与社区医护防控等。当代大学生，已然扛起年轻人的责任和使命大旗，在这场没有硝烟的抗疫战场上，积极投身于抗疫工作，各处都有他们匆忙的脚步和忙碌的身影，他们用奉献和担当点染出青春的底色，展现了当代青年的风采，极大缓解了防控任务艰巨复杂、人手不足的困难局面，用实际行动筑起护佑群众生命健康的强大"防线"，为祖国疫情防控工作注入温暖人心的力量。

（四）促进社会和谐，为构建和谐社会提供有效保障

构建社会主义和谐社会，是中国共产党从中国特色社会主义事业总体布局和全面建成小康社会全局出发提出的重大战略任务。大学生们朝气蓬勃，综合素质较高，具有丰富的文化知识和较高的精神品德素质，在推动我国构建和谐社会的过程中，他们是一支不容忽视的社会力量。然而，当前社会保障体系还不完善，社会上还有弱势群体和各种矛盾，影响着社会和谐稳定。

近些年来，大学生志愿者以"服务他人，奉献社会"为宗旨，开始走进我国的边远地区、贫困地区以及街道社区等，为那里的老、弱、病、残等弱势群体无偿地提供志愿服务，他们耐心地倾听受助群体的心声、抚慰他们内心的孤僻心理、缓和他们内心的对立情绪，这不仅在一定程度上减轻了受助群体彼此之间在心理上的隔阂距离，而且还为他们带来了心灵上的慰藉，这在一定程度上弥补了政府帮扶的不足，减少了不稳定因素，为社会的进步与和谐起到了一定的促进作用；不仅如此，大学生志愿者在环境保护领域也发挥了不容忽视的重要作用，并为生态环境的良性循环以及社会与环境的和谐发展做出了自己的努力。

 【拓展阅读】

大学生志愿者把专业技能赠到战"疫"中

疫情是一场特殊的"大考"，它残酷而真实地反映出社会方方面面的"知识"积累，

也倒逼所有人拿出快速学习的能力去面对未知的"题目"。

在这场"考试"里，志愿服务展现出力量。无论是积累多年救援经验和协同网络的社会组织，还是医学专家、心理咨询师、医学生等有专业技能的个体，都将"专业技能"作为一种特殊的物资，"捐赠"到防控疫情的战斗中。

罗雯是嘉兴学院南湖学院 2019 级护理专业毕业生，2020 年春节期间正在家乡四川眉山准备考研复试。1 月底，她接到了共青团眉山市委的志愿者招募电话。23 岁生日那天，这位高高瘦瘦的姑娘生平第一次把自己装进了闷热的防护服。

罗雯站在四川大学华西医院眉山医院的车辆入口处，不管刮风下雨，严格对每一个进入医院的人进行预检分诊，测量体温，询问流行病学史，这是医院的第一道防线。春节假期，每天来医院的车辆数以千计，罗雯和医院的工作人员常常一站就是 5 个小时，一直询问，还不能喝水，因为上厕所会浪费防护服。

罗雯每天早上六点半起床，再坐 40 分钟的公交车到医院上岗。她说："让我捐钱捐物资不行，我又没什么财力，但是作为医学生，国家培养我这么多年，这个时候就该去尽一分力。"

医院门口的保安夸她有觉悟时，她想起之前一位老师说过的话，你需要"多一分不为什么的坚持"。

用专业能力进行志愿服务的大学生不止罗雯一个人。

成都体育学院英语专业大四学生钟珊因身患残疾腿脚不便，无法出门做志愿服务。2020 年 2 月初，依托成都翻译协会，钟珊找到了用武之地：每天从事疫情方面的涉外宣传、涉外医学资料、涉外人员对接等中英翻译、校对工作。

沈阳医学院临床医学专业大五学生方豪阳也在眉山医院普通门诊做预检分诊工作。由于之前人工排号有时会叫错顺序，患者情绪很大，方豪阳就自己设计了一款表格，帮助解决了问题。

据共青团眉山市委青年发展部部长李珂介绍，眉山市医学生青年志愿者服务队是眉山防控一线的核心志愿者。令李珂感到惊讶的是，当时发出倡议是很急迫的，但是农历大年初五发布短信倡议并通过电话确认后，3 天内就有 575 名医学生投身志愿服务队伍。

李珂说，这些志愿者有一定的专业素养，能在筛查病人、预检分诊中起到实实在在的作用，有些志愿者连续工作好多天，还有需要根据安排临时轮换岗位的，这些准00后、00后医学生志愿者都没有任何异议，也没有人抱怨工作累。

（资料来源：《中国青年报》，有改动）

第三节　提升职业素养，适应职场要求

高素质的职业人，是一个具有健康心理和生理素质、高科学文化素质、良好思想品德的人，也应该是掌握一定劳动技能的劳动者。人们无论是从事理论研究、科学发明，还是从事行政管理、市场营销，乃至工农业的生产，都是以一个劳动者的身份立足于社会的。因此，培养大学生热爱劳动和劳动人民的品质，增强劳动观念和意识，提升职业素养至关重要。

职业素养不是与生俱来的，它需要后天的培养。从呱呱落地到咿呀学语，人类从无知到懵懂，逐渐了解社会，认识社会。随着年龄的增长，心智的成熟，知识的积累，人类在认识社会的同时渐渐树立了个人独有的世界观、价值观与人生观。各种观念的树立渐渐培养了个人对学习、对工作的认识，并渐渐地形成个人独有的职业素养。大学生可以通过洞悉职业认识，了解职业发展与变迁，洞悉职业发展趋势和新职业，清晰职业定位并做好职业规划；探索人的兴趣、性格、能力，更好地认识自己，让自己能匹配到合适的职业；初入职场后养成终身学习的良好习惯，主动学习、不断探索、自我更新、学以致用、优化知识，更好地适应职场要求，实现职业生涯价值和个人梦想。

一、职业

(一) 职业概念

职业是人们为了谋生和发展而从事的相对稳定的、有收入的、从事专门业务的社会劳动。

(二) 职业的基本特性

1. 社会性

职业是社会分工的产物，职业的存在构成了人类社会的存在，个人通过职业活动与社会产生联系，建立社会关系，形成丰富的社会生活。职业也是社会发展的动力，在个人与职业的互动、职业结构的演变进化过程中构筑起社会进步与发展的动力，职业活动创造出的财富为社会的存在与发展奠定了物质基础。职业也是维持社会稳定、实现社会控制的手段。

2. 经济性

职业的经济性体现在两个方面：一方面，职业是个人获得经济收入的来源，人们

通过职业活动可以获得合理、稳定的报酬，是维持个人生存、家庭生活和职业发展的手段。另一方面，职业活动同时也会创造社会财富，不断推动社会进步。

3. 规范性

职业的规范性是指职业活动必须符合国家法律和社会道德规范，符合特定生产技术和技能规范的要求，主要体现为职业操作规范和职业道德规范。职业操作规范是社会成员在职业活动中应遵循的标准或原则，是保证职业活动的专业性要求。职业道德规范是指在公民道德基础上体现一定职业特征的准则和规范。

4. 稳定性

职业是在长期的生产活动中随着社会的发展和劳动分工逐步产生和发展的，具有较长的生命周期，也具有相对的稳定性。虽然职业会伴随时代的发展而不断演化，但职业的劳动内容、行为准则等都是延续的、相对稳定的，通过世代相传不断丰富演化，因此具有连续性和稳定性。

5. 时代性

随着社会的不断发展，社会需求不断更新，新的职业会顺应时代发展而出现，不能适应时代需求的职业则会消亡，而在不同的时代也会出现不同的热门职业。例如，我国就曾出现过"当兵热""下海热""公务员热"等现象，反映出在某一个时期人们对某种职业的热衷程度。

6. 专业性

不同的职业之间存在着很大的差异，工作环境、工作内容、工作性质、工作报酬等都不相同，对于劳动者需要具备的知识和技术要求也不相同。随着社会的进步与发展，新职业不断涌现，职业对于劳动者所具备的知识和技术水平要求越来越高，职业会呈现出更精细的专业区分，专业化程度也会越来越高。

(三) 职业的发展

1. 职业结构产生新的变迁

21世纪以来，随着科技进步和产业结构调整，新职业层出不穷，不仅仅是近年来新出现的全新职业，原有职业的内涵和从业方式也发生了较大变化，在新职业岗位增加的同时，职业之间的结构也在发生变化。首先，技术人员、办事人员、商业服务人员占比上升，从事农业生产的人员有所下降，但依旧占了职业结构的最大比例，仍然有大量的劳动力在第一产业中。其次，职场年轻化趋势加强。单位负责人及专业技术人员的从业者都呈现年轻化趋势，单位负责人集中于30~49岁年龄组，所占比重达到了 66%；专业技术人员集中于 25～44 岁年龄组，所占比重为 65%。最后，从收入的变化来看，高收入行业由制造业转向金融、科技、新媒体等相关行业。随着中国进入工业社会后期，精神需求进一步加大，文化、科教、娱乐等行业会快速增长。

2. 就业观念出现了新变化

2000 年开始，中国进入自主择业时期，青年人独立、负责，具有开拓创新的自主意识和竞争意识，择业时就业与自我价值、社会价值实现相结合的需求高涨。21 世纪以来，随着科技和新媒体技术的高速发展，新兴行业如雨后春笋般冒出来，市场择业、就业的平台更广阔、需求更多元化，相应地，青年人的择业观也出现了多元化的发展，他们敢于创新，大胆创业。未来，职业界限模糊化、企业结构灵活化会成为中国就业市场的新标志，每个个体也会有多重身份，不再对一个职业"从一而终"，所谓的"斜杠青年"也将越来越多地出现在中国各行业中。

3. 新职业不断衍生出来

新职业是指在经济社会发展中已经存在一定规模的从业人员，具有相对独立、成熟的职业技能的职业或职业群。近年来，随着社会的发展，智能制造和新媒体蓬勃发展，一些艰苦、重体力、重复性强的职业慢慢消失，而一些顺应科技发展的新职业也在慢慢兴起。比如：2020 年 2 月 25 日，人力资源和社会保障部、市场监管总局、统计局联合向社会发布智能制造工程技术人员、工业互联网工程技术人员、虚拟现实工程技术人员、连锁经营管理师、供应链管理师、网约配送员、人工智能训练师、电气电子产品环保检测员、全媒体运营师、健康照护师、呼吸治疗师、出生缺陷防控咨询师、康复辅助技术咨询师、无人机装调检修工、铁路综合维修工和装配式建筑施工员 16 个新职业信息。这些新职业，主要集中在高新技术领域(见图 4-3-1)。

图 4-3-1　大学生在调试智能制造机械设备

二、职场

(一) 职场的概念

职场是指一切开展职业活动的场所。从广义上说职场还包括与工作相关的环境、场所、人和事，以及与工作、职业相关的社会生活活动、人际关系等。

(二) 职场的关键要素

1. 职业定位

职业定位就是清晰地明确一个人在职业上的发展方向，它是人在整个生涯发展历程中的战略性问题，也是根本性问题。职业定位包括三层含义：一是确定自己是谁，自己适合做什么工作；二是告诉别人自己是谁，自己擅长做什么工作；三是根据自己的爱好、特长、能力以及个性将自己放在一个合适的工作(生活)岗位上。职业定位是自我定位和社会定位两者的统一，是一个动态过程，需要结合个人职业生涯的不同阶段不断做出修正和调整。

大学生的职业定位受就业意识支配，它是大学生价值观的重要组成部分。而就业意识的核心是就业动机，大学生的就业动机总是从一定的动机出发并指向一定的目标。谋生型、创业型和贡献型三种就业动机影响着大学生的职业定位。

2. 职业素质

职业素质是劳动者对职业的了解与适应能力的一种综合体现，主要表现在职业兴趣、职业能力、职业个性及职业情况等方面。影响和制约职业素质的因素很多，主要包括：受教育程度、实践经验、社会环境、工作经历以及自身的一些基本情况(如身体状况等)。劳动者能够顺利适应职场环境，取得职场成就，很大程度上取决于个人的职业素质。职业素质越高的人，获得成功的机会就越多。

3. 职业意识

职业意识是指人们对职业的认知、意向及所持的观点，是正确认识和把握社会需求对自己进行正确社会定位的思维能力，是指人们对自己未来所从事的职业有明确的追求和全面、清醒的认识，包括职业的就业现状、发展前景等。职业意识能够为人们指明方向，成为人们以某一特定职业去为人类和社会进步服务的内在精神支柱。

4. 职业规划

职业规划是个人对职业生涯乃至人生进行持续的、系统的计划的过程。初入职场，职业规划有助于使个人认清自身发展的进程和事业目标，作为选择职业与承担任务的依据，将相关的工作经验积累起来，充分准确地利用一切可能的机会与资源，指引自我不断进步与完善。职业规划能够准确评价个人特点和强项，评估个人目标和现状的差距，提供奋斗的策略，增强职业竞争力。

5. 职业发展

职业发展是致力于个人职业道路的探索、建立、取得成功和成就的终身职业活动，是有效开发人力资源，确保需要的岗位有充足人选的方法。根据中国职业规划师协会的定义：职业发展就是在自己选定的领域里，在自己力所能及的范围内，成为最好的专家，也就是在某一领域有深入和广泛的经验，对该领域有深刻而独到的认知的人。职业发展通道是进行职业生涯管理的基础条件之一，也是企业为员工提供的职业发展平台。

(三) 未来的职场

在移动、互联、智能技术的推动下，企业正在改变它的组织形态。相应地，未来的工作和职场也在被重新定义。一方面，市场环境瞬息万变，企业需要具备更多的灵活性和应变能力，让组织的能力可以随市场的需求快速延展或收缩，传统的组织形态和用人方式显然不能满足。另一方面，职场人的心态也发生了变化。随着自由职业者全球化及共享经济的盛行，百万主播层出不穷，"共享平台+企业/个人"的经济组织方式正渐渐占据中国市场主导。

未来，企业、传统雇员模式或将消失，各工作任务和企业组织的边界将被打破，转由多元化的主体与工作方式来替代，一些容易拆分且易于考核的短期业务流动到企业外部的劳动力市场，与长期雇佣形成优势互补，将会有越来越多的"斜杠青年""个人供应商"成为企业人力资源中重要的组成部分。过去企业对员工的评估主要取决于其与岗位所匹配的专业能力、专业知识，但随着时代的变化，员工的雇佣价值将逐渐从过去的以"技能"为核心的单一维度，转变为多维度的综合评价体系。

 【拓展阅读】

从普通工人成长为首席技师

2015 年，孟维当选共青团中央"全国向上向善好青年"。孟维曾带领团队完成了多项创新成果，为企业创造直接经济效益约 500 万元。

多年前，18 岁的孟维刚从技校毕业，就进入了徐工集团车床操作车间成为一名普通工人。刚参加工作时，在技校学习的基础知识用到生产线显得非常"小儿科"，孟维甚至无从下手，不甘心的他就开始"蛮干"，别人干 8 小时，他就干 12 小时。厂里带孟维的师傅看不下去了，点拨他应该用"动脑筋"代替"耗时间"，孟维就跟着师傅学习、向专家求教。几年下来，他竟然成了一个数控车床维修的"土专家"，应付起了大大小小的数控车床维修工作。

与此同时，孟维的收入也有了很大提高。正当他有些沾沾自喜之时，在第一届全国数控技能大赛的选撷赛上，他受挫了，但他不服气，继续发扬勤学苦练精神。随着时间的推移和技术水平的提升，一个个创新成果让孟维有了很大的自我满足感。孟维也从一名普通的工人成长为江苏省企业首席技师、江苏省有突出贡献中青年专家、江苏省五一劳动奖章获得者，并入选"2012 江苏好青年百人榜"。

(资料来源：中国青年网，有删改)

三、职业素养

(一) 职业素养的概念

职业素养主要包含四个方面的内容，即职业技能、职业意识、职业道德和职业精神。其中，职业技能是构成职业素养的显性因素，是支持职业人生的表面内容；职业意识、职业道德和职业精神是构成职业素养的隐性因素，是职业素养中的根基，即核心职业素养，它们是构成职业素养中最本质、最基本的因素，是一个人在经历整个职业生涯过程中逐步形成和完善的。

1. 职业技能

职业技能是一个人所从事的工作要求具备的专业知识和技术能力，是职业素养构成中的外在表现形式，通过学习、训练容易获得。例如，计算机、电子技术、机械维修等属于职业技术范畴的技能，学生可以通过几年的时间学习和实践掌握相关学科的入门技术，在后续工作实践中日渐成熟并且成为专家。

2. 职业意识

职业意识包含责任意识、敬业意识、奉献意识、团队意识、规则意识、竞争意识、效率意识、创新意识等，反映了人们对职业劳动的认识评价、情感态度。每一位职业人的职业生涯都会出现意想不到的阻力与困难，消极的心态会摧毁自信。因此，职业院校的学生必须树立良好的职业意识，培养积极的心态，具有上进心、自觉、顽强、坚韧的精神，要清醒地认识到过去不等于未来，选择成就明天。

3. 职业道德

道德是社会学意义上的一个基本概念，不同的社会制度、不同的社会阶层都有不同的道德标准。职业道德是从业者在职业活动中应该遵循的符合自身职业特点的行为规范，是人们通过学习与实践养成的优良职业品质，它涉及从业人员与服务对象、职业与员工、职业与职业之间的关系。因此，作为企业员工，要将自己的职业当作事业，自觉地将工作与自己的人生价值联系在一起，这种崇高的职业道德正是良好职业素养的体现。

4. 职业精神

职业精神是与人们的职业活动紧密联系、具有自身职业特征的精神。职业精神是职业素养的重要组成部分，其本质是为人民服务。职业精神是对职业素养的一种更高层次的体现，其实践内涵体现在敬业、勤业、创业、立业四个方面。无论我们从事何种职业，都应该大力弘扬社会主义职业精神，尽职尽责，贡献自己的聪明才智。

(二) 社会发展对职业素养提出的新要求

随着高科技在行业内所占比重逐渐增大、行业内技术手段的更新、原有业务的扩展和经营的多元化，一些新的技术含量高的岗位不断产生，如此一来，就产生了企业对复合型专业人才的大量需求，对从业者的职业素养也有了更高要求。那么，到底应具备怎么样的职业素养才能成为令企业满意的复合型专业人才呢？

1. 具备职业精神

职业精神也称为敬业精神，企业遴选人才时优先考虑的就是工作态度和敬业精神。职业人要想适应职场环境，必须具备明确的工作目标和强烈的责任心，有良好的职业态度，能踏实、高效地完成本职工作，塑造值得信赖的职业形象，从而获得上级、同事及客户的信任与肯定。

2. 具有良好的职场礼仪

职场礼仪是指人们在职业场所应当遵守的一系列礼仪规范。职业礼仪是个人职业形象的外在表现形式，是内在素质的外化。优秀的职业人应当具备良好的职场礼仪，打造符合职业要求的形象，塑造良好的职业化行为，对外展现个人态度、个人修养、个人能力，同时也能代表组织的良好形象及管理水平。

3. 具有良好的职业心态

挫折和困难是职场的常客，良好的职业心态是应对工作挑战的根本。优秀的职业人都拥有好奇心和求知欲，勇于面对挫折与挑战，勇于承担任务及责任，能够坦然接受失败，具备强大的抗压能力，善于解决问题、处理矛盾，化压力为动力。

4. 具有过硬的职业技能

社会分工越来越细，各行各业所需的专业知识越来越专、越来越精。企业选聘人才时对专业知识和工作能力的考查也是重点。优秀的职业人需要具备持续学习的能力，高效合作的团队协作能力，能够迅速融入团队的沟通与适应能力，足够专业与理智的自控能力，能够主动出击、创造机遇的执行力和行动力，具有敏锐的思维觉察与创新能力。

复合型专业人才应不仅在专业技能方面有突出的经验，还要具备较高的相关技能。复合型专业人才就是多功能人才，其特点就是多才多艺，能够在很多领域大显身手。复合型专业人才包括知识复合、能力复合、思维复合等多个方面。当今社会的特征就是学科交叉、知识融合、技能集成，这一特征决定着每个人都要提高自身的综合素质(图4-3-2)，既要扩展知识面，又要不断地调整心态，变革自己的思维。

(a) 场景一

(b) 场景二

(c) 场景三

(d) 场景四

图 4-3-2　大学生在开展拓展性学习

四、提升职业素养，适应职场要求

在大学的学习生涯中，在接受学校理论知识传授和实训教育的同时，也要注重自身职业素养的内化和自我素质的提升，增强职业竞争能力。要充分地了解自我、认识自我，发掘自己的兴趣，同时又要知晓自己所学专业对应的相关行业的职业素养，在校期间能有意识地进行自我培养。只有这样，才能更好地适应日新月异的职场要求。

(一) 形成正确的价值观和职业价值观

价值观是指一个人对周围的客观事物(包括人、事、物)和自身行为结果的意义、作用、效果和重要性的总体评价，是人们用来区分好坏标准并指导行为的心理倾向系统，是推动并指引一个人做出决定、采取行动的原则和标准，是个性心理结构的核心因素之一。像这种对各种事物的看法和评价在心目中的主次、轻重的排列次序，就是价值观体系。价值观和价值观体系是决定人的行为的心理基础，它指导个体对于人、事、物、行动进行评估与选择。价值观在人们的职业生涯发展中起到极其重要和决定方向性的作用，甚至会超过兴趣和性格对人们的影响。人的价值观在形成之后会相对持久和稳定，但也会随着人们经历或经验的增加而发生变化。职业价值观体现的是个人追求的与工作有关的目标，它决定了个体对工作相对稳定的、内在的追求，对于个体的职业选择和发展起到方向导引和动力维持的作用，是个人价值观在职业问题上的反映，即个人对于与工作有关的客观事物的意义、重要性的评价和看法。

大学生进入职场前，应在学习过程中形成正确的价值观和职业价值观，进入职场后，还应有意识地建立一些与职业和工作有关的价值观，借以帮助改进工作习惯和工作效率。比如：建立工作日目标或工作节点目标，高效安排每一天；加强时间管理；注重卫生、秩序和速度管理；寻求高效的工作方法；重视休息和放松；关注效果；养成终身学习的好习惯等。

实践出真知，大学生的价值观和职业价值观的形成有赖于工作过程中的具体执行。大学生经过积极而自由的选择后所得的价值只是"思想"价值，而"思想"只有付诸具体的劳动过程，才能将"思想"价值转化为"实实在在"的价值。大学生只有亲身参与劳动实际，才能热爱尊重劳动，懂得再低廉的产品，都凝结着心血，再平凡的岗位，都有着高尚的职责；才能体会劳动的不易，体会平凡劳动的伟大。实践有助于大学生懂得热爱劳动、干一行爱一行的道理，也有助于树立劳动不分贵贱、尊重劳动、尊重普通劳动者的观念，有利于端正劳动态度，形成正确的劳动价值观。

(二) 练就过硬的职业技能

职业技能包括专业技能和通用职业技能两个方面。

专业技能主要指胜任工作岗位的专业能力。对职业院校学生来说，专业技能素质的养成，专业技能训练和实践锻炼起着决定性的作用。同学们要全面掌握专业知识，熟练掌握操作要领，做到全面练习，科学分配练习时间，还要注意手脑并用，这样才能具备更好的专业技能素质。

通用职业技能是指人们职业生涯中除岗位专业能力之外的基本能力，是个人最能持续运用和最能够依靠的技能。比如：有效沟通的能力，阅读能力，写作能力，善于思考的能力；正确运算的能力，高效的学习能力，良好的实践管理能力，高效的执行力等。

(三) 培养良好的职业精神

首先，要坚持理论与实践相结合。理论课的学习会让我们从认知层面了解什么是职业精神，怎样培养职业精神。在实习实训过程中，我们可以获得其他任何渠道都无法获得的道德实践与体验，尤其是体会、领悟自己未来所从事职业、所在岗位要求的职业精神。在实习实训过程中，我们能深刻体会企业文化的魅力，能更进一步理解高效的工作、团结的队伍、进取的精神、敬业的态度等都是决定企业前进的因素。在企业中，我们能真正感受到企业领导人的领导才干和人格魅力，加深对职业人的形象认识，对未来职业会有更明确的关于职业理想、职业态度、职业纪律等诸多因素的认识。通过参观、实习、见习、志愿活动等形式培养自身的职业精神，使自己提前认识到职业精神对于一个人职业生涯的重要性。

其次，要提升自我教育的能力。一要加强自身思想政治素质和心理素质教育。思想政治素质是职业素质的灵魂，包括从业者的政治态度、理想信念和价值观念，给予从业者正确的行为方向，坚定自身明辨是非的立场。心理素质是从业者的基础素质，包括认知、感知、记忆、想象、情感、意志、态度和个性特征，从业者要达到精力旺盛、坚韧不拔、乐观向上等基本要求。二要关注职业习惯养成的自我教育，拥有正确的职业意识并不等同于拥有良好的职业习惯，任何从业者的职业精神都能在日常工作中得以展现和流露，甚至包括个人的生活习惯也会在职业生活中表现出来，成为个人职业精神和职业素养的真实写照。因此学生必须从平时的学习、生活和工作的细节做起，将职业精神融入每件事并贯穿始终，提升职业习惯养成的自我教育能力。三要塑造和谐统一的自我环境。学生要强调自我教育的主体性，在与教育者平等互动的氛围中接受职业精神的培养，最大限度地发挥自身潜能。四要积极调动自己的主动性，从自身做起。坚持终身自我教育，通过自身的信念和实际行动影响周围人，将这种真实的感染力和影响力由点及面、由小及大地传播出去，促进身边的人提高自我教育能力。

(四) 加强自身的职业素养

大学生在学校学习过程中，要充分利用学校各种显、隐性教育资源，自发性地开展加强自身职业素养的学习。

对于显性职业素养的培养，要利用学校的教育资源，学好专业知识和技能，认真刻苦、勤于苦练，学好专业基础课程，加强对专业知识和技能的运用，注重专业能力的培养，为进一步提升自己的专业技术打下坚实的基础。要培养良好的学习生活习惯，利用课外业余时间参加各种学术讲座和学生讨论会，多读课外书，提升自己的文化修养。

对于隐性职业素养的培养，首先要在自我认识和了解专业的基础上，并在教师的指导下明确自己专业学习的方向，制订切实可行的职业生涯规划，树立崇高的人生目标，并为此不懈地努力。其次，要树立正确的职业态度和职业意识，包括做好步入社会的心理准备，培养自信必胜信念，学会用平和的心态从点滴做起、从基层开始，积极勇敢地看待挫折与批评，不怕困境、不怕磨炼(图 4-3-3)，学会从别人的批评中清楚、客观地看待自己，不断提高自己的职业竞争力，不断增强自己的社会责任使命感。

(a) 场景一

(b) 场景二

图 4-3-3　大学生心智的成长

除此之外，大学生还应积极主动参加团体活动和社会实践活动，创造机会培养自身的职业素养。通过活动增强自身的合作、沟通、组织策划能力，在实践活动中弥补自己在事业素养中的不足之处，不断提升自己的职业素养。总之，大学生理应做好职业生涯规划，并通过亲历实践和体验，最终把职业规范内化成为自身的道德素养，使自身的职业素养不断升华。

五、助推职业生涯，成就职业理想

(一) 劳动助推职业生涯

职业生涯规划，是指个体根据对自身的主观因素和客观环境的分析、总结和测定，确立自己的职业生涯发展目标，选择实现这一目标的职业，制订相应的工作、培训和教育计划，并按照既定的时间安排，采取必要的行动实现职业生涯目标的过程。对于每一位大学生来说，应该从学生时代就进行职业生涯规划。

根据自己的职业生涯规划，我们可以更加科学合理地选择适当的劳动实践来习得相应的职业技能。如我们希望将来从事电子商务类的工作，那么在日常学习和生活中就可以养成关注网络购物和物流配送等方面知识技能的习惯，在日积月累中逐步了解、熟悉并形成自己的知识技能体系，同样，在实训实习中也可以更有针对性地选择对口的岗位进行行为模拟和顶岗实践。在不断的劳动中，大学生可以观察和发现许多在各自领域业绩突出的榜样人物，在自己的实践中可以不断加以模仿和学习，随时训练，不断顺应自己所在行业技术的变化和岗位的转换。

职业院校学生在进行职业生涯规划时，必须摒弃职业教育低人一等的错误思想，树立劳动光荣、劳动崇高、劳动伟大、劳动美丽的理念，只有从内心深处真正认同劳动的价值，才能在行动中热爱劳动、尊重劳动，才能沿着规划好的路径脚踏实地地前进，最终达到成功的终点。

(二) 劳动成就职业理想

托尔斯泰曾说过："理想是指路的明灯，没有理想就没有坚定的方向，就没有生活。"同学们在现阶段的学习生活中也已经深切地感受到，一旦学习目的不明确，学习的热情就会低落，学习的效果就不明显。因此，有了明确的、切合实际的职业理想，再经过努力奋斗，人生发展目标必然会实现。

当一个人在工作中偏离了理想目标时，职业理想就会发挥纠偏作用，尤其是在实践中遇到困难和阻力时，如果没有职业理想的支撑，人就会心灰意冷、丧失斗志。此外，如果一个人只把自己的追求定位在找到"好工作"上，即便是将来有实现的可能，也不能算是崇高的职业理想，因为，这样的理想一旦实现，他就会不思进取，甚至虚度年华。总之，一个人只有树立正确的职业理想，无论是在顺境或是在逆境，都会奋发进取，勇往直前。

12岁时，周恩来就发出"为中华之崛起而读书"的誓言，表达了他从小立志振兴中华的伟大志向。我们应该向敬爱的周总理学习，从小立志，树立一个崇高的人生目标，然后，为实现这个目标坚持不懈、奋斗不止，为人民、为国家做出贡献，这样的人生才有意义。

2017年，党和国家领导人在庆祝"五一"国际劳动节暨表彰全国劳动模范和先进工作者大会上发表重要讲话时说，全面建成小康社会，进而建成富强民主文明和谐美丽的社会主义现代化国家，根本上靠劳动、靠劳动者创造。强调我国工人阶级和广大劳动群众要弘扬劳模精神、劳动精神，在实现"两个一百年"奋斗目标的伟大征程上再创新的业绩，以劳动托举中国梦。

人民创造历史，劳动成就梦想。劳动是人类的本质活动，是推动人类社会进步的根本力量。中华民族的辉煌历史，当代中国震惊世界的发展奇迹，都是勤劳智慧的中国人民用伟大的劳动和创造托起的。正是亿万劳动群众胼手胝足、拼搏奉献，以发展进步为己任，与时代发展同步伐，才推动中国这艘航船不断靠近梦想的彼岸。中华民族阔步前进的每一个坚实脚步，都凝结着工人阶级和亿万劳动群众的心血和汗水。当代中国不断涌现的劳动模范和先进工作者，正是这个群体的杰出代表。虽然职业不同、岗位各异，但他们都以高度的主人翁精神、卓越的劳动创造、忘我的拼搏奉献，创造出不平凡的业绩。他们是坚持中国道路、弘扬中国精神、凝聚中国力量的国家栋梁、社会中坚、人民楷模。他们身上始终洋溢着"爱岗敬业、争创一流、艰苦奋斗、勇于创新、淡泊名利、甘于奉献"的劳模精神，始终闪耀着中国工人阶级和广大劳动群众伟大品格的光辉。

在前进路上，我们要始终坚持人民主体地位；始终崇尚劳动、尊重劳动者；始终实现好、维护好、发展好最广大人民根本利益；始终重视提高劳动者素质，让劳动最光荣、劳动最崇高、劳动最伟大、劳动最美丽蔚然成风；让蕴藏于亿万劳动群众中的无穷创造活力和智慧竞相迸发。在新的历史条件下，亿万中国人民将把"劳动"镌刻在全面推进"四个全面"、发展中国特色社会主义的伟大实践中，把无上荣光写在实现中华民族伟大复兴中国梦的辉煌征途上。

【拓展阅读】

职业探索与理想源于对人生的体味与追求

在近代中国，1926年前后，晏阳初与一批颇具见识的教育家，将教育事业从城市转向了中国广袤的农村，陶行知、黄炎培、梁漱溟等一大批教育家紧随其后开展了由城市向农村的战略"转移"，以教育为枢纽推进乡村建设。

在江苏句容有这样一所学园。学员们坐而论道、起而行之，"知"与"行"相互并进，彼此成就。学园内设"学员自治会"，由每学期伊顿学园的正式入学学员组成，负责伊顿学园的日常事务管理。学员们在每周一次的学员自治会中依"罗伯特议事规则"，提议、附议、陈述议题、辩论、表决宣布表决结果，以理性达成最终决议。这群年轻的学员以乡村建设者的角色，听从内心的召唤，奔走于山野之间；如星星般彼此照亮，相遇在蔽日的密林里，探索和践行乡村建设的路径。众多自然建筑、原生森林、生态乡村、田园教育等乡建项目从这里破土而出。

这所依托于职业技能与书册学问两者之上的开放性、公益性的人文学园，以自主教育、开放探索、行动参与为主要学习方式，倡导诗书田园、返璞归真、晴耕雨读，倡导以教育介入生活，以教育介入乡村。

(资料来源：搜狐网，有删改)

第五章 劳动品德与劳动习惯

【章首导读】

劳动是认识和了解社会的窗口，是健康人格形成的沃土，是未来良好发展的催化剂。劳动教育是素质教育必不可少的一环，培育劳动品质对人的全面发展具有极其重要的意义。

本章内容主要包括：依法履约，保护合法权益；勤俭节约，珍惜劳动成果；诚实守信，发扬优良品格；吃苦耐劳，培养劳动习惯。学生通过学习可以培养自己吃苦耐劳、埋头苦干的劳动精神，养成热爱劳动、尊重劳动、崇尚劳动的劳动态度。

第一节 依法履约，保护合法权益

中国的劳动法立法起步较晚，直到 1994 年 7 月 5 日《中华人民共和国劳动法》(以下简称《劳动法》)的颁布实施，中国特色的劳动法律制度才开始进入新的历史阶段。2007 年 6 月 29 日，第十届全国人民代表大会常务委员会第二十八次会议通过了《中华人民共和国劳动合同法》。2007 年 12 月 29 日，第十届全国人大常委会第三十一次会议，又通过了《中华人民共和国劳动争议调解仲裁法》。至此，我国调整劳动关系的立法工作已全面展开，并随着社会发展而及时修订，逐步完善了我国的劳动法律体系。2020 年 5 月 28 日，十三届全国人民代表大会第三次会议通过了《中华人民共和国民法典》(以下简称《民法典》)，这是中华人民共和国第一部以法典命名的法律，被称为"社会生活的百科全书"。《民法典》是民事权利的保障书，其中保障了劳动合同相关权益。

随着依法治国的观念不断强化，我国劳动用工制度的深刻变革，劳动法律制度不断完善，对于进一步明确劳动合同双方当事人的权利和义务，保护劳动者的合法权益，构建和发展和谐稳定的劳动关系具有重要意义。作为劳动者，准确理解劳动相关法律规定，有利于遵守劳动法律依法劳动，有利于促进依法维护自身权利。

(一) 劳动法律法规

《宪法》规定，中华人民共和国的公民有劳动的权利和义务，劳动是一切有劳动能力的公民的光荣职责。《劳动法》规定：劳动者享有平等就业和选择职业的权利、取得劳动报酬的权利、休息休假的权利、获得劳动安全卫生保护的权利、接受职业技能培训的权利、享受社会保险和福利的权利、提请劳动争议处理的权利以及法律规定的其他劳动权利。此外，《劳动法》还规定：劳动者应当完成劳动任务，提高职业技能，执行劳动安全卫生规程，遵守劳动纪律和职业道德。

县级以上各级人民政府劳动行政部门依法对用人单位遵守劳动法律、法规的情况进行监督检查，对违反劳动法律、法规的行为有权制止，并责令改正。任何组织和个人对于违反劳动法律、法规的行为有权检举和控告。用人单位或者劳动者违反劳动法规定的，应当依法承担法律责任。

(二) 劳动合同

劳动合同是指劳动者与用人单位之间确立劳动关系、明确双方权利和义务的协议。订立和变更劳动合同，应当遵循合法、公平、平等自愿、协商一致、诚实守信的原则，不得违反法律、行政法规的规定。依法订立的劳动合同具有约束力，用人单位与劳动者应当履行劳动合同约定的义务。

劳动合同应当具备以下条款：(1) 用人单位的名称、住所和法定代表人或者主要负责人；(2) 劳动者的姓名、住址和居民身份证或者其他有效身份证件号码；(3) 劳动合同期限；(4) 工作内容和工作地点；(5) 工作时间和休息休假；(6) 劳动报酬；(7) 社会保险；(8) 劳动保护、劳动条件和职业危害防护；(9) 法律、法规规定应当纳入劳动合同的其他事项。劳动合同除法定的必备条款外，用人单位与劳动者可以约定试用期、培训、保守秘密、补充保险和福利待遇等其他事项。

《劳动合同法》规定，用人单位与劳动者协商一致，可以解除劳动合同。劳动者提前三十日以书面形式通知用人单位，可以解除劳动合同。劳动者有下列情形之一的，用人单位可以解除劳动合同：(1) 在试用期间被证明不符合录用条件的；(2) 严重违反用人单位的规章制度的；(3) 严重失职，营私舞弊，给用人单位造成重大损害的；(4) 劳动者同时与其他用人单位建立劳动关系，对完成本单位的工作任务造成严重影响，或者经用人单位提出，拒不改正的；(5) 因本法第二十六条第一款第一项规定的情形致使劳动合同无效的；(6) 被依法追究刑事责任的。

（三）劳动纠纷处理

我国境内的用人单位与劳动者发生下列劳动纠纷：(1) 因确认劳动关系发生的争议；(2) 因订立、履行、变更、解除和终止劳动合同发生的争议；(3) 因除名、辞退和辞职、离职发生的争议；(4) 因工作时间、休息休假、社会保险、福利、培训以及劳动保护发生的争议；(5) 因劳动报酬、工伤医疗费、经济补偿或者赔偿金等发生的争议；(6) 法律、法规规定的其他劳动争议，任何一方均可以向劳动人事争议仲裁委员会申请劳动仲裁。

劳动者与用人单位发生劳动争议，可以先通过协商解决或者向调解组织申请调解，当事人不愿协商、调解或者协商调解后不履行调解协议的，可自知道或者应当知道自己的权利被侵犯之日起一年内依法向有管辖权的劳动争议仲裁委员会申请仲裁，当事人对仲裁裁决不服的，可以在收到裁决书之日起 15 日内依法向人民法院提起诉讼。

（四）涉外劳务安全提示

涉外劳务输出是指劳务公司与劳动者签订劳动合同，然后派遣劳动者到外国进行工作。那么，涉外劳务输出注意事项是什么呢？

劳务输出的第一步是签订劳务输出合同。劳务输出合同是明确雇主和劳务人员之间的责任和义务及其法律关系的重要文件。雇主通过招聘或招募方式雇用的劳务人员也必须签订劳务输出合同，以确定双方之间的责任和义务。

劳务输出合同的形式与一般经济合同的形式基本相同，即由序文、合同条款和结尾三部分组成。序文中写明签约双方的名称和法定地址。合同中一般将输入劳务方称为甲方，输出劳务方称为乙方。

合同条款则规定双方的责任与义务。合同的结尾一般写明签订合同的地点及日期，如果是用两种以上文字写成，则还需说明每种文本的法律效力。一旦双方签订了劳务合同，任何一方不得无故终止合同。

对涉外劳务合同中细节的处理可以尽可能地防范、减少和解决这种涉外劳务纠纷的发生，而这种具体的细节处理主要体现在涉外合同的法律文书之中。在实践中涉外劳务合同应特别注意劳务人员基本情况，雇主的义务和责任，劳务人员的义务和责任，劳务人员从事的工种和工作时间，工资待遇、津贴、补助，劳动保护、人身保险，工作、疾病或死亡处理规定，劳务人员休假的安排，对各种原因导致中断合同的处理方法，违约赔偿，纠纷的解决等内容。

(五) 保护劳动者的合法权益

劳动者权益保护问题涉及政府、企业、社会、劳动者各个方面关系，关系到方方面面的利益，可以说复杂多变，难度很大。有效保护劳动者的合法权益，不是单纯依靠某一方就能做到，而是需要政府、企业、社会和劳动者各方共同努力才能实现。

1. 法律维权

在诸多劳动者权益保护力量中，党和政府无疑是最重要也是最有力的力量，担负的责任也最大。党和政府对劳动者权益的保护最主要的方式就是通过法律和政策的手段。具体来说，一是要及时制定和完善劳动者权益保护的相关法律法规，为劳动者权益保护提供法律保障。二是要及时出台和修订保护劳动者合法权益的政策，发挥政策导向作用。三是要加强相关法律法规的宣传教育，增强企业和全社会维护劳动者合法权益的法律意识，增强劳动者运用法律保护自己合法权益的维权意识和维权能力。四是要严格执法，加强对相关法律法规执行情况的监督检查，确保劳动者权益保护法律法规能够真正得到落实。五是促进工会建立，确立合法产业行动的边界范围，以及工会采取产业行动的程序性规定，推动劳资双赢。

2. 工会维权

工会作为职工合法权益的维护者，在劳动者合法权益保护方面发挥着重要作用。具体来说，一是要创新工会组建方式，着力做好新生代农民工、劳务派遣工、新业态职工等群体在内的会员发展工作，建立和健全各类企业的工会组织。二是要努力推动党和政府关于保障和改善民生重要措施的贯彻落实，从源头上维护职工的合法权益。三是要联合政府有关部门、用人单位建立并不断深化健全三方(政府、企业、劳动者)的协调机制，发挥好"协调员"的作用，推动解决工人工资偏低、收入差距过大、休息时间得不到保障等问题，切实维护职工的合法权益。四是工会通过互联网联合广大会员提高议价能力。五是要加大宣传教育力度，提高职工的维权意识和维权能力；六是要敦促企业和用人单位，加大职工的教育培训力度，不断提高职工素质和就业能力；七是要加强工会自身建设和自身维权机制建设，最大限度地把广大劳动者组织、吸引到工会组织中，更广泛地代表和维护广大劳动者的合法权益，特别是弱势群体的合法权益，使工会组织真正成为温暖的"职工之家"。

3. 社会维权

社会维权主要指充分发挥社会舆论和社会组织的维权作用。发挥舆论监督作用是党的新闻工作的一项重要职责，是以正确的舆论引导人的一种特殊表现形式。保护劳动者合法权益也是新闻媒体和新闻工作者的一项重要职责，新闻媒体和新闻工作者一方面要大力拓宽劳动保障普法宣传教育渠道，广泛、深入、持久地开展相关法制宣传活动，提高用人单位执行劳动保障法律法规的自觉性，增强劳动者依法维护自身权益的意识；另一方面也要善于抓住带有全局性的关键问题和群众普遍关心的问题，针砭时弊，维护职工群众合法权益。尤其是现在自媒体高度发达，各级工会组织和劳动者要善于发挥社会舆论的监督作用。社会组织是人们为了有效地达到特定目标按照一定的宗旨、制度、系统建立起来的共同活动集体。行业协会等社会组织具有目标性强、联系面广、影响力大等特征。社会组织要充分利用自身在本行业、本系统内的影响力，切实维护劳动者的合法权益；还要充分发挥社会组织的社会影响力，在保护劳动者合法权益方面发挥监督作用。

4. 企业尽责

劳动者是企业乃至整个社会持续发展的基本保证，保护劳动者权益是企业应该履行的社会责任。因此，作为用工主体，企业要提高落实劳动保护法律法规的自觉性。充分尊重和切实维护员工在劳动合同、工资报酬、休息休假、健康卫生、学习成长、生命安全、人格尊严、参与工会等方面的合法权益，建立和发展和谐的劳动关系。事实上，实现企业利益和保护劳动者权益并不矛盾。社会在进步，经济在发展，企业和劳动者只有深度合作才能在未来实现共赢。因此，无论是从承担保护劳动权益的社会责任角度，还是从企业长远发展来看，企业都应当自觉肩负起保护劳动者合法权益、建立和发展和谐劳动关系的责任。

5. 劳动者自我保护

在劳动者权益保护过程中，劳动者的自我保护非常重要。作为劳动者，一是要加强对《劳动法》《劳动合同法》《劳动者权益保护法》等劳动法律法规的学习，充分了解国家有关劳动者权益保护的法律法规和政策，提高自己的维权意识和维权能力。二是应注意维护自身合法权益，做到事前防范，而不是事后补救。例如，对于新入职的劳动者，入职前要全面了解企业的品质，包括用人单位主体的资信及资质等，依法慎重签订劳动合同，并对合同内容进行详细审查，防范合同中存在的劳动者权益受损风险；对于在职的劳动者，应该自觉遵守企业的规章制度，要明确自己具体的工作时间，法定节假日和工作时间以外确因工作需要加班的要按规定请求企业付加班费等；劳动者离职时，要根据离职的具体情况，按照劳动合同或合约相关规定，办好理赔等相关手续，不要留下任何可能导致劳动纠纷或利益受损的隐患，并主动索要企业离职证明书，如果与企业发生争议时应注意留存证据。三是一旦出现自己合法权益受损的情况，要积极寻求劳动仲裁等法律和政府有关部门的帮助，及时挽回自己的损失。四是要加强学习和培训，不断提高自己的综合素质和职业能力。

第二节　勤俭节约，珍惜劳动成果

勤俭节约是中华民族的传统美德，历来为人们所提倡。勤俭也是当代社会的内在诉求，现代文明强调珍视有限资源，提倡崇俭抑奢的价值观。习近平总书记在不同场合多次强调艰苦奋斗、勤俭节约是中华民族的传统美德，铺张浪费则背离优良传统文化，败坏党风、政风和社会风气。从个人、家庭到国家，勤俭节约永远不会过时并且应当持之以恒。

孔子在两千多年前就提倡"节俭持国"的思想。明末教育家朱柏庐在《朱子治家格言》中总结出"一粥一饭，当思来处不易；半丝半缕，恒念物力维艰"的警句。毛泽东指出务必使同志们继续地保持谦虚、谨慎、不骄不躁的作风，务必使同志们继续地保持艰苦奋斗的作风，这就是著名的"两个务必"。今天的中国取得了令人瞩目的发展成就，先人先辈的名言警句，至今言犹在耳，让人倍感亲切。

日常生活中会出现一些互相攀比、追赶时髦、大吃大喝、过度消费的现象，奢靡浪费给个人和家庭甚至国家带来了沉重的负担。节俭不是吝啬，节俭是当用则用，当省则省，换句话说，就是省用得当。把钱用对用好，才是真正的节俭。厉行节约、持之以恒，将有限的资源用于个人、家庭的成长上，才能更好地促进个人、家庭和国家的长远发展。

一、尊重他人劳动

劳动伟大而且神圣。从某种意义上来讲，劳动人民用辛勤的双手和丰富的智慧创造了美好的世界，他们辛勤劳作，艰苦奋斗，创造文明，创造自然，对人类、整个世界做出了无比巨大的贡献，因此，任何人的劳动都理应受到称赞，任何人的劳动也更应该受到尊重。

劳动不分高低贵贱。工人做工是劳动，农民务农是劳动，教师教书育人也是劳动。任何一种劳动，都能创造财富，都对人类都有贡献。有耕耘就有收获，有劳动就有成果，所以，任何一种劳动都应受到尊重，劳动果实应该倍加珍惜。

总之，我们要不断提高觉悟，加强修养，养成良好的习惯，尊重别人的点滴劳动成果。

二、珍惜劳动成果

是谁在用心打扫，让城市干净整洁？是谁在东奔西走，把商品送到家门口？是谁在挥锹培土，为山坡披上绿装？是谁在坚守三尺讲台，陪伴一代又一代成长？

谁在乱扔垃圾，破坏城市环境？谁在横穿马路，带来危险隐患？谁在损坏公共设施，造成生活不便？

如果没有劳动者的辛勤劳动，我们又怎么能如此安逸地生活在文明城市、卫生城市、园林城市中？我们总是抱怨公交车晚点、交通拥堵、看病时间漫长，但有没有想过最后一班公交车的司机、烈日下的交警、夜间值守的医生，也有人在等他们回家。幸福是奋斗来的，每一个忙碌的身影都应该被感激，每一份劳动成果都应该被珍惜。

我们都是劳动者，尊重劳动者，就是尊重我们自己。致敬劳动者，生活因劳动而幸福。珍惜劳动成果，从未成年人做起。新颁布的《中华人民共和国未成年人保护法》中强调：学校、幼儿园应当开展勤俭节约、反对浪费、珍惜粮食、文明饮食等宣传教育活动，帮助未成年人树立浪费可耻、节约为荣的意识，养成文明健康、绿色环保的生活习惯。珍惜劳动成果，从个人层面，养成良好的消费习惯，到国家层面，不断推进技术革新升级，都是尊重劳动者，珍惜劳动成果的重要举措。

三、养成良好的消费习惯

消费在我们的生活中无处不在，也发挥着很大的作用。养成良好的消费习惯，进行适度消费，不仅能够满足自己的日常消费需求，避免迷失在消费时代里，陷入盲目攀比、不理智消费的深渊，也是珍惜他人劳动成果的重要体现。

那么如何养成一个好的消费习惯呢？

一要养成记账习惯。记账是建立良好消费习惯必要的一步，学会管理预算，还能对自己的可支配资产有一个全面的了解，进而为之后的理财打下基础。

二要勿以钱少而不积。小钱虽然单个的作用不大，但是多笔的累计，最后将是一个笔大的数目。要建立正确的金钱观，不因物品价格低廉就随便购买，而要让每一分花出去的小钱都有其必要的价值。

三要确定当前合理的消费水平。理想的消费决策，应该是基于现在和未来的，只有这样才能保证我们消费观是健康、可持续的，过度保守的消费决策会使我们失去人生的许多乐趣，过度激进的消费决策将生活推入无底深渊。学会消费的"三分法"，让消费和积累都更加科学有效。

四、抵制奢靡浪费

奢侈浪费的现象在生活中处处可见：水龙头哗哗地流着，却没有人理；炎热的中午，没有人的办公室里，空调却一直开着；中华民族勤俭节约的传统美德哪里去了？有人说，在全面建成小康社会突飞猛进的今天，人们的生活水平大大提高，消费理念也应日益更新。节约的道德观念陈旧了，节约的道德要求过时了。吃饭只吃几口就倒掉才显得有派，好好的衣服不想穿了随手扔掉才显得酷。在这种错误思想的影响下，勤俭节约几乎成了小农经济思想的代名词。有的人经常攀比，炫耀自己，说起名牌来如数家珍。奢侈被认为有派头，节约反被认为无能。享受生活、炫耀消费成为部分社会群体的时尚生活理念。

一项调查显示：大学食堂一周被倒掉的饭相当于一亩地的产量！学校一年浪费的电量足够一个普通家庭用 58 年！面对这样的现实，每个人都需要扪心自问：我们凭什么浪费？我们有什么资格浪费？奢侈浪费就是对别人劳动的不尊重，对社会的不负责任。

坚决抵制奢侈浪费现象，平时的工作和生活中，我们应该坚持：光盘行动。粮食来之不易，千万不要随意浪费；节约用电，平时在家里尽量少开一盏灯，离开以后就要及时把灯关掉；在平时的生活中要学会量入为出，不要盲目攀比。

节约资源是保护生态环境的根本之策。奢侈浪费不仅是一种不良的习惯，同时也是对生态环境的污染和破坏。环境污染的实质是资源的浪费和不合理的使用，使有用的资源变为废物进入环境而造成危害。保护环境的根本之策是节约资源，就要求改变环境污染末端治理的思路，治理污染从源头入手，坚持节约资源和保护环境的基本国策，大力推进能源资源节约和循环利用，着力推进绿色发展、循环发展、低碳发展。

解决环境问题的根本和唯一的途径是节约资源。在全球一体化背景下，我国资源压力问题凸显。我国 669 个城市中有 400 个供水不足，110 个严重缺水。在 32 个百万人口以上的特大城市中，有 30 个长期受缺水困扰。全国城市日缺水量达 1600 余万立方米。因缺水，工业经济年损失估计高达 2300 多亿元。

我国已成为世界煤炭、钢铁和铜的第一消费大国，石油和电力的第二消费大国。另外，由于土地、森林、水、矿产等资源的过度开发，环境破坏已经极其严重，不仅加剧了水土流失、土地荒漠化、江河污染，也导致自然灾害频繁发生。与此同时，世界经济危机短期内还难以走出低谷，增加国内投资，进一步扩大内需、刺激消费成为提振我国经济的必然选择。在这样的背景下，要解决生态环境问题的唯一出路就是节约资源，别无他法。没有对生态环境问题的解决，就不可能走上可持续发展的道路。要解决环境污染问题，尽管我们探索了很多方法，取得了很多成功经验，但是从根本上说，走资源节约之路，才是唯一途径。

今天，环境污染问题已经深深地同发展方式联系在一起。有什么样的发展方式，就会有什么样的生态环境。"高投入、高消耗、高排放、不协调、难循环、低效率"的粗放型经济增长方式只能带来日益严重的生态环境问题。要保护好生态环境一定要转变发展方式。应从节约资源的方式来保护生态环境，为节约资源、保护生态环境提供一条可持续的发展道路。

节约资源重大战略应包括：资源产品及其加工产品的节约，资源开发的节约，资源废弃物质的再生资源化，稀缺资源的替代和资源产业的集约化经营。要大力节约并集约利用资源，推动资源利用方式的根本转变，加强全过程节约管理，大幅降低能源、水、土地消耗强度，大力发展循环经济，促进生产、流通、消费过程的减量化、再利用、资源化。

 【拓展阅读】

政府带头厉行节俭

2020 年 7 月 23 日，李克强总理在国务院第三次廉政工作会议上要求，在经济下行和财政困难的情况下，各级政府要坚决做到过紧日子，节用裕民、俭以养德，把钱用在刀刃上，全力支持保就业保民生保市场主体，让勤俭节约成为每个政府工作人员的日常行为习惯。

今年中央政府带头，把非急需、非刚性支出压减 50% 以上，各级地方政府也纷纷确定了压减指标。这不仅是"完成压减指标"之必须，也是提升政府工作质量和效率，推动全社会形成节约风尚之必须。

这些年，国家高速发展，综合实力不断提高，各级政府的工作环境(硬件设施)有了很大的变化，财政多了，手中财权也大了。与此同时，一些政府人员讲排场，搞铺张，追奢华的做派也渐渐地扩展，少数人大手大脚支出财政费用成了一种习惯。一些政府机关的这种不良习惯，自然淡化了政府工作人员的日常勤俭节约行为习惯，进而使原本可以通过政府工作人员的个体日常行为达到的"隐性"压减指标，成为空话。

俭能养德，正是因为俭本身也是一种德。政府工作人员要严格要求自己、转变作风，树立艰苦奋斗、勤俭节约的思想意识，自觉抵制享乐主义和奢靡之风，杜绝工作中的浪费，杜绝办公用品、水电的浪费，养成勤俭节约的自觉性，在工作和生活中严格遵守厉行节约的各项规定，才能得到人民群众的支持和赞扬。这些德，也应当成为考察、评价干部的题中之义。

第三节　诚实守信，发扬优良品格

诚实守信一直是中华民族引以为豪的品格。"言必信，行必果""以诚为本，以信为天"，人们讲求诚信、推崇诚信，诚信之风早已融入我们中华民族文化的血液，成为中华传统文化基因中不可或缺的要素。然而，近些年来，"拜金主义"在滋长，"利益"取代了美德，诚信让位于欺诈。假食品、假新闻、假结婚、假文凭、假招聘等社会现象频出，预示着诚信缺失的危机，诚实守信的基本道德规范被物质化、庸俗化、功利化。

诚信的基本含义是指诚实无欺，讲求信用。《礼记·祭统》中有"是故，贤者之祭也，致其诚信，与其忠敬"之说。在普遍意义上，"诚"即诚实诚恳，指人具有真诚的内在道德品质；"信"即信用、信任，指人的内诚的外部显化。"诚"更多地指"内诚于心"，"信"则侧重于"外信于人"。"诚"与"信"共同构成了一个内外兼备、内涵丰富的词语。

一、诚者不自欺

子曰："人之生也直，罔之生也幸而免。"意思是，如果一个人以"直"的方式为人处世，那么他是幸运的；而以"罔"的方式待人接物，哪怕他过得不错，充其量只是幸免于祸害而已。

什么是"直"，什么是"罔"呢？刘宝楠在《论语正义》里说："盖直者，诚也。诚者，内不以自欺，外不以欺人。"这句话就是说一个人这辈子要本着一种对外不骗人，对内不骗自己的态度活着。

如果一个人企图用某种自欺欺人的方式待人接物，也许短期内过得还不错，但长期而言总会露出老底。

诚信是做人必须具备的道德素质和品格，也是一名合格劳动者应该具备的基本品格。诚信不仅是一种品行，更是一种责任；不仅是一种道义，更是一种准则；不仅是一种声誉，更是一种资源。诚信劳动，就能赢得他人的尊重，获得他人的帮助；诚信经营，才能获得客户的信赖，赢得企业的成功。

二、于己无愧，于人无损，于国有益

孔子："人而无信，不知其可也。"民间有言："一言既出，驷马难追"，都极言诚

信的重要。

新东方学校校长俞敏洪曾说，无论处在什么样的社会，一个人想要获得做人做事的成功，只有依靠"诚信"二字。就算有时候你被欺骗了，也不能因此丢掉诚信，否则你就会失去自己成功和幸福的根基。

诚信是做人的根本，是职场的通行证。言而无信，行之不远，现实生活中的大量事实证明，制假售假、坑蒙拐骗，可以得一时之利，但必定以身败名裂告终。世界上没有拆不穿的假象，没有识不破的骗局。在生活中，人们愿意和诚信的人打交道、交朋友。诚信的人看似暂时失去了某些利益，却赢得了信誉。秉持诚信可以形成一种巨大的品牌效应，让你在成功的路上走得更远。

企业品牌源于诚信。讲诚信经营的企业，在消费者中会建立良好的口碑，消费者的满意度提高了，经营者的广告宣传费用也就减少了。一个信誉好的企业，可以顺利申请到银行贷款，也可以在资本市场上以较低的成本融资。诚信是企业的无形资产，可以为企业增值，它和货币资本、劳动力资本一样是企业发展不可或缺的要素。

国家的发展正是由无数个人和企业的发展成就的。个人和企业的诚信集中体现了国家的品牌，塑造了中国在国际上的形象。"中国制造"曾被国外认为是价格便宜、质量差的低端产品的代表，那正是因为一段时间内，中国的企业只追求短期的利益，而不重视质量、技术，忽视诚信等长效机制的发展。如今，在科技的引领下，中国的发展必然要走向一条转型升级的路径，由低端向中高端发展，由科技含量低向科技含量高的转型升级，重视质量，坚守诚信，重新树立大国形象。

【拓展阅读】

张某为何面试失败

张某从年前就开始为毕业后的工作四处奔波。终于有一天，他接到了一家大企业的面试通知。面试那天，他迟到了 10 分钟，却对面试他的总经理说是因为坐公交堵车。面试中他对不懂的问题也夸夸其谈，把自己的能力说得天花乱坠，面试后，张某信心十足，觉得肯定能被录用。然而，几天后，张某却接到一纸不予录用的通知书。事后他了解到总经理对他的评价是：不守时、不诚信。为什么会这样？原来面试那天他是骑自行车去的，因担心迟到影响面试结果，就撒谎说堵车。原以为无人察觉，没想到总经理站在办公楼窗前，正好看见了他骑车的身影。他的简历也做了假，把许多同学的实习经历和做过的项目添加到自己的简历中，结果经理一细问，他也只能吹吹牛，细节上完全不着边际。

事后，张某后悔不已，对自己的行为进行了深刻的反思。他想到上学期间，经常放松对自己的要求，如果迟到了，就找个理由说今天堵车了；如果早退了，就称头疼，身体不舒服；逃学旷课，就对老师说家里有事；做错了事情，要么把故意说成无意，要么百般抵赖，编造各种理由为自己开脱。久而久之，他对自己这种随口撒谎习以为常。最终导致其被面试单位判定为"不诚信"。

第四节　吃苦耐劳，培养劳动习惯

作为新时代的大学生，要以辛勤劳动为荣，以好逸恶劳为耻，要从小事做起，从点滴做起，从小养成爱劳动的习惯。良好的劳动习惯需要我们发扬吃苦耐劳的优良传统，从最初的大禹治水到如今的中国梦，中华民族历经五千年文明的发展历史，吃苦耐劳思想不断发展丰富。

《周易》中指出："天行健，君子以自强不息。"战争年代，中国共产党正是依靠吃苦耐劳的坚强意志，用小米加步枪推翻了三座大山，建立了中华人民共和国。毛泽东非常重视对自身意志力的培养，他主张年轻人应到大风大浪中锻炼，磨炼自己的意志力。周恩来同志一生坚持深入群众、与群众共患难的工作原则，体现了他吃苦耐劳、艰苦朴素、亲民解民的高尚品质。什么是我们克服困难的道路呢？从最根本的方面说来，这就是要依靠我们全国人民同心协力，艰苦奋斗。

进入新时代，习近平总书记提出年轻人就要撸起袖子加油干，不负韶华，艰苦奋斗。这些都是在告诉每一位追逐梦想的年轻人，要想实现梦想，必须努力奋斗，只有具备了吃苦耐劳的精神，才能有更大的成绩。

随着社会经济的进步和社会文明的发展，吃苦耐劳品质在当今社会中越来越凸显其时代价值。每一位学生都是建设祖国美好明天的中流砥柱。吃苦耐劳品质不仅是素养问题，也关乎人生的成败、民族振兴和国家强盛。这既是时代对每一位学生提出的客观要求，又是自身全面健康发展的切实需要，是当代学生成才的必由之路和基本条件。我们不应该轻视吃苦耐劳、艰苦奋斗的精神，更不能丢掉这种传统。每一位学生都应把它继承下来，世代相传。只有这样，我们的国家才能健康迅速地向前发展，我们的国家才能在激烈的竞争中立于不败之地，我们的民族才能永久屹立于世界民族之林。

一、热爱劳动

热爱劳动是非常可贵的个性品质，是创造社会财富、社会发展进步的内生动力。

当农民们脸上露出丰收的喜悦的时候，当工人们在生产竞赛中胜利完成生产任务的时候，当科学家取得新的重大科技突破的时候，当屠呦呦、莫言拿到诺贝尔奖的时候，当奥运会上运动员拿到金牌、中华人民共和国国旗一次次升起的时候，当我们在各自平凡的工作岗位上成绩突出、受到表彰鼓励的时候……所有这些辉煌的劳动成就都让我们感到光荣而自豪，证实着我们平凡中的伟大。

宝剑锋从磨砺出，梅花香自苦寒来。只有热爱劳动，具有勤劳勇敢、艰苦奋斗、坚强意志、聪明才智的优良品质，才能更好地历练、成长与锻造；只有热爱劳动、艰苦奋斗，我们的民族、社会才能不断成长前进，才能迈向一个又一个新的、更高的中华文明。

二、终身劳动

从某种意义上说，人类社会的历史就是一部人类劳动不断发展与创新的历史，劳动创新是社会发展的重要动力。千百年来，我们的远祖从穴居野处的蛮荒时代进化到文明社会，完全是依靠辛勤的劳动。在物质领域，从穴居野处到高楼大厦，从茹毛饮血到营养快餐，从木棍石斧到机器电力，从刻木为舟到万吨巨轮，从结绳记事到计算机，不知道经历了多少亿万次的革新和创新；在精神领域，从象形文字所记录的历史片段，到自然科学和社会科学、人文科学的宏伟丰富的知识，也都是脑力劳动者在接受前人文化成果的基础上，一代又一代地积累起来的。

有劳动就有希望，有希望就有追求，有追求就有理想，有理想就有梦想，有梦想就有未来。正是一代又一代中国人的终身劳动孕育了伟大的中国梦，是劳动让我们插上梦想的翅膀。伟大而光荣的劳动孕育着伟大而光荣的梦想。空谈误国，实干兴邦，在中华民族的圆梦征程上，需要我们每一个中华儿女为之不懈努力奋斗。

作为青年学生，在成长过程中，要树立热爱劳动、终身劳动的良好劳动品质，积极参加社会实践和劳动实践，将自己投身于祖国建设的大潮中，肩负起青春的责任。

三、人生在勤，勤则不匮

吃苦耐劳品质首先要求我们铭记人生在勤，勤则不匮。在砥砺奋进中，一代代中华儿女推动着历史的车轮滚滚向前，创造出灿烂辉煌的中华文明，续写着中华民族不朽的奇迹。

勤可立志。人生须立志，志当存高远。青年要立志做大事，做大事非勤奋不可。古有司马迁发愤著书，文天祥舍生取义，今有高凤林"发动机焊接第一人"。只有勤奋，高远的志向才能立得住，存得远；只有勤奋，高远的志向才能逐步得以实现。勤奋是奋斗途中必备的阶梯，是不竭的动力。

勤可补拙。顽强坚持的毅力，长期不懈的努力，才能取得一些成绩。否则，即使天赋过人，再好的天赋也会白白浪费。京剧表演艺术家梅兰芳通过勤学苦练，锻炼了一双熠熠生辉、脉脉含情的眼睛，弥补了天生眼睛呆滞的缺陷。贝多芬在双耳完全失聪后，仍然完成了举世瞩目的《第九交响曲》。只有相信"一分辛苦一分才"，才能克服缺陷，走在前面。

勤可为功。自古以来，勤奋就是个人成长、社会进步的助推器。不论是古代的万里长城、四大发明，还是如今的高铁、C919 大飞机、航天工程，没有无数人的勤奋努力，都无法实现这样巨大的成就。勤可为功，小处看是个人的成功，大处看关乎一个国家、民族的未来。勤劳已成为实现中国梦的不竭动力。

四、以辛勤劳动为荣，以好逸恶劳为耻

吃苦耐劳还需要做到以辛勤劳动为荣，以好逸恶劳为耻。辛勤劳动是奋斗的底色，是创造价值的姿态，是世界存在的永恒主题。

辛勤劳动作为一种传统美德，在任何时代都不会过时。没有辛勤劳动，一切社会物质财富和精神财富都无从谈起；没有辛勤劳动，人类的生存与发展必然失去最基本的保障。没有辛勤劳动，逸与乐就没有基础。只图安逸不事劳动，甚至厌恶、轻视、蔑视劳动，靠占有别人的劳动成果过寄生生活的人，是应该坚决反对的。社会犹如一部大机器，每一个劳动者的每一份工作作为这部大机器的一部分，都是必不可少的。不论是体力劳动还是脑力劳动，不论是简单劳动还是复杂劳动，都是光荣的，都应当得到认可和尊重。爱岗敬业、争创一流，艰苦奋斗、勇于创新，淡泊名利、甘于奉献的伟大劳动精神，永远是社会主义核心价值观和道德观的重要内容。

 【拓展阅读】

"神技天焊"工程师——高凤林

"从事工匠业，常怀报国心。"说的就是首都航天机械公司特种熔融焊接工、高级技师高凤林。

"去实现儿时的梦想吧。"中学毕业后，高凤林报考首都航天机械公司厂技校，从此与航天结下不解之缘。

早期，培养一名氩弧焊工的成本甚至比培养一名飞行员还要高。而要焊接被称为火箭"心脏"的发动机，更对焊接工的稳定性、协调性和悟性有着极高的要求。

"你们当中将来谁要能焊接火箭发动机，谁就是英雄。"高凤林清楚地记得，技校老师曾这样激励他们。

技校毕业时，公认的"好苗子"高凤林被选中进入首都航天发动机焊接车间，从此，他拿起焊枪，把自己的根牢牢扎在了焊接岗位上。38岁时，高凤林已成为航天特级技师。

成功离不开汗水的浇灌。吃饭时，高凤林拿着筷子练送丝；喝水时，端着盛满水的缸子练稳定性；休息时，举着铁块练耐力，甚至冒着高温观察铁水的流动规律……

更有甚者，他连"一眨眼"的功夫都不放过。火箭上一个焊点的宽度仅为0.16毫米，完成焊接允许的时间误差不超过0.1秒，为了不放过"一眨眼"的功夫，他硬是练就了"如果这道工序需要10分钟不眨眼，我就能10分钟不眨眼"的绝技！

"没什么秘诀，不过就是两个年轻人面对面瞪着眼，打赌比比看谁坚持的时间更长罢了。"在高凤林如今的谈笑背后，是饱经岁月的淬炼。

——20世纪90年代，亚洲最大"长二捆"全箭振动塔的焊接操作中，高凤林长时间在表面温度高达几百摄氏度的焊件上操作。他的手上，至今可见当年留下的伤疤。

——国家"七五"攻关项目、东北哈汽轮机厂大型机车换热器的生产中，为了突破一项熔焊难题，半年时间里高凤林天天趴在产品上，一趴就是几个小时，被同事戏称"跟产品结婚的人"。

在汗水的浇灌下，高凤林练就了出神入化的"神技天焊"。

第六章　创造性劳动与创新创业

【章首导读】

　　近年来，大学生的就业形势越来越严峻。大学生若想获得更好的职业发展，除了提高自身专业技能与素质之外，还需要对自己的职业生涯进行合理规划。当今，具有创新意识的大学生通常会拥有更好的职业发展前景。对于一些能力较强的大学生，则应该跳出一心求职的窠臼，在条件合适的情况下积极开展创新创业，从而让自己的职业生涯得到跨越式发展。从中国互联网科技、金融科技、医药生物、人工智能等新经济发展来看，大学生一旦创业成功，就会得到极高的回报。对企业来说，通常也愿意招聘更有创新意识的大学生，希望通过创新渠道推动企业获得更大的发展。国家和政府也鼓励大学生创业并提供政策、经济等多方面支持，毕竟大学生创业不仅能够解决自身就业问题，还能够为社会创造诸多就业岗位。

　　本章主要介绍了创造性劳动的内涵，明确了大学生进行创造性劳动的意义，并为大学生指明了提高创造性劳动能力的学习路径；介绍了劳动与创新创业的内涵，明确了大学生进行创新创业学习的意义，阐述了国家对大学生创业的政策支持，引导大学生学习创新创业的必备技能，实现从劳动者向创业者的跳变。本章的目的是引导大学生通过提高自己的创新素质与创业能力，从而在就业与创业中具有更强的竞争力。

第一节　创　造　性　劳　动

　　人本身的产生，不仅仅是简单重复性的劳动，更重要的在于创造性地进行劳动。人类各种生存、生产、生活能力水平的发展，与创造性劳动的发展进步是相统一的，归根结底是创造性劳动发展的产物。人类思维、思想、精神面貌的发展，归根结底都是创造性劳动发展的产物。创造性劳动的产生和发展是客观趋势，是不以人的意志为转移的，人类就是从低级、低效、机械、重复的劳动中慢慢解放出来的。可以说，创造性劳动，是比社会分工更重要的人类生存发展的要素。判断社会的标准，判断社会的活力，归根结底就是从方方面面考察是否有利于创造性劳动的进步发展。每一次的科技大革新、技术大变革，必然带来创造性劳动的大发展，随之而来的是人类社会更快地逐步摆脱各种低级、低效、简单的劳动，人类的精神面貌也会出现变革性的进步。

一、创造性劳动的内涵

(一) 创造性劳动的概念

1. 创造性劳动即创新劳动

创造的本质属性是创新。创造性劳动就是创新劳动，是突破劳动惯例的思维方式、生产方式、组织方式，创造与运用全新的思维观念、科技知识、工艺设计及方式方法所进行的创造性劳动；就是发现、发明和创造人类在质上尚未有或部分尚未有的新使用价值的劳动；也即通过人的脑力劳动萌发出技术、知识、思维的革新，从而高效提升劳动效率、产生出超值社会财富或成果的劳动。

创造性劳动建立在开放性思维和挑战性实践的基础之上，是不断探索创新的过程。创造性劳动包括原创性劳动与非原创性劳动。马克思主义经济学认为，所有社会必要劳动都会创造使用价值和价值，原创性劳动与非原创性劳动都是社会必要劳动，都能创造使用价值和价值，它们都是创造性劳动。因此，创造性劳动可以界定为创造社会价值的劳动。创造性人才进行创造性劳动能够在同等的社会劳动时间内生产出加倍的价值和使用价值。

2. 马克思的劳动概念体现了"创造性"的核心

在马克思看来，劳动并不仅仅是人的生存手段，同时也是人的创造性能力展现的过程，包含着美学的维度。创造性是马克思劳动理论中不可或缺的维度，也是马克思劳动理论中的关键因素。因此，严格意义上说，马克思的劳动概念又可以称为创造性劳动。马克思从两个方面对劳动进行了论述，即"人类学意义上的生产劳动"和"政治经济学批判意义上的雇佣劳动"，二者缺一不可。它们都包含着马克思对劳动创造性的阐释。

(1) 劳动是人的本质体现。

劳动反映了人与自然的关系，它既体现在人的生命活动中，也体现在人的生产活动中。由于人的生命活动是有意识的生命活动，生命活动不仅体现着人的生存现状，同时也构成人"自己意志和自己意识的对象"，构成人的认识对象和改造对象。由此，生命活动表现出强烈的自我能动性。是否与自己的生命活动直接同一，成为人与动物的一个重要区别。劳动，或者说"自由的有意识的活动"构成人的本质。

人的本质力量的展开过程就是人的对象性的活动过程，是人对现实的、感性的对象进行占有、改造的过程。通过这个过程，人既实现了对自身的认识和确证，同时也实现了对自然界的占有和创造。由此，自然界成为人化的自然界。劳动，也只有劳动赋予"人"以现实的意义。在此问题上，马克思高度评价了黑格尔，认为黑格尔看到了劳动对人的自我产生所起到的重要作用，并"抓住了劳动的本质"。因此，在黑格尔那里，劳动与人的关系基本上是这样的，"劳动决定着人的产生及其本质"。但是，与黑格尔不同的是，马克思对劳动强调的是建立在现实的、感性的人的活动，而非自我意识的运动基础之上。

马克思一方面强调劳动是现实的"人"的劳动，另一方面又强调劳动是人的现实的对象性活动，是人借助劳动工具对自然界有意识的改造过程，是一种物质生产活动。而人的自我实现正是在这种生产活动中获得的，也只有通过生产活动，"人"才真正成为可能。"人之所以是活生生的，只是因为他是进行生产活动的，……如果人不进行生产活动，如果人是消极的、被动的，那么他就什么也不是了，他就死了"。在生产活动中，人集中表现了人的生命活动的性质，即，"自由的有意识的活动"。人不是在满足肉体生存需要的层面上进行活动的，相反，人的创造性，人对自然界的占有以及改造都在生产活动中表现出来。

(2) 劳动概念中包含着创造的维度。

从人类历史来看，直到文艺复兴时期，创造性才被赋予到艺术品创作之中，并真正与"人"联系到一起。在此之前，"创造"是排斥"人"的，它更多地意指无中生有。这种能力被认为是专属于上帝或造物主，而非人类。到19世纪时，通过艺术这个媒介，创造性与"人"的结合更加紧密，并且越来越被指代为新事物的产生。"创造性变成了新事物的制作，而不是从无中做出东西来"。在此过程中，"人"的地位和作用不断得到凸显，并且，创造性逐渐被视为"人"的内在属性。

而将劳动与人性结合起来，将劳动与创造性结合起来，并高度评价劳动的创造性则肇始于17、18世纪。正是在这一时期，现代意义上的劳动概念开始成为主流，并被认为是"实现人生的组成部分"。无论是在古希腊哲学的视野中，还是在中世纪神学的观点中，"劳动"的含义基本上都是可鄙的，且缺乏创造性。"劳动"概念更多地同惩罚、痛苦、艰辛等含义联系在一起。此时，"创造性"的维度在劳动概念中是不存在的，或者说是还未被意识到的。到18世纪时，"劳动"概念在哲学和经济学两个领域都获得了积极的建构意义。在哲学领域，以达朗贝尔和狄德罗为代表的启蒙思想家开始将劳动从惩戒、苦难等含义中剥离出来，而以康德为代表的德国古典哲学家们则将劳动提升到生命意义的层面，认为劳动支撑起我们的生命价值和生活意义。在经济学领域，劳动创造财富和价值的观点在亚当·斯密那里开始得到阐释。通过劳动，自然产品的价值获得增值。而且，劳动这种能力似乎是无穷尽的。

马克思认为，"创造"是劳动概念一个重要的、不可或缺的维度，它与"生产"和"满足"共同构成了劳动概念的整体。马克思一方面强调劳动并非仅仅是为了维持生命体的存在。诚然，从劳动产品的角度来看，物质生产活动首先要满足人类的生存需求，但在马克思看来，生存需求的满足并非劳动的唯一目的。劳动的产物并非只有劳动产品，人的丰富性和完整性，人的普遍性也是通过劳动来确立的，劳动具有建构的作用。在这一点上，阿伦特认为马克思的"劳动"仅仅指代"生产维持生命体必需的物质的手段"显然是有失偏颇的。另一方面，物质生产活动不仅包含着人对自身的确认，而且还包含着人的创造性维度。物质生产活动也是人的创造力不断展现的过程。通过物质生产活动，人的本质的展开，人的创造性能力由潜能变成现实，才真正以现实的、感性的样态呈现出来。当人通过劳动改造自然的时候，人不仅改变了自然，而且也改变了自身。这既是人通过自身的创造力改造自然的过程，也是不断展现人的创造力的过程。同时，劳动意味着人跳脱出"种的尺度"所带来的自然的束缚。"动物只是按照它所属的那个种的尺度和需要来构造，而人懂得按照任何一个种的尺度进行生产，并且懂得处处都把内在的尺度运用于对象，因此，人也按照美的规律来构造"。人的自由自觉的类本质并非对人的行为的固定，恰恰相反，在这种创造性劳动中，人的类本质才真正表现出来。

(3) 劳动塑造世界。

通过劳动，人对世界的改变和改造过程同时也是对世界的重塑过程。对于人而言，世界逐渐成为人造的和属人的世界。因此，马克思指出，"整个所谓世界历史不外是人通过人的劳动而诞生的过程，是自然界对人来说的生成过程"。

劳动对世界的塑造从根源上看，是因为人类劳动的创造性，是人在劳动过程中不断将自身的体力、智力等进行对象化的结果。人类历史同劳动之间紧密联系在一起，以至于马克思讲，"全部人的活动迄今为止都是劳动"。劳动与人类历史的联系突出反映在人类社会的发展、进步，乃至社会变迁等过程中。当人类开始从事生产，而非通过狩猎、采集等活动从自然界直接获取生活资料时，劳动便已开启了对人自身，以及对人类社会的塑造过程。"这种活动，这种连续不断的感性劳动和创造，这种生产，正是整个现存的感性世界的基础"。人类世界以何种形态呈现，并发展到何种程度，从根本上取决于劳动这种对象化活动，取决于人类的物质生产活动。

对于人而言，生产物质生活只是其生命的起点。个人通过生产的产品和生产的方式，在满足自己需求的同时，决定着自己的本质。但是，对于人类而言，历史的真正起点存在于"新的需要的产生"，存在于人类的再生产行为之中。由于人类的活动是在继承前代基础之上不断进行创新的，因此，"在再生产的行为本身中，不但客观条件改变着……而且生产者也改变着，他炼出新的品质，通过生产而发展和改造着自身，造成新的力量和新的观念，造成新的交往方式，新的需要和新的语言"。物质生产活动与人的进步之间呈现出一种双向的推动作用。这也就意味着，人的进步是通过物质生产活动来实现的，随着劳动过程的不断开展，人的能力也不断得到锻炼和提升。同时，人的进步意味着人的创造性能力得到进一步提升，这种提升又会不断推动人的再生产活动，不断推动人的创造性活动向前发展。这也在一定程度上预示着，人的解放只有通过劳动才能实现。而人类社会的状况则是由一定社会历史条件下人类的生产力水平决定的，这种生产力水平是通过人们在劳动中的共同活动方式表现出来的，同样，人类社会的发展和进步也离不开这种共同活动方式的推动作用。

对马克思劳动理论的论述如果止于此处，我们将会发现，马克思同佛罗里达在创造性劳动问题上有着太多的相似性，二者的核心精神似乎是一致的。马克思和佛罗里达都强调创造性劳动同人的本性联系在一起，并且都认为创造性劳动将会引向人的解放。然而，这种假象必须建立在一个重要前提之上，即排除马克思对资本主义异化劳动的批判。也恰恰是这一重要前提，从根本上决定了马克思与佛罗里达创造性劳动概念的不同。当佛罗里达认为创造性劳动能将人从异化劳动状态中解放出来时，马克思却恰恰认为只有通过消灭异化劳动，创造性才能成为现实。

(二) 创造性劳动的特征

1. 挑战性

创新本身就意味着挑战。创新劳动要创造人类在质上尚未有或部分尚未有的新使用价值，这本身就是对人类历史的一种挑战，就是对所要取代的"旧质使用价值"的挑战，也就是对相关重复劳动的挑战。这无异于认为"旧质使用价值"即将终结，也无异于认为批量生产这种"旧质使用价值"的重复劳动即将终结。反之，重复劳动则不具挑战性，任何重复劳动都是对一定创新劳动及其创新成果的肯定。对于创新劳动，这种挑战性既是贯穿始终的，又是全方位的。无论是创新的开始，还是创新的过程以及创新的结果，都将充满挑战性。同时，创新劳动者要完成一定创新，无论是在思想、观念、理论上，还是在知识、手段、实践上，都具有挑战性。挑战性造就了创新劳动者、创新劳动和创新成果的特殊品格。可以说，这是创新劳动者之所以是创新劳动者、创新劳动之所以是创新劳动、创新成果之所以是创新成果的第一特点。

2. 风险性

如果创新意味着挑战，挑战意味着风险，那么创新也意味着风险。由于任何创新劳动都要创造一种人类在质上尚未有或部分尚未有的新的使用价值，都是对一定重复劳动及其生产的旧的使用价值的挑战，因而必然带来风险。反之，由于重复劳动不具挑战性，因而也就不存在这种风险。作为创新劳动者，不仅要具有敢于挑战的品格，而且还要具有勇担风险、善经失败的胆识和可容挫折、承受打击的心理空间。人类的创新实践反复证明，在创新劳动特别是重大创新的劳动过程中，在任何一次失败，哪怕是在成功前的最后一次失败面前怯阵、止步，"新的使用价值"也不能最终产生，甚至会导致整个创新劳动的失败。成功属于不畏惧失败的人。

3. 革命性

创新劳动，不仅具有挑战性和风险性，而且具有比挑战性、风险性更为重要的革命性。作为创新劳动者，不仅必须具有挑战性和风险性品格，而且也必须具有革命性品格；否则，不仅不能取得创新成果，而且也不可能从事创新劳动。革命性是贯彻到底的挑战性和风险性。同时，从创新劳动的结果来看，与创新劳动的挑战性、风险性相伴相生的不仅是一般性的高回报，而且作为其回报的成果还必然具有革命性；甚至在使用价值和综合价值意义上，只要没有革命性或部分革命性的回报成果，无论其回报率多么高都不能称为创新劳动成果，并且不仅不能成为原生性创新劳动成果，也不可能成为继发性创新劳动成果。无论是马克思、恩格斯，还是其他取得伟大成功的创新劳动者，都把创新看作历史上一种革命的力量。从挑战性到风险性、再到革命性，贯穿于创新劳动的开始、中间、结果等整个过程。对于创新劳动来说，若没有革命性，其挑战性、风险性就失去了最终目的和实际价值，也就不会是真正的创新劳动。

这些特征揭示了尊重和推崇创新性劳动的原因，创新性劳动就是要激发亿万劳动者的创新自觉与活力，把蕴藏在工人阶级和广大劳动群众中的无穷创新创造活力激发出来。高职院校要加强劳动教育和创新创业教育，加快完善创新激励政策，营造鼓励大学生创新的校园文化，为那些想创新、能创新的大学生提供更多样的机会和更广阔的舞台，推动实现"人人皆可创新，创新惠及人人"。

(三) 创造性劳动的表现形式

创造性劳动的表现形式就是技术、知识、思维的革新，就是进行有目的的创造性劳动。通常我们所讲的，人们的自主劳动、高科技含量劳动和成果回归等劳动，都应该属于创造性劳动的范畴。总体来说，人类创新劳动的形式不仅可以概括为创新劳动和重复劳动两大类，还有两种不同情形，即原生性创新劳动(或完全性创新劳动)和继发性创新劳动(或部分性创新劳动)。

原生性创新劳动是发现、发明和创造人类在质上完全尚未有的新使用价值的劳动。因为首次产生使用价值，故称之为原生性创新劳动。其成果往往是一种质上全新的使用价值，故又称为完全性创新劳动。现在思想理论、科学技术以及文学艺术等领域所说的"原始创新""源头创新"，也就是常被人们说起的"原创"，就产生于原生性创新劳动，属于原生性创新成果。

继发性创新劳动是发现、发明和创造人类在质上部分尚未有的新使用价值的劳动。它不是使用价值的首次产生，而是在已有创新劳动成果基础上的继续发现、发明和创造，所以称之为继发性创新劳动。其成果往往不是一种质上全新的使用价值，而只是一种质上部分新的使用价值，故又称为部分性创新劳动。古今中外，人们在政治、经济、军事和思想、科技、文化等方面对原有创新劳动成果进行的修正、改进、提高和补充、丰富、发展等，大体上都属于继发性创新劳动和继发性创新成果(见图6-1-1)。

图 6-1-1　大学生的创新劳动成果

人类的第一件石器、第一件青铜工具、第一个铁制品武器、第一架蒸汽机、第一台发电机和电动机、第一部电子计算机，都是人类原生性创新劳动发现、发明和创造的成果，即原生性创新成果；在这一系列"第一"的基础上加以改进、提高和发展的产品，则是人类继发性创新劳动发现、发明和创造的成果，即继发性创新成果。人类的创新史已证明，原生性创新劳动及其原生性创新成果和继发性创新劳动及其继发性创新成果，都是客观存在的。无论是哪一种，劳动的创新属性都体现了创新是人的本质属性，每个人都有创新的可能。

如今的中国，已经进入了追求技巧劳动、脑子劳动、知识劳动等靠创造性劳动而带来人类进步与发展的时代，创造性劳动的价值得到了充分的尊重和弘扬。一个社会，只有弘扬起创造性劳动光荣的良好风气，才能实现体面劳动的愉悦，才能实现社会财富的不断增长。劳动形式和内容的进步与变化，表明了创新劳动在时代发展中的进步价值。社会在发展，劳动方式在变，创新劳动所体现出的社会价值及内涵会更加深刻。

二、创造性劳动的意义

众所周知，马克思主义经济学的根本在于劳动的概念，劳动通常是指人在生产过程中有目的地支出劳动力的活动，是人维持自我生存和自我发展的唯一手段。而创新是以新思维、新发明和新描述为特征的概念化过程，是劳动的基本形式，是劳动实践的阶段性发展。基于科学的人类进化、自我创造的发展学说的经济学思想，是来自人类自我内在矛盾创造的实践思想。劳动的基本矛盾关系是生产工具与劳动力，劳动力与生产工具的发展才推动了生产力整体的革命性进步。所以，社会学家艾君指出，我们"倡导创新劳动，也是因为创新劳动能够创造满足人们新型需要的新型使用价值。倡导创新劳动，也就在于创新劳动能带来劳动者自我素质的提高，换言之，劳动者素质提高的标志，应该就在于具有自我劳动素质的创造"。

(一) 适应我国生产、科技的快速发展

创造性劳动推动社会经济迅猛发展。科学技术是第一生产力，科学技术上的发明创造引起劳动方式和劳动工具的快速迭代、劳动环境的巨大变化、劳动效率的迅速提高。艾君在《时代需要创新劳动》一文中认为，实际上，新中国成立以来，创新劳动的价值得到了党和国家的充分重视，也得到了社会的广泛尊重。农业上原来以手工、畜力、农具为主的"面朝黄土背朝天""三十亩地一头牛"的劳动转变成电子、原子能、遥感技术等参与的智慧农业劳动，工业上由"出大力，流大汗"的体力劳动和重复性劳动转变为机械化、自动化、信息化程度越来越高的现代新型工业，这对劳动者素质提出新要求。我国要实现农业和工业现代化，需要更多高素质的生产经营型、专业技能型和社会服务型的新型职业农民，需要更多"知识型、技术型、创新型"的劳动者进行技巧劳动、脑力劳动、知识劳动等创造性劳动。近几年来，我国工会组织在开展劳动竞赛的企业普遍建立技能人才(劳模)创新工作室，对在劳动竞赛中涌现的"技术比武能手""技能大赛状元""先进操作法"等竞赛优胜者，都要按规定晋升技术等级，给予相应的物质奖励，并优先推荐评选各级"劳动模范""五一"奖章等。这一切都是对创新劳动价值的尊重，也是对创新劳动的弘扬。

2011年两会期间，国家领导人的工作报告中指出，要加快产业结构调整和自主创新。这说明，中国已转型进入"产业结构调整和自主创新"的新时代，更需要中华儿女的创造性劳动。时代的中国，进一步探索社会主义的创造性劳动价值具有鲜明的实

践性、时代性和历史必然性。可以说，创造性劳动是社会进步、社会文明的标志(图6-1-2)。只有倡导创造性劳动，才能使我们民族更加具有文明的智慧，才能促使人类社会向着美好的明天去奋斗。

图 6-1-2　创造性劳动所建立的现代文明

(二) 我国经济社会发展的使命呼唤

创造性劳动是新时代建设创新型国家的发展战略需要。创新是引领发展的第一动力，人才是支撑发展的第一资源。创新是技术更新、经济增长和社会进步的源泉。当前，我国经济发展进入新常态，要实现从制造大国向制造强国转变，从传统制造业向现代智能化制造业转变，需要大量有文化、懂科技、会创新的新型劳动者，以有价值的改进和革新不断推进产品提质升级、推陈出新；同时，需要以新的管理方式不断促进提质增效。《教育部关于深化职业教育教学改革全面提高人才培养质量的若干意见》(教职成【2015】6 号)提出，"把提高学生职业技能和培养职业精神高度融合。积极探索有效的方式和途径，形成常态化、长效化的职业精神培育机制，重视崇尚劳动、敬业守信、创新务实等精神的培养。"2016 年，国家人社部和财政部在《关于深入推进国家高技能人才振兴计划的通知》(人社部发〔2016〕74 号)中提出，"'十三五'期间，国家高技能人才振兴计划要紧紧围绕人才优先发展战略和创新驱动发展战略，……培养造就一大批具有高超技艺、精湛技能和工匠精神的高技能人才，稳步提升我国产业工人队伍的整体素质。"中共中央、国务院关于全面加强新时代大中小学劳动教育的意见(2020 年 3 月 20 日)指出，"通过劳动教育，使学生能够理解和形成马克思主义劳动观，牢固树立劳动最光荣、劳动最崇高、劳动最伟大、劳动最美丽的观念；体会劳动创造美好生活，体认劳动不分贵贱，热爱劳动，尊重普通劳动者，培养勤俭、奋斗、创新、奉献的劳动精神。"大学生应顺势而为，不断完善自身成长目标体系，将自己打造成具有创新精神和创新能力的复合型人才。

技师技工的强国才能打造工业强国。大学生应该具有"干一行，爱一行，专一行，精一行"的工匠精神，这是高素质复合型人才的必备技能之一，也是我国经济社会发展对人才提出的必然要求。大学生应适应生产、建设、管理、服务第一线需要的德才兼备、全面发展的高素质创新型技能人才要求，自主增强创新意识，训练创新思维，加强创新实践能力，提高创造性劳动能力。

(三) 适应未来社会发展的素质需要

创造性劳动能力是大学生适应未来社会发展的核心职业素质之一。未来创新型社会的劳动是脑力劳动与体力劳动有机结合的劳动，需要人的创造性劳动和重复性劳动，创造性劳动是先进生产力的代表，重复性劳动是创造性劳动的再现。未来的重复性劳动将越来越多地被机器人取代，未来的劳动者也将越来越多地从事创造性劳动。而创造性思维是未来劳动者理想的基本素养。优秀的创造性思维品质的培养离不开劳动，因此，大学生进行创造性劳动能力学习，不仅仅在于让自身"苦其心志，劳其筋骨，饿其体肤，空乏其身，行拂乱其所为"，更重要的是发掘自身创新潜力，发展创新个性，培养创新精神，提高创造性劳动思维能力和实践能力，以适应未来社会发展对人才的素质需要。

三、新时代大学生创造性劳动能力的学习路径

新时代背景下，大学生进行创造性劳动不仅需要具有丰富的知识、经验、能力和方法，而且需要创新型的非智力因素。鼓励大学生进行创造性劳动能力学习的真正价值在于在劳动实践中自我唤醒、自我激发创新意识，提升自身创新素质和创新能力，大学生要主动通过开展创造性劳动的使命责任感学习、创造性思维学习、创造性人格学习等来实现。

(一) 突破思维定势，更新学习观念

1. 走出思维误区

我们的观念决定我们所看到的世界。大学生由于自身的学识水平、经验技能等技术性基础的欠缺，对自身能否进行创造性劳动存在认识误区。主要表现为，一是偏见性认知，认为创造性劳动高端神秘，创造性劳动是科学家、高级技术人员、博士生或研究生等少数杰出人才的专利；二是自卑性认知，主观武断式地进行自我归因，认为高职教育是低层次的，创造性劳动不属于高职教育层次，高职生文化水平不高，难以创新。这些经验性的偏见认识和惯性思维误区成为思维的枷锁，阻碍新观念、新方法

的形成，成为大学生自主进行创造性劳动学习的障碍。

创造学的创始者奥斯本说："人人都有创造性"。创造和创新的本质是相同的。创造是创新的起点和基础，创造性劳动可以是解决新问题、进行新组合、发展新思想和新理论。创新具有普遍性，表现为，一是创新无处不在，创新有更新、创造新的东西和改变三种形式，创新出现在各个领域、各个行业，涵盖社会的所有职业和方方面面；二是创新无时不有；三是创新人人皆有。创新是劳动者的本质属性，每个人都具有创新的潜能。我国无数"大国工匠""金牌工人""首席技师""首席员工"的创新技能和创新实践技术让我们感受到创新不是神秘莫测、高不可攀的。"蓝领专家"孔祥瑞、"高铁焊接大师"李万君、"雕刻火药的大国工匠"徐立平、"航空手艺人"胡双钱、"抓斗大王"包起帆等诸多大国工匠点燃了许多工匠的创造热情，推动形成了尊重劳动、崇尚技能、鼓励创造的社会风尚，给我们主动进行创造性劳动能力学习以实践力量。大学生自主进行创造性劳动能力学习的主要任务就是要激发自身蕴藏的创新潜能，养成优秀的创造性品质，核心是培养创造性思维能力。这需要大学生们树立人人可创新、处处可创新、时时可创新的理念。创新源于实践，实践反哺创新。在学习实践中，大学生要不断学习以培养自己的独立性、辩证性、超越性、多向性、综合性等创造性思维。

2. 塑造"道""术"兼学的观念

"道"是中国古代思想的最高范畴，它是把握世界整体性的天道，也是体察人世的"人道"，是引领做事的价值遵循。

知识、技能与态度是职业能力的三要素。大学生要主动规避当前高校中存在重"术"轻"道"的观念和行为，以及由此导致的知识、技能与态度相关学习活动开展的失衡现象。比如，一些大学生受教育环境、教育氛围的影响，认为上高职院校就是要学习专业技能，所以在实际学习过程中只注重技能训练，而忽视职业精神的学习，他们把大部分精力都放在了有形的专业知识和专业实践课程的学习上，不追求工匠的技能境界，轻视或忽视理念、精神、人文素养等的学习；过分关注以就业为导向下的专业技术的成熟程度，而对创造性劳动观念和精神的学习重视程度不够。

大学生要主动适应新时代对知识型、技能型、创新型劳动者的客观要求，走出"唯技为重""技能至上"的认识误区，树立"道""术"兼学的观念。"道"与"术"的关系在于"以道御术"，意为以道义来承载智术，也是人的驾驭之道、进取之道、防御之道。"道"追求的是一种整体化的和谐，"术"追求的是一种纷争态势里的输赢。大学生要想成为全面发展的复合型高素质技能人才，就必须要树立高超职业技能和优秀职业精神学习并重的观念，塑造自身成为高素质工匠人才的"道"的价值观，诸如精益求精的专业精神、追求完美的专一精神、水滴石穿的敬业精神、开拓进取的创新精神等，力争将自己打造成匠德、匠心和匠技和谐统一的工匠人才。

3. 养成良好的思维习惯

创造性劳动能力的学习不仅要强调知识和技能的积累，更要注重知识的迁移和触类旁通。围绕生产、建设、管理、服务第一线对高技能应用型人才的动态需求标准，大学生需要不断拓宽自身的知识面，优化知识结构，养成独特性、变通性、流畅性、交叉跨界性思维习惯，需要处理好以下关系：

(1) "一"与"多"的关系。哲学上，"一"与"多"两者关系是相互依存和相互转化的。"一"包容"多"，又统帅"多"；"多"中包含"一"，又统一于"一"；在"多"中又要"执一""守一"。大学生在进行创造性劳动能力培养的学习活动中，要处理好统一性与多样性的关系。统一性存在于多样性之中，并通过多样性表现出来；多样性中包含着统一性。因此，要突破高校、教师在开展创造性劳动思维、精神等方面的局限性，充分开展自我学习；突出学习主体性，努力将学校教育与自身学习相结合；开展阶段性、团体性学习，展示自身特色，以个性和团队协作相结合的形式来进行创造性劳动思维和创新性实践的学习活动。

(2) 知识积累与能力、素质培养的关系。素质是能力的基础，能力是素质的表现。学习知识是发展能力的基础，发展能力是学习知识的最终目的。创新素质是新时代复合型人才的核心素质之一，是适应未来社会发展的核心竞争力。为此，大学生要在学习过程中大胆开拓创新，努力将所学的专业知识和素质成长内容相结合，以进一步激发、发展自身潜能和创造力。

(二) 提升自身综合素质，努力构建开发自身创新潜能知识结构

大学生进行创造性劳动能力的学习，要以"提升自身综合素质、促进个人全面发展"为目标，要持续性地进行综合素质提升的学习活动，不断积累知识、锻炼能力、修炼人格，并将其与自身个性、优势有机结合。大学生在学习中要时时处处抓住以创造性劳动能力的学习为核心，不断拓宽专业口径，在学习中要人文学习和技术学习相结合，注重综合性基础知识的学习，构建开发自身创新潜能的知识结构，实现自身全面发展与自身个性化发展的统一、专业知识学习与和创造性能力学习的统一。

(三) 借助高校良好人文环境，形成创造性学习共同体

人类学家玛格丽特·米德从文化传递方式的差异出发，将人类文化发展过程划分

为前喻文化、并喻文化与后喻文化。在信息时代，青年学生拥有丰富的信息使其彼此间进行"互哺"成为可能，不同年级的学生之间出现互喻教育，学无先后，达者为师。学习活动本身也是一种交往活动，大学生在平等的基础上相互交流、沟通、学习、启发，相互对话、理解和认同，通过大学生的无障碍式互动，可以共同促进知识的增加和创造性思维能力的提高。所以，借助高校良好的人文环境(图 6-1-3)，大学生可以创设平等和谐、开放合作的良好团体学习氛围。大学生可以自主参与所学知识的建构以及学习活动的组织，大学生的经验、感受、见解、问题、困惑等都会以主流形式凝聚起来并互相影响，形成学习合力，从而变相完成了创造性劳动能力学习的相互促进；大学生还可以在团体学习中欣赏到其他同学的学习创意，体会不同的学习情感，获得不同的学习体验，可以自信而平等地进行思维交流，引发讨论，找到思维闪光点，进而启发自身创新思维，培养自身创新个性。

(a) 展示一

(b) 展示二

(c) 展示三

(d) 展示四

(e) 展示五

(f) 展示六

(g) 展示七

图 6-1-3　高校良好的人文环境

(四) 充分利用课堂，开展探究性创新学习活动

　　学习是学生主动用现有的知识结构去同化或顺应外部世界的过程，是学生自主建构知识意义的过程。大学生的学习场所和时间大部分都集中在课堂，所以，大学生自主进行创造性劳动能力的学习，需要充分利用课堂。另外，高校进行课堂教学改革后构建的新型课堂，使大学生充分利用课堂，开展探究性创新学习活动成为了可能。

　　大学生要充分利用课堂从"知识核心"向"学生素养核心"转变，将大学生的创新意识和创新思维的培养作为关注重点的转变，从把以"目标—达成—评价"为主的程序型课程向以"主题—探究—表现"为主的项目型课程的转变，鼓励多开展基于问题的教学、参与型教学与基于项目的主题教学的转变，多采用问题式、参与式、项目式、互动式、案例式等多种教学方法创设情境体验的转变，这些转变都在突出创新过程的魅力与价值，突出学习过程中的探究和创新特质。大学生要结合自身的心理特质，诸如好奇心理、好胜心理，开展"大胆假设，小心求证"的假设推理思维能力学习；诸如对事物的怀疑心理，进行逆向思维能力和质疑精神学习；诸如探究心理，对现有的材料、内容加以分析研究，对已有的结论、解法或答案加以否定而另找新解法、新答案，也可以对习惯上认为是对的结论、成语、典故等加以质疑，以求得发现新问题，揭示新见解，找出新答案，讲出新道理……

大学生应主动通过课堂参与及自身特质不断变换思维方式和角度，训练自身思维的广阔性、灵活性、变通性和深刻性，从而完成从知识接受者到知识创造建构者的转变，也可以在新型课堂上充分感受创新思维的增长和创新人格完善的快乐，还可以在思维训练、感受体验、游戏娱乐、表演决赛、信息交流、竞赛参与、自我展示、演讲辩论等活动中激发创造热情。

（五）利用外部评价体系，增强自信

评价本质上是一种价值判断，评价本身具有导向激励功能、调控改善功能、鉴定区分功能。评价的目的不在于证明，而在于改进。大学生要充分利用高校教师评价、学生评价等自身以外的评价体系，进一步开展创造性劳动能力的学习，尽可能体现灵活性和多样性，努力实现从一元化学习模式向多元化学习模式转化、从封闭式学习模式向开放式学习模式转化，从重视结果评价向重视过程评价转化，强化自身对所学知识认识的运用能力和分析社会生活的能力；建立自身发展观，自评与他评相结合，多渠道交流信息，促进思维的开放性、创新性和多样性；充分展现自身个性和优势，建立自信，进而增强自信。

（六）协同学习，开发创造性思维能力学习多平台

马克思在《1857—1858年经济学手稿》中，曾把人类把握世界的方式分为四种，即科学理论的、艺术的、宗教的和实践精神的。"生产劳动同智育和体育相结合，它不仅是提高社会生产的一种方法，而且是造就全面发展的人的唯一方法。"创造性劳动能力的学习要与德智体美劳等各项学习活动联系在一起。大学生在参加学校、学生社团、班集体组织和实施的各项课外活动时，要全心参与，积极寻找联系，突出契合点，使体力劳动和思考融为一体，把抽象思维、创新思维与劳动活动结合起来，特别是寻找劳动活动中的创新元素，在感兴趣的基础上，创造性地参与到活动当中，借以激发自

身求知欲和探索精神，锻炼创新思维，增强创造能力。

1. 与思想政治学习共融的创造性劳动能力学习活动

(1) 学习科学的思维方法。大学生在思想政治理论课程学习中学到的马克思主义辩证唯物主义思维方式，经济基础与上层建筑之间关系理论，内、外因影响因素的科学理论，以及一系列的科学的哲学思维，都可以自觉运用其认识、分析、解决问题，实现对原有知识经验、理论观点和方法的超越和突破，对本质规律、发展方向和趋势的预测，凝练成为自身哲学素质，为创新创造活动奠定基础。

(2) 塑造创造性人格。大学生通过思想政治教育学习，可以增强自身的创新意识，激发创造欲望，提高创造热情，坚定创新意志。积极主动地去研究新情况，寻找新方法，解决新问题；以积极向上的态度和坚韧的意志品质面对各种挑战和困难，从而为其创新创造活动提供持久、强大的精神动力。

2. 与专业文化共生的创造性劳动能力培养学习活动

大学生进行专业学习是创造性劳动能力学习的基础，也为创造性劳动能力的学习提供理论知识基础和开展学习活动的学科平台。大学生可立足专业特色，搭建创造性劳动能力培养的学习平台，增加创造性劳动能力学习与专业文化学习的协同性。

(1) 加强专业课程中创新精神和创造性思维的学习。目前，各高校都已经开展了不同深度的教学改革，课堂教学也从传统的讲授方式向多样化的教学方式进行了转变，大学生的创新思维训练得到了进一步的重视，越来越多的专业课程中鼓励大学生综合运用所学知识，运用创造原理和创造技法进行深入思考和知识迁移，引导大学生观察、分析客观事物，解决实际问题。因此，大学生要充分利用此学习契机，加强专业课程中创新精神和创造性思维的学习。

思维的起点是思维的动力。马克思曾说："一个时代的迫切问题，有着和任何在内容上有根据的因而也是合理的问题的共同命运：主要的困难不是答案，而是问题。"大学生要善于把专业课程学习内容与社会现实以及生活实际、思想实际结合起来，积极进行学习、思考、探究、联想和再创造，进一步培养自身的创新思维能力。

(2) 以课程实训和专业实习为切入点，开展创造性劳动体验学习。在专业课程实训和专业实习过程中，大学生可以切实深入产业一线，了解新技术、新产品、新能源、新工艺，真正从实践劳动中感悟创新精神和创新实践，体会"首创精神""创造伟大"的劳动精神和劳动价值。

(七) 与校园文化同行的创造性劳动能力学习活动

校园文化是学习活动的重要途径，也是检验学习效果的重要平台。大学生要充分利用校园中开展的系列特色校园文化活动，诸如劳动课与科技节、创新创业大赛等活动，积极参与其中，以抓住每一次学习和实践机会。大学生参与竞赛，可以以赛促学、以赛促创，有效进行创造性劳动能力的学习；参与创新为主题的专题讲座和交流研讨会，可以促使大学生将自己理想中的"小发明、小创意、小设计、小点子、小窍门"付诸实践，并在实践中加以检验，诸如此类的校园文化活动，大学生都可以在参与中增强创新意识，体悟创新精神，培养创新思维，锤炼创新意志，训练创新思维，增强创新本领。

(八) 与企业文化同向的创造性劳动能力学习活动

目前，各高校都已经建立了校企合作机制，各专业基本都有了合作企业，大学生可以参与到高校开展的"请进来，走出去"的教育实践活动中，在企业生产和管理实践中接受企业文化、企业家精神的熏陶，感悟企业的创新实务以及企业家的创新精神和创业策略；通过聆听知名企业家、技能大师、能工巧匠和劳动模范、优秀毕业生的报告，通过面对面的座谈交流，大学生可以深刻体会"劳动光荣、技能宝贵、创造伟大"的丰富内涵，通过榜样示范和引领，大学生会更加爱岗敬业、精益求精、追求卓越。

总之，新时代大学生进行创造性劳动能力学习需要突破思维定势，更新学习观念；学习过程中，还需要努力构建开发自身创新潜能知识结构；需要借助高校良好的人文环境、课程改革后的新型课堂、校园文化活动、校企合作活动等，开展探究性创造性劳动能力的学习，并形成学习共同体，以与时俱进的精神，综合运用多样化方法和途径开展探究性的创造性劳动能力学习活动和实践活动，激发创新意识，增强创造性劳动思维，培养创新素质和提高创新能力。

 【拓展阅读】

焦耳的故事

英国著名科学家焦耳从小就很喜爱物理学，他常常自己动手做一些关于电、热之类的实验。

有一年放假，焦耳和哥哥一起到郊外旅游。聪明好学的焦耳就是在玩耍的时候，也没有忘记做他的物理实验。

他找了一匹瘸腿的马，由他哥哥牵着，自己悄悄躲在后面，用伏打电池将电流通到马身上，想试一试动物在受到电流刺激后的反应。结果，他想看到的反应出现了，马受到电击后狂跳起来，差一点把哥哥踢伤。

尽管已经出现了危险，但这丝毫没有影响到爱做实验的小焦耳的情绪。他和哥哥又划着船来到群山环绕的湖上，焦耳想在这里试一试回声有多大。他们在火枪里塞满了火药，然后扣动扳机。谁知"砰"的一声，从枪口里喷出一条长长的火苗，烧光了焦耳的眉毛，还险些把哥哥吓得掉进湖里。

这时，天空浓云密布，电闪雷鸣，刚想上岸躲雨的焦耳发现，每次闪电过后好一会儿才能听见轰隆的雷声，这是怎么回事？

焦耳顾不得躲雨，拉着哥哥爬上一个山头，用怀表认真记录下每次闪电到雷鸣之间相隔的时间。

开学后焦耳几乎是迫不及待地把自己做的实验都告诉了老师，并向老师请教。

老师望着勤学好问的焦耳笑了，耐心地为他讲解："光和声的传播速度是不一样的，光速快而声速慢，所以人们总是先见闪电再听到雷声，而实际上闪电雷鸣是同时发生的。"

焦耳听了恍然大悟。从此，他对学习科学知识更加入迷。通过不断地学习和认真地观察计算，他终于发现了热功当量和能量守恒定律，成为一名出色的科学家。

（资料来源：快读网）

第二节　劳动与创新创业

随着社会发展，大学生数量增多，当代大学生完成学业之后，需要接受市场化的就业竞争，通过自己的努力获得更好的职业发展空间。当代大学生若是不具备良好的就业技巧，也没有创新创业能力，则很容易在社会发展中遭遇职业生涯挫败，甚至引发人生危机。因此，大学生在高校学习中以及岗位实践中，要有意识地进行创新能力与创业精神学习，从而走出不一样的求职路，赢得更好的职业发展。

一、创新创业的内涵

（一）创新创业的定义

创新与创业是两个概念。创新既是一种思想也是一种行动，而创业就是一种行动，一种将创新思想落实到实践的活动。关于创新思想，在我国远古的神话中可以找到影子，如夸父逐日。我国春秋时期的《大学》："大学之道，在明明德，在新民，在止于至善"，如果说这个"新"可以解释为"亲"，那么它的"苟日新，日日新，又日新"则是明确提出了创新的宏大命题。不仅要如此，而且振聋发聩地提高到"周虽旧邦，其命维新"的高度。将创新与民族的命运、国家的兴衰紧密地联系在一起。关于创业，在我国远古时期的神农氏教人稼穑和盘古开天地，具有原始创业意义的神话色彩。自从 2010 年开始，我国官方文件将其合并使用，有的又称为"双创"。总的来说，创新创业是指基于技术创新、产品创新、品牌创新、服务创新、商业模式创新、管理创新、组织创新、市场创新、渠道创新等方面的某一点或几点创新而进行的创业活动。创新是创新创业的特质，创业是创新创业的目标。具体到当代大学生，是指大学生利用所学的最新专业知识和技能，充分发挥"90 后"和"00 后"综合素质，创办前所未有的新的业务品种和公司的一种学习和经营活动。

(二) 创新创业的关系

创新创业是基于创新基础上的创业活动，既不同于单纯的创新，也不同于单纯的创业。创新强调的是开拓性与原创性，表现为一种特质；而创业强调的是通过实际行动获取利益的行为，表现为一种行为的目标。在创新创业这一概念中，创新是创业的基础和前提，创业是创新的体现和延伸。

(三) 创新创业项目内容

目前我国已经开设国家级大学生创新创业训练计划项目，大学生在高校学习期间要积极响应、参与，走出校门进入职场后也要积极进行实践性创新创业项目，以增强自身的创新能力和在创新基础上的创业能力，以适应创新型国家建设的需要。

大学生可以进行创新创业的项目有：在相关性专业人员的指导下，对市场已有的专利产品或者最新的知识组合加以创造性地改造，制造出将要投入市场的产品，抑或是过渡产品；立足自身企业和自身岗位，以企业增产为目的，在传统产业和产品的基础上进行技术革新与工艺的改造，从而提高工作效率和生产效率，这主要是在原有公司和机构的基础上，充分体现大学生动手能力强的特点，从而促进公司的业务增长和市场开拓；大学生自身为了扩大就业，增强自身的增产能力，结合最新的通信手段和工艺，在体制外以全新的方式从事传统的业务；立足自身，利用自己所掌握的专业知识和自身所具有的创新创业能力，完全利用新的技术、新的理念组建一个从未有过的公司，或者制造市场上没有的新产品。

(四) 创新创业与传统创业的区别

创新创业与传统创业的根本区别在于创业活动中是否有创新因素。这里的创新不仅是指技术方面的创新，还包含管理创新、知识创新、流程创新、营销创新等方面。总体来说，只要能够给资源带来新价值的活动就是创新。在某一方面或者某几个方面进行创新并进而创业的活动，就是创新创业。没有在任何方面进行创新的创业就属于传统创业。

(五) 创新创业的特点

1. 高风险

创新创业是建立在创新基础上的创业，但是创新受到人们现有认知、行为习惯等方面的影响，会面临不被接受的阻碍，因而创新创业会面临比传统创业更高的风险。正如彼得·德鲁克所言：真正重大的创新，每成功一个，就有 99 个失败，有 99 个闻所未闻。

2. 高回报

创新创业是通过对已有技术、产品和服务的更优化组合，对现有资源的更优化配置。能够给客户带来更大、更多的新价值，从而开创所在创业领域的"蓝海"，获取更多的竞争优势，也获取更大的回报。

3. 促进上升

创新创业是在创新基础上的创业活动，创新是创业的基础和前提，同时创业又是创新成果的载体和呈现，并在创业活动过程中，不断优化资源配置、总结提炼，以实现创新的更新与升级。创新带动创业，创业促进创新。

(六) 创新创业与劳动的关系

1. 创新创业离不开辛勤劳动

天上从不会掉馅饼。梦想的花朵，需要用汗水浇灌；美好的生活，需要靠双手创造。而每一位劳动者，只有醉心于自己所从事的劳动，才能充分激发自身的创造创新潜力，让创新创业真正成为改变自己、改变世界的力量。

当然，劳动不是埋头蛮干，更不能投机取巧，必须印刻辛勤、诚实、科学的底色。这意味着，我们不仅要抛弃不劳而获的畸形幻想，而且要坚持辛勤劳动、诚实劳动、科学劳动。当前，日渐丰富的物质生活让一些人滋生了小富即安的满足，更让一些人产生了坐享其成的惰性，懒惰开不出美丽的话，更结不出丰硕的果。所以，当代大学生先要有辛勤劳动的基石，才能在此基础上开拓创新，进行创新创业。

2. 劳动培养创新能力

劳动是实现创新的基本条件，劳动激发创新。创新一直是引领社会发展的第一动力，古往今来，勤劳的人们在日常的劳动中不断认知与实践，无论是田间地头随处可见的耕犁、水车，还是新时代网民津津乐道的高铁、网购，都是人们在生产生活中面对困难，通过劳动解决问题，实现创新与创业的鲜活案例。劳动与创新的关系主要体现为劳动是创新的主要源泉和核心动力。劳动作为人类生存和发展的基础，是生产物质资料的过程，在工业经济时代资源的有限性与经济社会发展需求的无限性之间一直存在日益尖锐的根本矛盾。解决这一矛盾的唯一选择就是劳动创新，特别是科技劳动创新。劳动创新可以通过知识实现以富有资源替代短缺资源、以可再生资源替代非可再生资源，逐步实现对物质资源和能源的节约化和循环化。

3. 劳动培养创业精神

马克思说过："劳动即为人类创造物质或精神财富的活动。"正是因为进行积极劳动、创造性劳动，才会有相应的劳动成果。当今中国特色社会主义进入新时代，创新创业正在成为引领经济发展的动力。随着国家经济的转型发展和国家产业结构的不断调整，大学生创新创业学习与劳动精神学习相融合已成为大学生成长成才的必经之路。大学生只有对创新创业和劳动进行深入融合性学习，才能更深入、更透彻地了解社会、体验社会，才能更好地培养自身的创新意识和创新能力，让自己能更深切地体会到创新创业过程中所获得的幸福感。

4. 劳动是创新成果价值追求和财富分配的依据

现今的知识经济时代，人们对社会价值的追求主要集中在知识上，知识的占有和创新是关键，"按劳分配"的"劳"，不再是非知识性劳动和重复劳动的贡献，而是包括知识创新在内的知识性劳动的贡献；"按要素分配"的"要素"，也不再是资本和物质要素，而是包括科技、文化等在内的知识要素。

5. 劳动是创新人才成长和发展的依托

无论是农业经济、工业经济还是知识经济的发展都离不开人力资本和创新人才。作为知识经济主导和支柱的智能和高新科技产业，必须依靠创新人才，特别是实践创新人才。现在，经过劳动实践而成长起来的创新人才已成为各个国家、各个企业之间竞争的焦点。

6. 劳动提升创业意识

劳动中发现创业机会，劳动带动创业。创业是对自己拥有的资源或通过努力对能够拥有的资源进行优化整合，从而创造出更大经济或社会价值的过程。创业是一种劳动方式，是一种需要创业者组织、运用服务、技术、器物作业的思考、推理、判断的行为。创业不仅需要外在完善的客观条件，还需要创业者有清醒的认识和足够的能力，辨别出创业机会且发掘出其中的价值。

【拓展阅读】

爱做家务有利于创业

创业和做家务有关联吗？这个问题也许很多人都没想过。不过，全球创业周中国站举办的大学生创业论坛发布的一则《上海大学生创业现状调研报告》显示，爱做家务的大学生更有创业热情。

本次调研显示，上海大学生的创业热衷程度和参与家务的主动性有显著关联。创业热衷者的家务参与程度总体较高(峰值 8 分，平均 7.39 分，满分 10 分)，而创业排斥者的家务参与程度总体偏低(峰值 4 分，平均 3.09 分，满分 10 分)，造成这种关联的主要因素是主动参与家务的大学生往往更有责任感，而且动手能力更强，而这两种能力是创业者必须具备的关键能力，主动参与家务的大学生往往受到父母在家庭责任感上的言传身教。孩子们喜欢以成人作为自己的榜样，当父母自豪而快乐地承担起自己的家庭责任时，孩子也会更愿意承担责任。同时，在劳动的过程中，孩子获得了解决问题的思考模式和实践方法，这种思考模式和实践方法将使孩子受用一生。

这份对上海 23 所高校 1075 位在校大学生创业现状的调研表明，目前上海大学生的创业热情空前高涨。上海大学生综合创业指数得分达到 60.8 分，远远高于分界线(50分)，"90 后"创业者显示出独立的个性。近一半"90 后"上海大学生们每个月生活费里都有自己挣的"血汗钱"；有接近一半的大学生认为创业的目的是不想为别人打工。特别值得注意的是，"90 后"创业者非常乐意于一人独立创业的模式，在创业形式方面，虽然有 51% 的有创业意愿的学生希望是以合伙的方式创业，但独立创业的人数也高达 42%。

(资料来源：东方网，有删改)

二、大学生进行创新创业学习的意义

世界经济复苏乏力，中国经济面临转型之困、经济负担下行压力的背景下，我国经济当前发展形势不容乐观，面临一系列困境。受制于当前发展现实，我国经济发展须寻找新型动能，以增强韧性与活力，积攒力量蓄势待发，由此"大众创业，万众创新"便顺势而起，大学生以独有的专业知识、技能和年龄优势，正日渐成为创新创业的生力军。自 2014 年"大众创业，万众创新"的理念提出后，创新创业就与我们的学习生活息息相关。创新创业是面向全体学生，融合每个专业、每个课程所需要的必备技能的一门课程，提高学生的创新创业能力有助于提高学生适应社会的能力。

(一) 转变就业思维

大学生与其花费巨大精力去琢磨面试就业，不如转变思维，早日走上创业道路。有的大学生在大学期间就通过兼职方式获取了丰富的职业经验，对于行业也有自己的认知，同时也积累了一定的经济资源与人脉资源，因此创业就是一个很好的选择。尤其是新经济模式下，创业者越早开始，优势越大，一方面因为年轻人会更有闯劲，一旦进入职场，创业激情很容易在日复一日的工作中消磨殆尽，从而不想创业或者不敢创业；另一方面因为年轻人创业的失败承受力强，并且有机会重新再来，年轻人在抵抗失败上更有优势。当然，大学生应意识到，创业是有难度的。因此，创业的准备工作尽量做完善，包括各种资源的准备、心态的调试，同时要尽量争取更多的帮助。高校是鼓励创业的，大学生创业会有诸多便利条件与奖励措施，这些都需要充分利用起来。大学生创业尽量选择自己熟悉的领域，创业的成功率也会更高一点。

(二) 提高创新意识

创新精神和创业意识是当前大学生必须具备的重要的个人素质，劳动教育的价值引导有助于大学生树立正确的创新创业意识。大学生具备强烈的实现自我价值的创新创业意识，更能促进他们通过劳动实现人生价值，激发和提升其劳动创造力和创新创业能力，从而创造出劳动价值，实现个人价值。

(三) 提高理论与实践协调发展

劳动教育的内容具有实践性特点，而创新创业教育从根本上说就是劳动实践。在创新创业实践过程中，课内教学实践、课外活动实践、校外实习实践、向榜样学习等多种形式，都可以培养学生的创新精神、创业意识和创新创业能力，增强学生掌握数字化技能意识、绿色发展理念与技能意识，提升其劳动能力。

(四) 生活、工作和学习方式被大大改变

随着新的数字化技术(信息通信技术、人工智能、机器人技术等)的应用，人们的生活、工作和学习方式被大大改变。党的十九大报告指出，"加快建设制造强国，加快发展先进制造业，推动互联网、大数据、人工智能和实体经济深度融合，在中高端消费、创新引领、绿色低碳、共享经济、现代供应链、人力资本服务等领域培育新增长点、形成新动能"。因此，大学生作为我国创新创业发展的重要力量，为了适应将来制造强国的要求，更应加强高新技术技能的学习，以提高自己将来所需要的技能组合。

(五) 引导优秀的大学毕业生主动探索与发现职业生涯中的机会

大学生进行创新创业学习引导着优秀的大学毕业生主动探索与发现职业生涯中的机会，并充分发挥自身能力去抓住机会，不断拓展职业发展空间。当今社会迅速发展，企业需要通过持续不断的创新来提升自己的行业竞争力。在任何行业中，具有创新精神的员工会受到更多重视，也会更受欢迎。大学毕业生虽然系统学习了专业知识，但是在工作经验方面通常略逊于企业老员工，因此企业招聘大学毕业生更多的是希望给企业注入新鲜的血液，期待他们能够给企业带来不一样的改变。大学生要提高自己的创新思维与能力，在学校学习期间就应该对自己未来所要从事的职业领域的前沿发展情况有所了解。任何行业、任何企业在发展过程中都会遭遇各种各样的问题或瓶颈，若是员工具有创新能力，则很有可能会给企业提供更好的解决问题与突破瓶颈的创造性解决方案，从而让企业更有竞争力。因此，现在很多企业在面试时，除了考查应聘者的专业基础知识与技能之外，更会安排开放性的面试题目，测试应聘者的反应能力与创新解决问题的能力。

(六) 切身体验创新创业劳动过程

在当前"大众创业、万众创新"是的背景下，创新劳动已经成为推动社会发展的原动力。在党的十九大报告中，国家领导人更是强调"创新是引领发展的第一动力，是建设现代化经济体系的战略支撑"。大学生开展创新创业学习，可以激发大学生的创造热情，调动创新劳动的主动性和积极性。在学习和参与实践过程中，大学生对于如何撰写一份优秀的大学生创业计划书，如何开展市场调研，进行创新创业需要哪些个人素质等等会有更加全面的认识，可以切身体验创新创业劳动过程，为将来步入社会进行真正的创新创业做好铺垫。

(七) 切实增强集体意识

创业是一种"集体劳动"，它不是一个人的单打独斗，而是一群志同道合的人的集体劳动。为了顺利完成创业目标，他们组建一支优秀的创业团队，团队成员之间的合作在创业实践过程中尤为重要。团队大于个人，一个团队的力量远大于一个人的力量。团队不仅强调个人的工作成果，更强调团队的整体业绩。团队所依赖的不仅是集体讨论和决策，同时也强调成员的共同贡献。所以，团队大于各部分之和，团队协作的本质是共同奉献。

团队成员以一个共同的目标互相激发工作动力和奉献精神，不分彼此，共同奉献。

在一个团队里面，只有大家不断地分享自己的长处优点，不断吸取其他成员的长处优点，遇到问题都及时交流，才能让团队的力量发挥得淋漓尽致。大学生在创新创业学习过程中，可以切身体会以上种种团队精神，进而切实增强集体意识。

三、国家对大学生创新创业的政策支持

为支持大学生创新创业，国家相关部委出台了《教育部关于大力推进高等学校创新创业教育和大学生自主创业工作的意见》(教办 2010)3 号)、《人力资源社会保障部等九部门关于实施大学生创业引领计划的通知》(人社部发〔2014〕38 号)、《关于进一步支持和促进重点群体创业就业有关税收政策的通知》(财税(2019)22 号)等支持政策，涉及融资、开业、税收、创业培训、创业指导等诸多方面。

(一) 宽松快捷的准入环境

实行非禁即入，凡国家法律法规未禁止的行业和领域，一律向各类创业主体开放，严禁在法律、法规规定之外设置限制条件。

(二) 减免行政事业性收费

大学毕业生在毕业后 5 年内自主创业，到创业实体所在地的工商部门办理营业执照时，允许零资本办理营业执照。毕业 2 年以内的普通高校毕业生从事个体经营(除国家限制的行业外)的，自其在工商部门首次注册登记之日起 3 年内，免收管理类、登记类和证照类等有关行政事业性收费。

(三) 按规定落实税收优惠

大学毕业生新办咨询业、信息业、技术服务业的企业或经营单位，经税务部门批准，免征企业所得税两年；新办从事交通运输、邮电通信的企业或经营单位，经税务部门批准，第一年免征企业所得税，第二年减半征收企业所得税；新办从事公共事业、商业、物资业、对外贸易业、旅游业、物流业、仓储业、居民服务业、饮食业、教育文化事业、卫生事业的企业或经营单位，经税务部门批准免征企业所得税一年。

鼓励创业风险投资优先投资大学生创业，国家对投资大学生创业的天使投资将给予更多税收优惠。国家财政资本参股的基金(譬如青年创业引领计划公益扶持基金、中小微企业扶持基金等)在选择投资对象时，应该把对大学生创业的投资放在首位。

(四) 创业补贴及培训服务

有创业意愿的高校毕业生，可免费获得公共就业和人才服务机构提供的创业指导

服务，包括政策咨询、信息服务、项目开发、风险评估、开业指导、融资服务、跟踪扶持等"一条龙"创业服务。各地在充分发挥各类创业孵化基地作用的基础上，因地制宜建设一批大学生创业孵化基地，并给予相关政策扶持。对基地内大学生创业企业要提供培训和指导服务，落实扶持政策，努力提高创业成功率，延长企业存活期。

政府人事行政部门所属的人才中介服务机构，免费为自主创业毕业生保管人事档案(包括代办社保、职称、档案工资等有关手续)2 年；提供免费查询人才、劳动力供求信息，免费发布招聘广告等服务；适当减免参加人才集市或人才劳务交流活动收费；优惠为创办企业的员工提供一次培训、测评服务。

(五) 创业担保贷款贴息

各国有商业银行、股份制银行、城市商业银行和有条件的城市信用社要为自主创业的毕业生提供小额贷款，并简化程序，提供开户和结算便利，贷款额度在 2 万元左右。贷款期限最长为两年，到期确定需延长的，可申请延期一次。贷款利息按照中国人民银行公布的贷款利率确定，担保最高限额为担保基金的 5 倍，期限与贷款期限相同。

四、大学生进行创新创业必备的技能

今天，在提倡科学的发展中，我们不能摸石头过河。社会的开放程度高，市场规则确立，信息传播方便，人们基本生活需要也得到了满足。今天，商品不再是极度稀缺的。只有激情不能代表成功，所谓"人才"，主要是在创业"实践"中培养出来的。它不仅包括思维方法、知识和智慧、经验和技能、性格和气质、行为举止，而且还包括人的行为、个性、心理和思想。

(一) 创新能力

创新是人类文明进步的不熄引擎，是植根于每个人心中具有顽强生命力的"种子"。推动发展，不仅要解放社会生产力，更要解放社会创造力。此处的创新能力不仅仅指创新，而是综合了多种能力，包括学习能力、分析能力、综合能力、想象能力、批判能力、创造能力、解决问题的能力、实践能力、组织协调能力以及整合多种能力的能力。大学生还要有大胆进行创新的魄力，要善于利用新科技手段，打破陈规，打破固有观念，不惧怕失败，依靠辛勤劳动和成功的必胜心投入到创新创业中。

(二) 发现创新创业机会的能力

"机会总是留给有准备的人"，大学生要通过市场调查寻找目标市场可能的商机，为自己进入该商业领域提供定性、定量依据，经过调查，不仅会对市场有所了解，还能了解到竞争对手的状况。"只要留心，生活处处有机会"，大学生们一定要有一双善于发现和捕捉机会的眼睛，才能将创新创业的可能变为创新创业的实践。发现创新创业机会的能力，一定程度上决定了创新创业是否成功，这也是大学生进行创新创业必备的能力之一。

(三) 领导能力

任何创新创业的过程都如同管理一家企业慢慢步入正轨一样，需要以自身的激励和影响制定各种制度、管理政策，让团队的员工愿意跟随他或她为共同的理想和目标而努力奋斗、激情前进。好的管理能力可以提高企业的运作效率，让企业有明确的发展方向，让每个员工充分发挥他们的潜能，最终提高企业的经济效益；好的领导人物能够发掘团队潜力，重振团队成员职业生涯激情，鼓舞人心，让每个人都能为参与团队事业感到自豪，这样的团队才能拥有持久的生命力和活力。

(四) 具有明确的使命感和远见

没有方向，任何事都不能成功，所以使命和目标是成功的第一步。大学生在创新创业前必须要回答：我来自哪里，我现在在哪里，我要去哪里？换言之，应为创新创业项目的发展和成长制定一个清晰的蓝图，同时制定实现这些目标的战略和方法。因为只是把事情做好或者把生意管理好是不够的。成功或失败的关键在于你能不能做正确的事，也就是说，你必须做出正确的决定。世界上有许多诱惑和机遇，大学生可能陷入盲目决策的陷阱，因此要有明确的使命感和远见。

(五) 具备应对变化的能力

不断地挑战自己，突破自我，战胜自己，挑战明天，以便有机会成为未来的领导者。一个优秀和成功的创新创业企业家还必须有公司和个人的信誉，脚踏实地的工作作风，很强的沟通技巧，扎实的行业专业知识，以开放的心态对待周围的人，富有同情心和关心他人。

(六) 具备良好的道德修养

创新创业企业家放弃其他各种诱惑去开创新的事业，也是为了实现自己的理想。这里所说的思想道德修养，是指创新创业企业家对广大顾客的态度，也是对社会的态度。

虽然我们有知识、激情、梦想、冲动，但由于我们缺乏社会实践，没有通过市场的考验，缺乏管理团队的经验，所以我们要不断提高自己的道德修养，以便将来为社会带来更多财富。

五、从劳动者到创业者

1889 年 7 月，由恩格斯领导的第二国际在巴黎举行代表大会。会议通过决议，规定 1890 年 5 月 1 日国际劳动者举行游行，并决定把 5 月 1 日这一天定为国际劳动节。在中国，随着经济结构的调整和企业改革，工人群体以更多元的身份，在不同行业为社会进步做着力所能及的事情。

从经济社会发展来看，创业是充分利用社会资源和科学技术，同时为社会创造就业岗位、经济价值的过程。在"大众创业、万众创新"的浪潮下，为了帮助更多的大学生劳动者向创业者转变，近年来，我国各地相继制定出台了系列支持劳动者创业的政策，学校作为创业教育的实施者，也开设了系统的创业类课程对学生加以指导。同时，高职院校大学生经过劳动锻炼，技术技能与实践经验不断提升，身份由劳动者向创业者转变已逐渐成为一种普遍现象。

(一) 立足辛勤劳动，紧密结合实际

眼高手低，想得大一点、远一点，做得小一点、准一点，早期不必追求清晰的战略和商业模式。一切都是混沌初开，不要指望一步到位。创业者要雌雄同体，要有宏观思考的能力，保持对未来的想象力，保持大的格局同时又必须脚踏实地从非常小的点切入。

云南大学毕业生罗三长创立的"罗小馒红糖馒头"曾获第三届全国大学生"互联网+"创新创业大赛全国总决赛金奖。一个小小的馒头，科技含量并不高，何以在全国创新创业大赛上如此风光、脱颖而出？

据项目资料介绍，2015 年 11 月"罗小馒红糖馒头"成立至今，在云南已经拥有136 家门店，为社会提供了 1312 个就业岗位。罗三长说："为了做出好吃的红糖馒头，我曾自费到中国台湾学习，经过一百多次实验，最终找到合适的配方，做成了好吃又养生的红糖馒头。"该项目产品备受百姓喜爱，以每个门店每天销售 1200~1500 个馒头计算，所有门店一天就能制作销售 19.5 万个馒头，以每个馒头 1.5 元售价计算，所有门店每天的营业额能达到 29.25 万元。

这个项目给人以启示：创新创业不一定要高科技，小项目也可以成就大事业！在创新创业过程中，应辛勤劳动，不能脱离实际情况、好高骛远。创新创业是一个艰辛而漫长的过程，而不是一蹴而就的。我们可以从小项目做起，静下心来，克服在创业

过程中遇到的种种问题，一步一个脚印，这样就一定能在市场上逐渐站稳脚跟，收获成功的喜悦。

(二) 做好一切准备

创业是一项庞大的工程，涉及融资、选项、选址、营销等诸多方面，因此创业前，一定要进行细致的准备。创业也是一个持续的过程，不能来源于某一天的头脑一热，也不能虎头蛇尾。这就要求大学生要在创业前期、中期、后期，从心理上、创业项目选择上、资金准备上、团队构建上做好充分的准备。

第一，心理准备：要有积极、乐观、自信的心态；做好吃苦耐劳和打持久战的心理准备；要有独立分析和果断决策的心理准备；要有承担各种压力和挫折的心理准备；要有接受失败的心理准备。

第二，项目选择：像谈恋爱一样选择项目；选择项目前先审视自身；项目要有创新、有特色；选项目要有正确的方向。通过各种渠道增强这方面的基础知识；根据自己的实际情况选择合适的创业项目，为创业开一个好头；撰写一份详细的商业策划书，包括市场机会评估、赢利模式分析、开业危机应对等，并摸清市场情况，知己知彼，打有准备之仗。

大学生可以通过以下几种方式发掘创新创业的机会：

(1) 问题法：创业的根本目的是满足顾客需求，寻找创业机会的一个重要途径是善于发现和体会自己和他人在需求方面的问题或生活中的难处。

(2) 变化法：创业的机会大都产生于不断变化的环境，环境变化了，市场需求、市场结构必然发生变化。这种变化主要来自产业结构的变动、消费结构的升级、城市化加速、人口思想观念的变化、政府政策的变化、人口结构的变化、居民收入水平提高、全球化趋势等诸多方面。

(3) 创造发明法：创造发明提供了新产品、新服务，更好地满足了顾客需求，同时也带来了创新创业和创造发明的机会。比如随着计算机的诞生，计算机维修、软件开发、计算机操作的培训、图文制作、信息服务、网上开店等创业机会随之而来。

(4) 竞争法：如果你能弥补竞争对手的缺陷和不足，这也将成为你的创业机会。看看你周围的同学们，如果你能比他们做得更快、更好，你也许就找到了适合自己的创新创业机会。

(5) 新知识、新技术产品产生法：当新知识、新技术产品产生之时，物以稀为贵，可获取高额收益。

上述五种创新创业机会的发现与发掘，是基于劳动经验、针对劳动需求的识别，是实现创业的先决条件和坚实基础。

第三，资金准备：任何人在创业时都会面临资金问题，所以，大学生要借助国家经济政策以及对大学生创业的扶持政策提前找好资金来源，比如：可以自筹资金、股权融资、政策性贷款、债券融资等。

为了鼓励和支持大学生创业，各地政府出台了一系列鼓励创业的政策。所以，创业时一定要注意"用足"这些政策，如免税优惠、在某地注册企业可享受比其他地区更优惠的税率等。这些政策可大大减少创业初期的成本，使创业风险大为降低。

第四，团队准备：创业不是一个人的独角戏，而是类似于惨淡经营过程中相互搀扶、不断回响的群体乐章。每个成功的创业明星，都是他身后众志成城的团队的缩影，也是这个团队走过艰难困苦的旗帜。不管创业最终是否成功，这个走过患难的团队才是创业者最大的资源。

(三) 积极利用现有资源

不少在职人员创业都选择了与工作密切相关的领域，工作中积累的经验和资源是最大的创业财富，要善于利用这些资源，以便近水楼台先得月。对于能帮你生存的项目，要优先进行考虑。大学生要积极利用身边的资源，为社会创造更大的价值。

但是要注意的是，切不可误用资源，在职老板不能将个人生意与单位生意混淆，更不能吃里扒外，唯利是图，否则不仅要冒道德上的风险，而且很可能会受到法律的制裁。

1. 自建业务渠道

有些上班族有投资资金或有一定的业务渠道，但苦于分身无术，因此会选择合作经营的创业方式。如果你需要合伙人的钱来开办或维持企业，或者这个合伙人帮助你设计了这个企业的构思，或者他有你需要的技巧，或者你需要他为你鸣鼓吹号，那么就请他加入你的公司。这虽能让兼职老板轻松上阵，但要慎重选择合作伙伴，在请帮手和自己亲自处理上，要有一个平衡点。首先要志同道合，其次要互相信任。不要聘用那些适合工作，却与你合不来的人员，也不要聘用那些没有心理准备面对新办企业压力的人。

此外，和合作伙伴之间的责、权、利一定要分清楚，最好形成书面文字，有合作双方和见证人的签字，以免起纠纷时空口无凭。

2. 经商之道，以计为首

所有商业经营活动，如果从表面上来看，好像是一种仅仅同物质打交道的经营活动，但是，透过现象看本质，在今天的"食脑时代"里，商业经营活动实质上已经变成了一种人与人之间的智力角逐，是一场"斗智斗勇"的"智力游戏"，是人与人之间的谋略大比拼。因此，正如古代军事家所说的"用兵之道，以计为首"一样，经商之道也应该以计为首。面对空前惨烈的市场竞争，你想要找准自己的立足点和切入点、站稳脚跟、生存下来、谋取利益、发展壮大，那么，就必须首先考虑如何运用自己的商业智慧制定全面系统的、可执行的、可操作的和切实有效的经营策略和实施方案，以便确保每战必捷，战无不胜。

(四) 依靠团队

任何创业的成功，都不是一个人的功劳，所以，大学生创新创业，也必须要依靠团队的力量(图 6-2-1)。

图 6-2-1　大学生创业的成功也是团队协作的具体体现

第一，团队合作有利于激发团队成员的学习动力，有助于提高团队的整体能力。大部分人的心里都有希望他人尊敬自己的欲望，都有不服输的心理。这些心理因素都不知不觉地增强了成员的上进心，使成员都不自觉地要求自己要进步，力争在团队中做到最好，以赢得其他成员的尊敬。当没有做到最好时，上述心理因素可促进成员之间的竞争，力争与团队最优秀的成员看齐，以此来实现激励功能，有助于提高团队的整体能力。团队成员内部竞争，有一定程度的激发作用。

第二，团队合作可以营造一种工作氛围，使每个队员都有一种归属感，有助于提高团队成员的积极性和工作效率。由于团队具有一致的目标，从而产生了一种整体归属感。正是这种归属感使得每个成员感到在为团队努力的同时也是在为自己实现目标，与此同时，也有其他成员在一起为这个目标而努力，从而激发起更强的工作动机。

第三，团队合作有利于产生新颖的创意。从团队的定义出发，团队由两个或两个以上的个体组成。三人行，必有我师焉。每个人都有自己的优劣点以及自己独创的想法，团队成员的多元化有助于产生不同的想法，从而有助于在决策的时候集思广益，产生一种比较好的方案。

第四，团队合作可以实现"人多好办事"，可以完成个人无法独立完成的大项目。现在很多项目，都不是一个人在战斗。毕竟人无完人，一个人的力量有限，若是个人单打独斗难以把全部事情都做尽、做全、做大。但是多人分工合作的话，就会有人多力量大的优势，我们可以把团队的整体目标分割成许多小目标，然后再分配给团队的成员去一起完成，这样就可以缩短完成大目标的时间，从而提高效率。

第五，团队合作更有利于提高决策效率。团队与一般的群体不同，团队的人数相对比较少，这种情况有利于减少信息在传递过程中的缺失，增强团队成员之间的交流沟通以及提高成员参与团队决策的积极性，同时领导的概念在团队之间相对不强，团队成员之间关系相对扁平，这有利于形成决策的民主化。

第六，团队合作可以约束规范和控制成员的行为。在团队内部，当一个人与其他人不同时，团队内部所形成的那种观念力量、氛围会对这个人施加一种有形和无形的压力，会致使他在心理上产生一种压抑和紧迫感。在这种压力下，成员在不知不觉中随同大众，在意识判断和行为上表现出与团队中大多数人相一致，从而达到去约束规范和控制个体的行为的目的。规范和控制个体的行为有助于团体行动的标准化，有利于提高团队的办事效率。

(五) 试错一定要基于愿景

试错是通过实践对未来的假设进行不断的试验和调整，直到找到未来在今天的"映射点"，从这个点切入，最有可能演化到未来，这是个聚焦的过程。创业者一定要有一个假设，即愿景作为试错的前提，不要对未经试验的创意随手扔在一边。如果用这种创意来做生意，也得留心其中可能的陷阱。自问一下：你是否得花大力气来宣传你的产品或者服务？你具有足够的财力资源、技能、人手和业务关系吗？只有基于某个基础去测试，创业者才会有迭代的路线和方向，否则，就是盲人摸象。

(六) 崖边的狂欢，没有钱也要谈笑风生

决策失误时，不要对失误过于敏感，你的失误会带来直接后果，如发错货可能致使一个客户立刻与你断绝关系。作为企业家，冒风险时，要谨而慎之。如果出现失误，不要过于敏感，接受事实，从中吸取教训才是正道。

如果一个公司以三个月或三个星期作为周期，很难做出像样的东西，还会导致公司整体很焦虑。创业者需要紧迫感，但不能让紧迫的情绪弥漫到组织的每个环节，这样不仅会影响到组织创新的空间，还会打击团队的激情，没有激情的团队是经不住磨难的，创业者如果觉得所做的事情没有乐趣，往往做不到坚持。

(七) 保持适度自我怀疑下的自信

创业者经常处于自我怀疑的状态，而判断本身有运气的成分，每一次判断都是创业者自我修炼的过程。创业者可能对自己产生怀疑，但只能相信自己，相信每一个合适的人一定会从相信的人中间走出来。

(八) 不要被胜利冲昏头脑

你第一步的成功全靠你的创意好、时机合适、运气不错和良好的业务关系。不过，这一切随时都可能离你而去。因此，不要太过自信，投入过量的资金，而使自己陷入泥沼之中。

大学生创业是自己的事，又不仅仅是自己的事。大部分学生生长在普通家庭，为上大学家里已经拿出一笔为数不少的学费，如果要创业，需要再投入一笔启动资金，这对刚毕业的大学生而言存在着一定的风险。大部分父母希望孩子毕业后能找到一个稳定的工作，他们要么强烈反对孩子的选择，要么用担忧的眼神"拷问"孩子的选择。在这种情况下，大学生更应该慎之又慎，不要被一时的胜利冲昏头脑，而是要做常胜将军。

 【拓展阅读】

全国劳动模范李辉：高超的职业技能成就创新梦想

李辉，男，汉族，1971年9月出生，南方电网云南电网有限责任公司昆明供电局变电管理二所现场管理专责，高级技师爱钻研是李辉的标签。他每周至少有10个小时"泡"在工作室，甚至还在家里设置了实验台，利用休息时间做实验。他研制出把测试夹和测试探针合二为一的组合式测试夹。凭着这股爱钻研的劲头，以他本人名字命名的"李辉劳模创新工作室"于2011年11月22日正式挂牌成立，成为南方电网公司首家劳模工作室，2014年年底，该工作室被中华全国总工会命名为首批"全国示范性劳模创新工作室"。

有人问李辉，哪里来的灵感？我们怎么没想到呢？

技术存在的价值就是让麻烦不再麻烦。前提是需要走心，需要发现，创新才不会停歇。

他发现用别人制作的夹子，只有单一的测试功能。需要探针的时候，首先得放下夹子，再抓起探针，他觉得很麻烦。于是，一个合二为一的创意诞生了。这个组合式测试夹，获得海峡两岸职工创新成果展金奖，除了取得实用型专利证书，还在实际工作中得到推广应用，尤其在使用员工中受到热捧。

2018 年，李辉和他的劳模创新工作室迎来了科研成果的丰收年：电气量同步测量及智能分析仪项目获中央企业熠星创新创意大赛优秀奖，这是李辉工作室掌握的国内领先的核心技术；继电保护二次原理动态模拟仿真系统获第十届全国电力职工技术成果奖二等奖，属工作室独创成果。

如今，李辉劳模创新工作室团队以工匠精神的传承和弘扬为宗旨，培养出多位技术技能专家、岗位技术能手和创新之星，为企业输送了大量人才，成为企业安全生产运行的中流砥柱。团队围绕电网设备安装、投运、检修、技改、缺处等流程，排除 15 项重大隐患，攻克 7 项生产技术难题，完成 42 项创新课题，实现 36 项专利成果。其中"不停电调电装置""继电保护装置模拟培训系统"等创新成果在省内得到推广应用，累计实现经济效益 1653 万元。

他的青春、深情和梦想，都扎根于精益求精、勤勉踏实的事业中。

（资料来源：云岭职工，有删改）

第七章　劳动者的权益与法律保障

【章首导读】

　　对劳动者最好的赞美，就是肯定其付出和汗水，并予以有效保障。劳动是推进社会发展的根本力量，劳动者的权益需要得到良好保障。在全国劳动模范和先进工作者表彰大会上，国家领导人指出让人民群众过上更加幸福的好日子是我们党始终不渝的奋斗目标，实现共同富裕是中国共产党领导和我国社会主义制度的本质要求，强调要切实实现好、维护好、发展好劳动者的合法权益。时代在进步，社会在发展，产业结构也在调整，企业的经营模式和管理模式也在发生变化，新型劳动关系也随之建立，但不管劳动关系如何变化，切实保障劳动者合法权益的原则不会变，这是法治社会的底线，也是文明社会的共识。大学生作为中国人数众多且富有知识的特殊劳动者，应积极、主动学习劳动法，为自己在职场中建立法律屏障，这是时代进步、与时俱进的具体体现，同时也是大学生自身全面发展的具体体现。

　　本章主要介绍了劳动者的权利与义务的内涵，明确了劳动者的权利与义务；介绍了劳动保障和社会保障的概念、内容和区别，并简单介绍了保障劳动者权益的劳动法和社会保障法，对大学生初入职场常见的就业陷阱进行了系统的分析，指引大学生签订就业合同，并描述了大学生在遇到劳动纠纷后，怎样运用法律手段解决问题；指引大学生在入职初期做好入职准备，积极进行角色转换适应新环境，尽快融入企业；分析了如何在工作过程中克服职业倦怠心理，最后为大学生指明了养成良好的职业习惯的实现路径；引导大学生善于利用法律武器，维护自己作为劳动者的权益与保障，以促进自身全面发展。

第一节　劳动者的权利与义务

一、劳动者的内涵

(一) 劳动者的概念

　　劳动者的字面意义为"劳动的人"，是对从事劳作活动一类人的统称。劳动者是一个涵义非常广泛的概念，凡是具有劳动能力，以从事劳动获取合法收入作为生活资料来源的公民都可称为劳动者。不同的学科对于劳动者这一概念具有不同的界定，而且在不同的社会制度和社会体制下，关于劳动者概念的理解也各不相同。

社会定义：

"劳动者"是指一个包括中小资产阶级、公务员、知识分子、自由职业者、工人、农民、渔民和手工业者在内的多阶级政治集合。

哲学定义：

劳动者是指参加劳动并以自己的劳动收入为生活资料主要来源的人。这个定义包括两个方面含义：其一，劳动者是指参加劳动的人，它包括体力劳动者和脑力劳动者；其二，劳动者是指以自己的劳动收入作为生活资料主要来源的人。

法律定义：

"劳动者"具体指达到法定年龄，具有劳动能力，以从事某种社会劳动获得收入为主要生活来源，依据法律或合同的规定，在用人单位的管理下从事劳动并获取劳动报酬的自然人(中外自然人)。但并不是所有自然人都是合法的劳动者，要成为合法的劳动者必须具备一定的条件并取得劳动权利能力和劳动行为能力，以区别于"非法劳动者"，如偷渡者打工。

劳动者包括本国人、外国人和无国籍人。对其称呼有职工、工人、学徒、帮手、帮工等。

劳动者的主体资格始于劳动者最低用工年龄(除特种工作外为 16 周岁)，终于法定退休年龄。劳动者达到法定退休年龄后即丧失劳动者主体资格，不能再与单位形成劳动关系。此时与单位之间的用工关系，由劳动关系转变为劳务关系。

马克思主义定义：

劳动者是生产力三个基本要素之一，是生产力诸要素中最为活跃和最富有创造性的要素，是人民群众的主体部分，推动着历史的前进，创造了人类世界的物质财富，并为精神财富的创造提供了条件。

(二) 劳动者分类

马克思说："我们把劳动力或劳动能力，理解为人的身体即活的人体中存在的、每当人生产某种使用价值时就运用的体力和智力的总和"。显然马克思认为使用价值的生产即具体劳动，既包括脑力劳动也包括体力劳动。而与之相对应的就是脑力劳动者与体力劳动者。

由于脑力劳动决定了劳动的目的，体力劳动则决定了劳动的结果，因而将人类一般劳动定义为脑力劳动。但不管怎么说，马克思是肯定体力劳动存在的。而且，马克思关于劳动力以及剩余价值的论述，主要侧重于工人及工人的体力劳动。

在我国经济理论界，甚至在一般人的印象中，体力劳动都是个非常熟悉的概念。我们通常把知识分子称为脑力劳动者，而把工人、农民称为体力劳动者。脑力劳动者是体力劳动者的对称，是指以消耗脑力劳动为主的劳动者，他们以智力活动为主要形式创造社会价值；体力劳动者是指以消耗体力为主的劳动者。他们一般不担任管理工作，主要分布在农业、工业、建筑等以体力劳动付出为主的行业。第三产业中的服务工作也是劳动，是人以自身的活动来引起、调整和控制人与人文物质之间的物质变换过程。因此，从事服务工作的劳动者也归类为体力劳动者。

广义的劳动者指具有劳动能力的所有公民。而狭义的劳动者仅指在法定劳动年龄内具有劳动能力的所有公民。

二、权利与义务内涵

(一) 权利与义务的概念

权利一般是指法律赋予人实现其利益的一种力量。其与义务相对应，是法学的基本范畴之一，人权概念的核心词，法律规范的关键词，也是在家庭、社会、国家、国际关系中隐含或明示得最广泛、最实际的一个内容。从通常的角度看，权利是法律赋予权利主体作为或不作为的许可、认定及保障。

义务，"权利"的对称，是法律对公民或法人必须作出或禁止作出一定行为的约束。法律义务同基于道德、宗教教义或其他社会规范产生的义务不同，它是根据国家制定的法律规范产生，并以国家强制力保障其履行的。违反法律义务就要承担法律责任。

(二) 权利与义务的特点

1. 权利的特点

(1) 权利的本质由法律规范所决定，得到国家的认可和保障。当人们的权利受到侵犯时，国家应当通过制裁侵权行为以保证权利的实现。

(2) 权利是权利主体按照自己的愿望来决定是否实施的行为，因而权利具有一定程度的自主性。

(3) 权利是为了保护一定的利益所采取的法律手段。因此，权利与利益是紧密相连的。而通过权利所保护的利益并不总是本人的利益，也可能是他人的、集体的或国家的利益。

(4) 权利总是与义务人的义务相关联的。离开了义务，权利就不能得以保障。

2. 义务的特点

义务在结构上包括两个部分：一是作为义务或积极义务(必须根据权利的内容作出一定的行为)，二是不作为义务或消极义务(不得作出一定行为的义务)。

义务一般在下列几种意义中使用：第一，它是指义务人必要行为的尺度(或范围)；第二，它是指人们必须履行一定作为或不作为行为的法律约束；第三，它是指人们实施某种行为的必要性。

义务指出的是人们的"应然"行为或未来行为，而不是人们事实上已经履行的行为。已履行的"应然"行为是义务的实现，而不是义务本身。义务具有强制履行的性质，义务人对于义务的内容不可随意转让或违反。

(三) 权利与义务的区别与联系

1. 权利与义务的区别

(1) 从含义上看，权利就是规定或隐含在法律规范中、实现于法律关系中的主体以相对自由的作为或不作为的方式获得利益的一种手段。义务则是设定或隐含于法律规范中，实现于法律关系中的主体以相对受动的作为或不作为的方式保障权利主体获得利益的一种约束手段。

(2) 从本质上看，权利是指法律保护的某种利益；从行为方式的角度看，它表现为要求权利相对人可以怎样行为，必须怎样行为或不得怎样行为。义务是指人们必须履行的某种责任，它表现为必须怎样行为和不得怎样行为两种方式。

(3) 在法律调整的状态下，权利是受法律保障的利益，其行为方式表现为意志和行为的自由。义务则是对法律所要求的意志和行为的限制，以及利益的付出。

2. 权利与义务的联系

在社会主义社会，义务与权利是一致的，不可分离。法律权利和法律义务的相互关系为：权利与义务作为法律关系的重要因素，它体现了人们在社会生活中的地位及其相互关系，反映着法律调整的文明程度。从宏观方面可以把权利与义务的关系概括为：历史进程中曾有离合关系，逻辑结构上的对立统一关系，总体数量上的等值关系，功能上的互补关系，运行中的制约关系，价值意义上的主从关系(见图7-1-1)。

图 7-1-1　学生手册中权利与义务的制约关系

(1) 从人类不同的发展阶段看，权利与义务有过离合关系。早在原始社会，权利与义务完全结合在一起，无所谓权利与义务的区分。但是，进入阶级社会以后，由于人们之间在经济上、政治上处于不同地位，权利和义务也就随之分立，尤其在私有制社会中，一部分人只享受权利不履行义务，而另一部分人只尽义务而享受不到权利。

(2) 从逻辑结构上看，权利和义务是对立统一的关系。权利意味着获得，而义务则意味着付出；一个是主动的，另一个是被动的。它们在法律关系中是相互对立、相互排斥的，但同时又是相互依存、相互贯通的两个方面。这种相互依存关系表现在，权利和义务不可能孤立存在和发展，一方的存在和发展都必须以另一方的存在和发展为前提。二者的相互贯通表现为权利与义务是相互渗透和相互转化的，有的行为既有权利属性又有义务的特点。

(3) 从整体数量上看，权利与义务具有数量上的等值关系。一个社会的权利总量和义务总量是相等的。就整个社会而言，只有权利与义务在总量上处于等额状态，利益的付出与获取才能达到平衡，社会生活才不至于出现混乱。超过权利分配的适当限额强加的权利，或者超出义务范围对义务人提出过分的要求，都是不公平的。特权从一定意义上讲，就是由于部分人享受非法权利而导致权利与义务的失衡。应该说，权利的限度就是义务的界限，而义务的范围也就是权利的界限。

(4) 从价值功能上看，权利与义务具有互补关系。法律总是以确认和维护某种利益为其价值目标，但是，单纯的权利并不足以使利益得到满足，必须通过设定义务去保障权利目标的实现。没有义务就无所谓权利，没有权利也就无所谓义务。

(5) 从法律运行的角度看，权利与义务之间具有制约关系。在社会互动过程中，权利与权利之间、权利与义务之间、权利与权力之间存在着互相制约、互相影响的关系。一方面，从个人与国家的关系上讲，个人的权利对国家的权力的制约导致国家的义务和责任的产生，国家的权力对个人权利的制约导致个人义务的形成。另一方面，从国家机关之间、个人之间的关系上看，权利与义务也具有制约关系。

(6) 从法律调整的价值取向上看，权利与义务具有主从关系。在法律关系中，权利与义务不可能处于同等重要的地位，在有些法律关系中，义务处于主导地位，如公民与国家之间的税收法律关系；有的法律关系中，权利处于主要地位，如所有权关系。在社会主义国家，法律调整的根本目的在于解放生产力，在于保护和实现人们享有充分的权利和自由。就整个法律关系而言，权利与义务相统一，权利处于主导地位，权利是目的，义务是手段，义务的设定以保障和实现权利作为出发点和归宿。

三、劳动者的权利与义务

为了保护劳动者的合法权益，调整劳动关系，建立和维护适应社会主义市场经济的劳动制度，促进经济发展和社会进步，根据《中华人民共和国宪法》制定《中华人民共和国劳动法》，于1994年7月5日第八届全国人民代表大会常务委员会第八次会议通过，自1995年1月1日起施行。根据2009年8月27日第十一届全国人民代表大会常务委员会第十次会议《关于修改部分法律的决定》第一次修订。根据2018年12月29日第十三届全国人民代表大会常务委员会第十七次会议《关于修改〈中华人民共和国劳动法〉等十部法律的决定》第二次修订。

(一) 劳动者的权利

第一，《中华人民共和国劳动法》规定了劳动者在劳动关系中的各项权利，主要有以下几个方面：

(1) 劳动者有平等就业的权利。劳动者有平等就业的权利是指具有劳动能力的公民有平等地获得职业的权利。劳动是人们生活的第一个基本条件，是创造物质财富和精神财富的源泉。劳动就业权是有劳动能力的公民获得参加社会劳动和切实保证按劳取酬的权利。公民的劳动就业权是公民享有其他各项权利的基础，劳动者有选择职业的权利。如果公民的劳动就业权不能实现，其他一切权利也就失去了基础。

(2) 劳动者有选择职业的权利。劳动者有选择职业的权利是指劳动者根据自己的意愿选择适合自己才能、爱好的职业。劳动者拥有自由选择职业的权利，有利于劳动者充分发挥自己的特长，促进社会生产力的发展。劳动者在劳动力市场上作为就业的主体，具有支配自身劳动力的权利，可根据自身的素质、能力、志趣和爱好以及市场资讯选择用人单位和工作岗位。选择职业的权利是劳动者劳动权利的体现，是社会进步的一个标志。

(3) 劳动者有取得劳动报酬的权利。随着劳动制度的改革，劳动报酬成为劳动者与用人单位所签订的劳动合同的必备条款。劳动者付出劳动，依照合同及国家有关法律取得报酬，是劳动者的权利。而及时定额地向劳动者支付报酬，则是用人单位的义务。用人单位违反这些应尽的义务，劳动者有权依法要求有关部门追究其责任。获取劳动报酬是劳动者持续地行使劳动权利必不可少的物质保证。

(4) 劳动者有权获得劳动安全卫生保护的权利。这是保证劳动者在劳动中生命安全和身体健康，是对享受劳动权利的主体切身利益最直接的保护，包括防止工伤事故和职业病。如果企业单位劳动保护工作欠缺，其后果不仅仅是某些权益的丧失，而且会导致劳动者健康和生命直接受到伤害。

(5) 劳动者享有休息的权利。我国宪法规定，劳动者有休息的权利，国家发展建设劳动者休息和休养的设施，规定职工的工作时间和休假制度。

(6) 劳动者享有社会保险和福利的权利。疾病和年老是每一个劳动者都不可避免的。社会保险是劳动力再生产的一种客观需要。《中华人民共和国劳动法》规定，劳动保险包括养老保险、医疗保险、工伤保险、失业保险、生育保险等。但目前我国的社会保险还存在一些问题，社会保险基金制度不健全，国家负担过重，社会保险的实施范围不广泛，发展不平衡，社会化程度低，影响劳动力的合理流动。

(7) 劳动者有接受职业技能培训的权利。我国宪法规定，公民有受教育的权利和义务。所谓受教育既包括受普通教育，也包括受职业教育。公民要实现自己的劳动权，必须拥有一定的职业技能，而要获得这些职业技能，越来越依赖于专门的职业培训。因此，劳动者若没有职业培训权利，那么劳动就业权利也就成为一句空话。

(8) 劳动者有提请劳动争议处理的权利。劳动争议是指劳动关系当事人，因执行《中华人民共和国劳动法》或履行集体合同和劳动合同的规定引起的争议。劳动关系当事人作为劳动关系的主体，各自存在着不同的利益，双方不可避免地会产生分歧。用人单位与劳动者发生劳动争议，劳动者可以依法申请调解、仲裁、提起诉讼。劳动争议调解委员会由用人单位、工会和职工代表组成。劳动仲裁委员会由劳动行政部门的代表、同级工会、用人单位代表组成。解决劳动争议应该贯彻合法、公正、及时处理的原则。

(9) 法律规定的其他权利。法律规定的其他权利包括依法参加和组织工会的权利，依法享有参与民主管理的权利，依法享有参加社会义务劳动的权利，从事科学研究、技术革新、发明创造的权利，依法解除劳动合同的权利，对用人单位管理人员违章指挥、强令冒险作业有拒绝执行的权利，对危害生命安全和身体健康的行为有提出批评、举报和控告的权利，对违反劳动法的行为进行监督的权利等。

第二，《职业学校学生实习管理规定》对学生实习工作时学校和实习单位的合法权益进行了规范、加强和维护。

(1) 学生顶岗实习应签订实习协议，实习协议应明确各方的责任、权利和义务，协议约定的内容不得违反相关法律法规。实习协议应包括但不限于以下内容：各方基本信息；实习的时间、地点、内容、要求与条件保障；实习期间的食宿和休假安排；实习期间劳动保护和劳动安全、卫生、职业病危害防护条件；责任保险与伤亡事故处理办法，对不属于保险赔付范围或者超出保险赔付额度部分的约定责任；实习考核方式；违约责任；其他事项。顶岗实习的实习协议内容还应当包括实习报酬及支付方式。

(2) 职业学校和实习单位要依法保障实习学生的基本权利，并不得有下列情形：安排、接收一年级在校学生顶岗实习；安排未满 16 周岁的学生跟岗实习、顶岗实习；安排未成年学生从事《未成年工特殊保护规定》中禁忌从事的劳动；安排实习的女学生从事《女职工劳动保护特殊规定》中禁忌从事的劳动；安排学生到酒吧、夜总会、歌厅、洗浴中心等营业性娱乐场所实习；通过中介机构或有偿代理组织、安排和管理学生实习工作。

(3) 除相关专业和实习岗位有特殊要求，并报上级主管部门备案的实习安排外，学生跟岗和顶岗实习期间，实习单位应遵守国家关于工作时间和休息休假的规定，并不得有以下情形：安排学生从事高空、井下、放射性、有毒、易燃易爆，以及其他具有较高安全风险的实习；安排学生在法定节假日实习；安排学生加班和夜班。

(4) 接收学生顶岗实习的实习单位，应参考本单位相同岗位的报酬标准和顶岗实习学生的工作量、工作强度、工作时间等因素，合理确定顶岗实习报酬，原则上不低于本单位相同岗位试用期工资标准的 80%，并按照实习协议约定，以货币形式及时、足额支付给学生。

(5) 职业学校和实习单位不得向学生收取实习押金、顶岗实习报酬提成、管理费或者其他形式的实习费用，不得扣押学生的居民身份证，不得要求学生提供担保或者以其他名义收取学生财物。

(6) 实习学生应遵守职业学校的实习要求和实习单位的规章制度、实习纪律及实习协议，爱护实习单位设施设备，完成规定的实习任务，撰写实习日志，并在实习结束时提交实习报告。

(7) 职业学校组织学生到外地实习，应当安排学生统一住宿，具备条件的实习单位应为实习学生提供统一住宿。职业学校和实习单位要建立实习学生住宿制度和请销假制度。学生申请在统一安排的宿舍以外住宿的，须经学生监护人签字同意，由职业学校备案后方可办理。

(8) 学生在实习期间受到人身伤害，属于实习责任保险赔付范围的，由承保保险公司按保险合同赔付标准进行赔付。不属于保险赔付范围或者超出保险赔付额度的部分，由实习单位、职业学校及学生按照实习协议约定承担责任。职业学校和实习单位应当妥善做好救治和善后工作。

(二) 劳动者的义务

劳动者的义务是指劳动者必须履行的义务。劳动义务是指《中华人民共和国劳动法》规定的对劳动者必须做出一定行为或不得做出一定行为的约束。权利和义务是密切联系的，任何权利的实现总是以义务的履行为条件的，没有权利就无所谓义务，没有义务就没有权利。劳动者有劳动就业的权利，且劳动者一旦与用人单位发生劳动关系，就必须履行其应尽的义务，其中最主要的义务就是完成劳动生产任务。《中华人民共和国劳动法》规定了劳动者的各项权利，同时也要求劳动者履行以下基本义务：

第一，完成劳动任务——最基本的义务。劳动者在与用人单位建立劳动关系后，完成劳动任务是劳动者强制性的义务。劳动者不能完成劳动义务，就意味着劳动者违反劳动合同的约定，用人单位可以解除劳动合同。

第二，提高职业技能。劳动者享有接受职业技能培训的权利，同时也具有提高自身职业技能的义务，这也是对劳动者完成劳动任务的保障。

第三，执行劳动安全卫生规程。劳动者在从事劳动的时候享有生命安全和身体健康的权利，国家与用人单位为了保障劳动者获得安全卫生保护权利而指定的劳动安全卫生规程，劳动者需要执行。如果是因为劳动者自身未执行劳动安全卫生规程而导致的损害，劳动者自身需要负责。

第四，遵守劳动纪律。劳动纪律是劳动者在共同劳动中必须遵守的劳动规则和秩序，宪法规定遵守劳动纪律是公民的基本义务。

第五，遵守职业道德。职业道德是从业人员在职业活动中应当遵循的道德，劳动者在从事劳动过程中需要忠于职守，对社会负责。

(三) 劳动者权利与义务的关系

在社会主义制度下，劳动者的权利与义务是统一的。在社会主义制度下，每一位劳动者都是国家的主人。劳动者的主人翁地位是由劳动者享有的基本权利和劳动者履行的基本义务构成的，是通过劳动者的权利和义务体现出来的。劳动者的权利和义务是相互依存，不可分离的。任何权利的实现总是以义务的履行为条件。没有权利就无所谓义务，没有义务就没有权利。劳动者在享法律规定的权利的同时，还必须履行法律规定的义务。只有坚持权利和义务的统一，才能充分体现劳动者的主人翁地位。

四、劳动者权利的主要实现方式

一般来说，劳动关系有两个主体——劳动者和用人单位。从实力对比看，劳动者往往处于弱势，用人单位则处于相对的强势。为了使法律规定的劳动者权利得到切实实现，我国采取了工会和职工代表大会的组织形式，由其代表职工和组织职工参与国家和社会事务的管理，以及在企业中组织和代表职工参与企业的决策和管理。显然，工会和职工代表大会是代表与维护劳动者权益的主要组织，是劳动者实现劳动权利的主要途径之一。

从工会和职工代表大会的作用和地位看，职工代表大会可代表劳动者具体行使下列职权：

第一，听取和审议厂长关于企业的经营方针、年度计划、基本建设方案、重大技术发行方案、职工培训计划、留用资金分配和使用方案、承包和租赁经营责任制方案的报告，提出意见和建议。

第二，审查同意或否决企业的工资调整方案、奖金分配方案、劳动保护措施、奖惩办法及其他重要的规章制度。

第三，审议决定职工福利基金使用方案、职工住宅分配方案和其他有关职工生活福利的重大事项。

第四，监督企业各级行政领导干部，提出奖惩和任免建议。

第五，根据政府主管部门的决定选举厂长，报政府主管部门批准。

实现和保障劳动者权利的工作，还有赖于劳动合同、集体合同和劳动争议等法律制度的具体实施来完成。

劳动合同的意义在于确立劳动关系和明确劳动标准。用人单位在和劳动者签订劳动合同时，其劳动标准不得低于国家规定的劳动标准。劳动合同在我国已经普遍推行，但需要进一步规范劳动合同的签订程序和合同的内容，以确保劳动合同的法律效力。

集体合同的意义在于调整和实施劳动标准。在集体合同的签订过程中，劳动者是以集体的力量通过工会与雇主一方就劳动条件和劳动标准进行对等协商谈判的。劳动者权利的保障，是集体合同的基本内容，也是签订集体合同的直接目的。我国集体合同制度已经在各地推行，并已经取得一定的进展，但在这一工作中，需要克服形式主义的倾向。搞好集体合同工作，必须要有一个真正代表劳动者利益的工会，切实通过协商谈判，才能使集体合同在维护和保障劳动者利益方面真正发挥作用。

劳动争议处理工作是劳动者权利保障最后的法律防线。这一制度对于保障在劳动关系中处于弱势的劳动者来说，具有极为重要的意义。应该说，我国的劳动争议处理制度，已经在劳动者权利保障方面发挥了重要的作用，但随着今后劳动争议处理工作所面临的更加复杂和严峻的任务，这一制度还需要加强和完善。

可见，在市场经济条件下，任何专业的大学生都应该掌握基本的法律知识，《中华人民共和国劳动法》以劳动关系及与劳动关系密切联系的关系为调整对象。它的基本理念是"保护劳动者的合法权益"。大学毕业生或已经工作的普通劳动者，以及用人单位的管理者，都应当熟悉劳动法律、法规，能够运用《劳动法》专业知识解决劳动关系中的实际问题，明确自己在劳动关系中的权利与义务，能运用劳动法律知识维护自身的权利，做一个知法、守法、懂法的好公民。

 【拓展阅读】

用人单位不得在职工休产假期间降低工资待遇

李某于 2009 年 10 月进入某摄影部工作。2017 年 11 月 24 日，李某生育一女。2018 年 2 月 12 日，无锡市社会保险基金管理部门向摄影部支付了李某的生育津贴共计 14 103.04 元。同年 3 月 20 日，摄影部向李某支付产假工资 11 804 元。李某产假前的月平均工资高于 5000 元。摄影部于 2018 年 9 月 5 日作出《旷工离职通知书》，并通知了李某。李某申请劳动仲裁，请求裁令摄影部支付少发的生育津贴 8000 元。仲裁委终结审理后，李某诉至法院。法院认为，李某可依法享受 128 天的产假，产假前的月平均工资高于 5000 元，现李某主张其产假前月平均工资为 5000 元，系其对自身权利的合法处分，不违反法律规定。无锡市社会保险基金管理部门已向摄影部支付了李某的生育津贴 14 103.04 元，而摄影部截留部分后仅向李某支付 11 804 元。另经核算，李某享受的生育津贴低于其产假前的工资标准，故摄影部不仅不应截留还应予以补足。李某主张的 8000 元并未超过应补发的金额，法院予以支持。

第二节　劳动保障与社会保障

随着社会经济的飞速发展，社会上充斥着各种安全问题，而职场也是一个小社会，所以也必然存在一些安全问题。这些安全问题有的可以让人直接感受到，有的却是潜藏的。职场安全无小事，这需要每个人都提高职场安全意识，在作业场所能够正确辨识职业危害因素，做到自我管理、自我保护，防止职业病侵害，提高避灾自救能力。同时也要在自己失业、患病、工伤以及遭遇事故丧失劳动能力后，依据法律保障自己的基本生活不受影响。

当今中国是一个法治社会，围绕着我们生活的是各种各样的法律，法律在保护我们的同时也要求我们遵守它们。对于即将步入职场的大学生们比较实用且很重要的法律就有《中华人民共和国劳动法》(以下简称《劳动法》)与《中华人民共和国社会保障法》(以下简称《社会保障法》)。

一、劳动保障

(一) 劳动保障的概念

《劳动法》第五十二条规定："用人单位必须建立、健全劳动安全卫生制度，严格执行国家劳动安全卫生规程和标准，对劳动者进行劳动安全卫生教育，防止劳动过程中的事故，减少职业危害。"

劳动保障是指以保护劳动者的基本权益所采取的一切措施和行为的总和(图7-2-1)。劳动保障制度的目的就是以保障劳动者的合法权益，这是区别于其他对劳动关系调整的法律制度。

(a) 场景一

(b) 场景二

(c) 场景三

图 7-2-1　大学生在工作岗位上的各种劳保也是一种劳动保障

(二) 劳动保障的内容

劳动保障的内容是主体的独立人格、法律地位和物质利益。主体的独立人格是获得法律地位的前提，而独立的法律地位又是实现物质利益的前提。劳动保障首先要确立和维护劳动者和用人单位的独立人格和法律地位。劳动者要独立于国家、独立于资本、独立于其他任何人，成为能够自由支配自己劳动力、享有自主择业权的主人；用人单位要独立于国家、独立于其他单位，成为能够自主经营，拥有用工自主权的市场主体。劳动保障其次是要保障主体的物质利益。维护主体人格和法律地位的目的是实现和保障主体的物质利益。

二、社会保障

(一) 社会保障的概念

社会保障是以国家或政府为主体，依据法律，积极动员社会各方面资源，对国民收入进行再分配，保证无收入、低收入以及遭受各种意外灾害的公民能够维持生存，保障劳动者在年老、失业、患病、工伤、生育时的基本生活不受影响，同时根据经济和社会发展状况，逐步增进公共福利水平，提高国民生活质量。

《劳动法》第七十三条规定劳动者在下列情形下，依法享受社会保险待遇：

(1) 退休；

(2) 患病、负伤；

(3) 因工伤残或者患职业病；

(4) 失业；

(5) 生育。

劳动者死亡后，其遗属依法享受遗属津贴。劳动者享受社会保险待遇的条件和标准由法律、法规规定。劳动者享受的社会保险金必须按时足额支付。

(二) 社会保障的本质

社会保障的本质是追求公平，责任主体是国家或政府，目标是满足公民基本生活水平的需要，同时必须以立法或法律为依据。现代意义上的社会保障制度是工业化的产物，以 19 世纪 80 年代德国俾斯麦政府颁布并实施的一系列社会保险法令为标志，经历了发展、成熟、完善、改革等不同时期，各国根据各自的政治、经济和人口环境等因素，形成了各具特色的社会保障制度模式。

(三) 社会保障的主要内容

中国社会保障制度主要包括社会保险、社会救助、社会优抚和社会福利等内容。

三、劳动保障与社会保障的区别

从劳动保障和社会保障的关系来看，前者以针对劳动者的弱势地位而设立，后者针对生活风险而建立，不考虑主体的差异，因此社会保障是劳动保障的内容之一，但不是全部。当社会保障的关系主体是劳动者和用人者的时候，才属于劳动保障的内容，两者有区别但是有交叉。从社会保障和劳动保障的内容来看，很明显，劳动保障只属于社会保障的一部分，属于从属关系。

四、《劳动法》

(一) 《劳动法》的目的

第一，《劳动法》的基本价值是保护劳动者权益。《劳动法》是侧重保护劳动者权利的法律，维护劳动者的权利是为了使劳动者在劳动过程中可以有尊严地劳作，这也是为了弥补劳动者在劳动关系中处于弱势地位的不利条件。

第二，《劳动法》以强制性规范为特点保护劳动关系中的弱势群体。《劳动法》规定的劳动强制标准侧重于雇佣者一方，这是国家对用人单位应承担的义务的监督。用人单位在面临劳动强制规范的标准时，只能提高，不能降低，从而保障了劳动者良好的劳动环境以及条件待遇。

(二) 《劳动法》在现代发展中起到的作用

虽然在《劳动法》设立之后，国家在政府内部已经设置了专门的部门专业执行这一法律体系，但是在经济体制的计划中依旧存在很多劳动关系之间的矛盾。因此《劳动合同法》重新规范了劳动合同签订、劳动关系建立和实际用工三者之间的关系，将劳动合同作为建立劳动关系的唯一表现形式来调整，劳动合同仅作为书面证据，而真正判断劳动关系的建立以实际用工的真实情况为标准，而且还对那些不签订劳动合同的用人单位进行规范，若不签订书面劳动合同而发生了劳动关系之后，用人单位将支付双倍工资给劳动者，同时承担劳动关系转为无固定期限劳动合同等法律责任，《劳动法》这样的调整不仅使劳动者的权益保障得到了加强，同时还强化了法律后果。可见，《劳动法》不但贯彻了保护劳动者权益的理念，而且呼应了尊重人权的原则，为我国经济发展奠定了基础。

五、《社会保障法》

(一)《社会保障法》的基本作用

第一，《社会保障法》是全社会的保障，维护社会稳定。《社会保障法》是属于社会法体系中的法律，是典型的社会法，其最主要的特征就是广泛的社会性，它针对社会全体人民，保障社会全体成员的安全利益，目标就是满足社会全体成员的基本生活，然后达到社会稳定。

第二，《社会保障法》维护弱势群体利益时具有法定性。《社会保障法》是由法律规定的、按照某种确定规则实施的社会保障政策和措施体系，是社会法的一种，具有法定性。

第三，《社会保障法》的立法技术性可让案件得到准确处理。《社会保障法》的运营也要经过严密的分析与计算，这使得《社会保障法》有较高的技术性。

(二)《社会保障法》的效果

改革开放后，中国经济的发展速度可谓是空前绝后，在经济发展的同时，我国的社会也在不断进步，全面发展。如今人民的基本生活得到保障之后，社会保障制度也逐渐成了当前最重要的内容。我国的社会保障制度从20世纪80年代开始建立，历经多年，建成了属于我国的社会主义保障制度。我国的社会保障制度主要分为两部分：一部分是国家对社会弱势群体的救助，以及对军人或烈士的优抚安置，这一部分的项目资金都是由国家财政支撑的，这些都属于国民收入再分配范畴内的，还有一些社区举办的社会福利或者社区服务，也都是属于国民收入再分配范畴的。另一部分就不是由国家财政支撑展开的，一般是由三方共同出资，用人单位、职工自己和国家给予适当的补助，如我养老保险、生育保险，还有一些医疗保险等项目，都是属于社会保险。

当社会保障法出台之后，我们考虑的应该是覆盖面的问题，其覆盖面程度将直接影响社会保障制度，如果社会成员中大部分的人不能直接享受到社会保障的权益，则社会保障法就不起不到社会保障作用；社会保障的最明显的效果就是对我国公民进行有效的基本保障，从而稳定社会环境，加速经济发展。

六、《劳动法》与《社会保障法》的联系与区别

(一)《劳动法》和《社会保障法》的作用

对于劳动者来说，只有扩大劳动者的权利，并且同时保障广大劳动者的权利后，劳动者才会全心全意地尽自己的劳动义务与劳动责任，因此《劳动法》和《社会保障法》就是给予广大劳动人民权利以及权利的保障，其中，《社会保障法》用来规范和调整权利与义务之间的关系，从劳动者和雇用劳动者单位的角度来看，就是用来调整与规范这二者之间的社会关系以及权利与义务之间的关系。

(二)《劳动法》与《社会保障法》之间的联系

《劳动法》与《社会保障法》是联系非常密切的两部法律，它们都为了保护弱势群体，以实现社会公平和社会安定。

第一，《社会保障法》是在《劳动法》的基础上发展起来的。

第二，《劳动法》与《社会保障法》的调整对象在社会保险领域存在交叉。

第三，《社会保障法》对《劳动法》功能的发挥有补充和促进的作用，首先《社会保障法》为劳动者的权益提供了更有利的保障；其次，《社会保障法》为劳动关系的延续提供了有利的条件。

(三)《劳动法》和《社会保障法》之间的区别

第一，调整对象不同。《劳动法》主要调整劳动者与用人单位之间的劳动关系，《社会保障法》调整国家、用人单位、公民(劳动者)、社会保障经办机构因社会保险、社会救助、社会福利、优抚安置等发生的关系。

第二，法律部门不同。在中央上，设有劳动和社会保障部；在地方上，各级政府都设有处理劳动与社会保障问题的行政机关或具体工作部门。

第三，关系的主体不同。《劳动法》调整的劳动关系的主体是用人单位和与之建立劳动关系或劳动合同关系的劳动者(公务员、军人等不适用劳动法)；《社会保障法》的主体包括国家、用人单位、社会保障经办机构和公民(劳动者)。

第四，立法目的不同。《劳动法》的立法目的主要是为了协调劳动关系，保障劳动

者的合法权益。《社会保障法》的立法目的主要是为了保障社会全体成员在遭受各种意外和风险时的基本生活，促进社会安全。

第五，解决程序不同。《社会保障法》引发的劳动争议，由于具有某些私法关系的特点，主要适用民事程序来解决；《劳动法》引发的劳动争议，由于具有较强的公法性，主要采用行政诉讼程序来解决。

(四)　《劳动法》与《社会保障法》结合实施后所起到的重要作用

第一，维护劳动者权益，发挥劳动者的积极性。

建设社会主义，我们要清楚的是，工人才是主力军，因此只有当工人阶级和广大工人群众的合法权益被完全地保护，他们的积极性和创造性才会被调动起来，如果劳动者的合法权益都不能被保护，就不会有建设社会主义的积极性，从而直接影响经济发展速度。因此，发挥劳动者的积极性还要从思想教育上出发；劳动法和社会保障法的普及面不够广泛，使得很多劳动者意识不到自己作为国家主人应该拥有的权益和该发挥的作用；想要在思想方面达到这样的认知，就要开展对劳动者的思想教育，包括集体主义教育、爱国主义教育等，提高思想道德水平。

第二，提高劳动者幸福感。

社会保障法与劳动法是与劳动者生活相关的法律法规，可极大地维护他们的权益。尤其是社会保障法贯彻到生活中的方方面面，其带给劳动者及广大群众的益处会大大地提高幸福感和安全感，当他们感受到社会主义制度的优越性后，就会激发更大的热情投入到社会主义建设中去。

第三，维护市场经济秩序。

《劳动法》与《社会保障法》虽然不属于同一个法律，但是其目的都是协调与约束劳动关系和侧重于保护弱势群体。在劳动关系中，劳动者属于弱势群体，当没有机制去约束这一关系的时候，就会产生矛盾，弱势群体的合法权益长久不被保障的情况下，这种矛盾会不断加剧直至上升到社会矛盾，并直接引起社会动荡和混乱。因此，只有使《劳动法》与《社会保障法》协调发展，才能更好地实现经济发展的战略目标和部署。

七、提高安全意识，谨防就业陷阱

大学生就业陷阱是指招聘单位、其他机构或个人，利用大学生的弱势地位，以提供就业机会为诱饵，采用违法悖德等手段骗取大学生的钱财，或与大学生达成权利与义务不对等的各类就业意向(协议)，侵害大学生合法权益的现象。现实中，常见的就业陷阱有以下几种。

(一) 招聘陷阱

1. 非法招聘机构、招聘会

有些非法招聘中介机构、招聘会利用大学生缺少社会经验，同时又就业心切的心理，打着促进毕业生就业的名义实施骗局，实质上未经有关主管部门审批，举办单位的目的就是赚取高昂的中介费。同时，虚假招聘单位还有可能利用非法招聘过程骗取学生的信息，并出卖学生的个人信息谋取非法利益。

2. 以面试为由，骗取求职者钱财

一些不法分子从互联网或其他途径收集到求职大学生的求职信息中重要的个人信息，然后假以企业之名打电话给大学生通知其参加面试，在大学生完全不设防的情况下，骗取钱财后逃之夭夭。

3. 变相收费

有些企业不当场签约，要求与学生通过互联网或电话继续洽谈，而这些互联网或电话都是收费的；有些企业向大学生收取报名费、资料费、培训费或押金、保证金等，并给予大学生名义上的承诺，等大学生交了费用，他们便以各种理由拒绝返还，然后音讯全无或是再将大学生拒之门外。

(二) 协议陷阱

毕业生找工作时，要与用人单位签订就业协议。就业协议是双方表示意愿的一种约定，在签协议时常出现的问题有以下几种。

1. 口头承诺

口头承诺因为口说无凭，缺乏法律依据而没有法律约束力，一旦发生问题，毕业生往往成为弱者一方，权益受到侵害。

2. 签订不平等协议

由于当前大学生劳动力市场是买方市场，毕业生就业压力较大，"强资本、弱劳工"的现象严重影响着毕业生的求职心理，再加上毕业生维权意识较差，致使毕业生对于签订的就业协议要么不知情，要么根本没有留意协议上的条款而签约，从而促成霸王条款的出现。

3. 以就业协议代替劳动合同

一些不正规的用人单位以不合法的就业协议代替劳动合同。在这样的状况下，一

旦双方发生劳动争议，对毕业生极为不利，双方的劳动关系也只能被认定为事实劳动关系。

总之，针对协议陷阱，毕业生在与用人单位签订就业协议时，一定要睁大眼睛，认真仔细地识别协议是否存在陷阱。一是要看协议是否合法；二是要看协议是否全面；三是要对协议文本仔细推敲；四是正式报到上班后，一定要在协议的基础上，与用人单位协商签订一份有效的劳动合同，防止发生争议而损害自身的合法权益等。

(三) 试用期陷阱

依据《劳动法》和《劳动合同法》，试用期是法定的协商条款，约定与否以及约定期限的长短由双方依法自行协商。但现实中，关于试用期的陷阱一直困扰着毕业生，陷阱的类型主要有以下几种。

1. 企业不约定试用期，可能暗藏玄机

某些企业要求毕业生报到时就立即签订劳动合同，不约定试用期，马上正式上岗。可当毕业生还在暗自庆幸企业不需试用时，却发现企业各方面情况都不尽如人意，与当时招聘广告和承诺的情况大相径庭，工作内容与自己想象的也完全不同，于是决定另谋高就。这时，毕业生才会发现自己在"无意"间放弃了试用期这一有利机会，在这种情况下，如果毕业生单方面解除劳动合同，一方面要提前30天通知企业，另一方面还可能要付出相应的违约代价。

2. 只约定试用期，索取廉价劳动力

因为试用期的工资、福利待遇同正式录用之后差距较大，一些企业就利用"无休止"的试用期来降低自己的劳工成本。

3. 试用期过长或无故延长试用期

有的企业与毕业生约定的试用期严重超过《劳动合同法》规定的标准，有的甚至长达1年以上。也有些企业约定的试用期是在法律规定的范围内，但却以各种理由延长试用期，变相榨取毕业生的廉价劳动力。更有甚者，延长几次后，最终仍将求职者解聘。而毕业生维权意识较差，对《劳动法》认识不深，只能哑巴吃黄连。

面对试用期陷阱，毕业生最好的办法就是拿起法律的武器保护自己。

(四) 智力陷阱

智力陷阱是指企业以招聘考试为名，无偿占有毕业生的程序设计、广告设计、策划方案、文章翻译等。很多应聘者笔试、面试后就没有收到消息，而自己曾经提供的策划方案、设计等却在招聘企业的产品、活动中出现。

(五) 传销陷阱

在新媒体背景下，传销公司也顺应时代发展而改换了新型的蒙骗方式，但传销组织"无实物"销售的本质和金字塔形高额回报宣传不会变。他们一般先安排学生以销售名义上岗工作，然后让学生交纳一定的订货款，再让学生如法炮制去哄骗他人。有的同学在高额回扣的诱饵下，甚至去欺骗自己的同学、朋友，最后自己身陷囹圄还不知悔改。

(六) 劳务陷阱

大学生求职的时候，有些招聘企业会找种种借口拒绝与大学生签订就业合同，结果离职后，因为没有合同，薪酬无处可讨；还有些招聘企业明明说的是招聘合同制工人，结果录用后却发现自己变成了劳务工或派遣工。

1. 劳动合同与劳务合同

劳动合同与劳务合同虽然只有一字之差，但两者的法律依据却完全不同。签订了劳动合同，双方便形成了劳动法律关系，双方的权利义务关系会受到《劳动法》的调整和约束。而劳务合同却是一种民事协议，由《民法典》来调整，劳务关系的双方当事人是完全平等的民事主体，双方的关系是基于商品经济的财产关系，双方的争议不受《劳动法》的调整和约束。

2. 正式工与派遣工

很多毕业生在求职的时候，面对心仪的企业做足了准备，通过一轮轮的初试、笔试、复试、面试，最后与企业签订了就业协议或劳动合同。签了合同之后才发现，协议(合同)中的甲方并不是该企业，而是变成了某人力资源公司，自己也成了该人力资源公司派遣到该企业的派遣工。

总之，面对可能出现的劳务陷阱，大学生一定要与用人单位签订权责明确的书面合同，同时还要在两方面多加小心：一方面，毕业生在找工作，尤其是签协议的时候要小心谨慎，认真阅读协议内容，看清楚协议中的用人单位名称是否是应聘的企业，看清楚到底是劳动合同还是劳务合同；另一方面，毕业生应增强维权意识和维权能力，熟悉保护自己合法权益的法律、法规，以便在求职过程中有效识别求职陷阱，保护自己的合法权益。

【拓展阅读】

大学生打工遭转包

一切的源头是 QQ 群的一条招聘信息：2018 爱信力团队暑期工招募……前有团队负责了解厂区环境待遇，后有强大的后勤运营团队，确保服务到每个学生需求。住 6 ~ 8 人间，有空调，上六休一，环境美丽，包吃包住，月薪 3500 ~ 5500 元不等。

这些条件看起来很诱人，毕竟是短期工，还包吃住，工资还算过得去，对于这些不富裕人家的孩子来说，无疑是一份"高"的工作。不过前提是要交 200 元车费，这些大学生不是没有怀疑过，但是这钱收得似乎"合情合理"，于是咬咬牙也就交了。

坐上车出发的途中，诈骗者的"獠牙"开始露出。先是要求多交 150 元，开始大家都在抗拒，毕竟是无缘无故多交，但是车队已经开到高速公路上，可以说"箭在弦上"，只能认栽交了，安慰自己打工就赚回来了。

紧接着是改地址，宣称原定的江苏某工厂的务工人员已经招满，车队将改去深圳的一家工厂，目的地的改变让大家非常不安，但人在屋檐下不得不低头。这时"骗子"又要求每人多交 400 元安排费，如果不给就没法安排工作，直到这时候大家才意识到也许自己受骗了，但是大部分人还是老老实实地交了，毕竟不交等于不见了 350 元，现在多交 400 元也许还有机会。

到达地点后，大家并没有等到所谓的工作，工厂表示自己和中介没有关系，还十分排斥这种中介行为。另外，他们此次只招 22 周岁以上的长期工，暑假工已经招满。事已至此，大家都知道被骗了，有学生选择了报警。他们的身上已经没有太多的钱回去，此刻感觉如此的"落魄"，打工不成反被骗，回去被家里人知道指不定还挨骂。

在救助站那晚，因为害怕，他们都没怎么睡，凌晨 3 点起就在院子里踱步到天明。次日，在救助站的帮助下，他们每人携带 6 包方便面，凭站票踏上了从广州东站开往太原的火车，历经近 34 个小时回到太原。被骗的郭爱华表示自己永远忘不了那天晚上的感受，又气、又累、又困、又饿。

作为此次"爱信力团队"带队的负责人小李是一名大二学生。他之前参加过招工并挣到钱，尝到了甜头，现在开始做代理。小李表示这次确实是因为车辆的迟到导致没办法顺利让学生入职，但中介收 400 元中介费是他没有想到的。

大学可以说是学生时代和社会时代的过渡阶段，一方面想学好知识，另一方面又想尝试下去社会赚钱的快乐。很多诈骗者就是利用这一点，承诺高薪诱骗大学生。尽管有不少人知道天下没有免费的午餐，但是更多人选择了"飞蛾扑火"，可以说不见黄河不死心。

此外，大学生们还要警惕网络诈骗。一些诈骗者宣称可以利用空闲时间兼职，努力一点可以月入过万，这对于缺钱的学生来说无疑是巨大的诱惑。但诈骗者一般都会要求交入会费等，还振振有词地表示：不交钱谁都可以入门，这样会导致竞争压力太大的行业乱象，另一方面，交钱是让你们兼职更加努力，这样才能赚回本钱，等等。

(资料来源：搜狐网，有删改)

八、订立劳动合同，加强劳动保障

大学生进入职场的第一个环节就是办理入职手续。入职手续从办理入职登记、培训再到劳动合同的签订，各个环节环环相扣，牵一发而动全身。此时，大学生作为新员工，在签订劳动合的同时，要注意将劳动合同中的法律风险降到最低，需了解当自身权益受到侵害时如何维护自己的合法利益。

(一) 订立劳动合同

《劳动法》第十六条第一款规定，劳动合同是劳动者与用人单位之间确立劳动关系、明确双方权利和义务的协议。

根据这个协议，劳动者加入企业、个体经济组织、事业组织、国家机关、社会团体等用人单位，成为该单位的一员，承担一定的工种、岗位或职务工作，并遵守所在单位的内部劳动规则和其他规章制度；用人单位应及时安排被录用的劳动者工作，按照劳动者提供劳动的数量和质量支付劳动报酬，并且根据劳动法律、法规规定和劳动合同的约定提供必要的劳动条件，保证劳动者享有劳动保护及社会保险、福利等权利和待遇。建立劳动关系时应当订立劳动合同，并且，订立和变更劳动合同应当遵循平等自愿、协商一致的原则，不得违反法律、行政法规的规定。劳动合同依法订立即具有法律约束力，当事人必须履行劳动合同规定的义务。

1. 劳动合同的必备条款

劳动合同是员工与单位之间劳动关系权利和义务的约定。合同是缔约人之间自由意志的表现，但与其他领域的合同不同，当事人在订立劳动合同时的自由度较低，因为我国法律对于劳动合同的订立时间、订立形式存档、合同内容等方面有严格的规定，企业在订立劳动合同时必须严格遵守法律的强制性规定。

我国《劳动法》第十九条规定，劳动合同应当以书面形式订立，并具备以下条款：(1) 劳动合同期限；(2) 工作内容；(3) 劳动保护和劳动条件；(4) 劳动报酬；(5) 劳动纪律；(6) 劳动合同终止的条件；(7) 违反劳动合同的责任。

我国《劳动合同法》第十七条又对劳动合同的内容作了进一步的规定，劳动合同应当具备以下条款：(1) 用人单位的名称、住所和法定代表人或者主要负责人；(2) 劳动者的姓名、住址和居民身份证或者其他有效身份证件号码；(3) 劳动合同期限；(4) 工作内容和工作地点；(5) 工作时间和休息休假；(6) 劳动报酬；(7) 社会保险；(8) 劳动保护、劳动条件和职业危害防护；(9) 法律、法规规定应当纳入劳动合同的其他事项。

与此同时，相关的法律法规又对签订劳动合同的用人单位和劳动者，也就是劳动合同关系的主体的范围和资格加以规定。劳动合同的当事人必须具有合法的主体资格。作为用人单位必须是依法成立的企业、个体经济组织、国家机关、事业组织和社会团体，只有这样的用人单位才有权签订劳动合同。劳动者也必须具备一定的资格、条件，最重要的就是要达到法定的就业年龄，即必须年满 16 周岁，国家严禁用人单位招用未满 16 周岁的未成年人。文艺、体育以及特种工艺单位招用未满 16 周岁的未成年人，必须依照国家有关规定履行审批手续，并保障未成年人接受义务教育的权利，用人单位不能招用童工(16 周岁以下)，也就是说劳动者必须是达到法定就业年龄且具有劳动行为能力的人。

2. 劳动合同的订立时间

根据《劳动合同法》第十条、第六十九条的规定，全日制劳动者与用人单位建立劳动关系，应当订立书面的劳动合同。订立书面劳动合同是用人单位的职责，非劳动者自身原因未签订书面劳动合同超过一定时间，用人单位将承担一定的法律后果。非全日制劳动者与用人单位之间建立劳动关系可以订立口头协议，但劳动争议中举证责任一般在用人单位方，因此即使是非全日制用工也应当订立书面劳动合同，以明确双方的权利义务，防止争议。

通常劳动合同应当在建立劳动关系之日，即开始用工当日签署。但是我国《劳动合同法》并没有强制要求必须在用工的同时签署书面劳动合同，而是规定了一个月的宽限期，即最迟应当在用工之日起一个月内订立书面劳动合同。为了保护自身合法权益，建议劳动者应及时、明确地要求用人单位在建立劳动关系之日起签署劳动合同，如果已经开始实际工作而暂时未签署书面劳动合同，那么劳动者的合法权益在这段"空档期"中将会缺少必要和完备的保障。

在现实中，有的用人单位与劳动者形成了劳动关系，却由于种种理由未与其订立相应的劳动合同，试图逃避应当履行的劳动合同义务，甚至任意解除劳动关系，给劳动者的合法权益造成极大的损害。我国《劳动合同法》针对这种情况规定了两项"罚则"，以遏制用人单位这种不法行为的发生。

第一项罚则是"支付双倍工资"。用人单位自用工之日起超过一个月不满一年未与劳动者订立书面劳动合同的，应当向劳动者每月支付二倍的工资，并应当与劳动者签订书面劳动合同(《劳动合同法》第八十二条)。

第二项罚则是"自动订立无固定期限劳动合同"。用人单位自用工之日起满一年不与劳动者订立书面劳动合同的，视为用人单位与劳动者已订立无固定期限劳动合同(《劳动合同法》第十四条)。

需要注意的是，"支付双倍工资"与"自动订立无固定期限劳动合同"两个法律后果并不叠加适用。换而言之，劳动者自劳动关系确立之日起一个月的次日至满一年的前一日期间可以向用人单位主张双倍工资(即十一个月的双倍工资)，而自劳动关系确立满一年的当日，用人单位与劳动者之间的劳动关系视为已经订立了无固定期限劳动合同，此时劳动者就不能再主张双倍工资了。

3. 劳动合同的期限

劳动合同的期限有三种：固定期限的劳动合同、无固定期限的劳动合同和以完成一定的工作为期限的劳动合同。用人单位与劳动者在签订劳动合同时要根据双方的需求来协商确定劳动合同的期限。同时，如果有约定试用期，试用期是包含在劳动合同期限内的，若劳动合同仅约定试用期的，试用期不成立，该期限为劳动合同期限。

4. 用人单位和劳动者的相关信息

劳动合同中包含用人单位的名称、住所和法定代表人或者主要负责人信息，是对劳动者知情权的一种保护，属于劳动合同的必要条款。

劳动合同中必须包含劳动者的姓名、住址和居民身份证或者其他有效身份证件号码，是为了明确劳动合同中劳动者一方的主体资格，确定劳动合同的当事人。需要注意的是，用人单位对劳动者的用工处理都需要对劳动者进行送达，并承担已向劳动者送达的举证责任，所以劳动合同中需要明确劳动者的通信地址。劳动者作为接收通知的一方，如果收到通知而不予回复，则可能在法律上丧失或者视为放弃某些权益。现实中劳动者的实际住址与身份证件上的住址很可能不一致，建议在劳动合同中要明确。

5. 工作内容与工作地点

工作内容一般是指劳动者的工作岗位、任务、职责，是用人单位使用劳动者的目的，也是劳动者通过自己的劳动取得劳动报酬的缘由。劳动合同中的工作内容条款应当规定得明确具体，便于遵照执行。如果劳动合同没有约定工作内容或约定的工作内容不明确，用人单位则可以自由支配劳动者，随意调整劳动者的工作岗位，这样则难以发挥劳动者所长，也很难确定劳动者的劳动量和劳动报酬，易造成劳动关系极不稳定，因此约定和明确工作内容是必不可少的。另外，对工作岗位的约定要掌握技巧，太宽泛或者太严苛均会引起劳动争议。

工作地点是指劳动合同的履行地点。工作地点关系到劳动者的工作环境、生活环境以及劳动者的就业选择，劳动者有权在与用人单位建立劳动关系时知悉自己的工作地点。

6. 工作时间与休息休假

工作时间是指劳动者在用人单位必须用来完成其所担负的工作任务的时间。《劳动法》中的工作时间包括工作时间的长短、工作时间方式的确定，例如是八小时工作制还是六小时工作制，是日班还是夜班，实行的是正常工时还是不定时工作制，或者是综合计算工时制。工作时间不同，对劳动者的就业选择、劳动报酬等均有影响，故其属于劳动合同的必要条款。

休息休假是指劳动者按规定不必进行工作而可以自行支配的时间。休息休假的权利是每个公民都应享受的权利，用人单位与劳动者约定休息休假事项时应当遵守《劳动法》及相关法律法规的规定。

7. 劳动报酬

劳动报酬是指劳动者与用人单位确定劳动关系后，因提供了劳动而取得的报酬。劳动报酬是满足劳动者生活需要的主要来源，也是劳动者付出劳动后应该得到的回报，因此劳动报酬是劳动合同中必不可少的内容。劳动报酬主要包括以下几个方面：(1) 企业工资水平、工资分配制度、工资标准和工资分配形式；(2) 工资支付办法；(3) 加班加点工资，津贴、补贴标准，奖金分配办法；(4) 工资调整办法；(5) 试用期及病事假等期间的工资待遇；(6) 特殊情况下员工工资支付办法；(7) 其他劳动报酬。

(二) 劳动合同解除

《劳动合同法》规定，用人单位与劳动者协商一致，可以解除劳动合同。劳动者提前三十日以书面形式通知用人单位，可以解除劳动合同。劳动者有下列情形之一的，用人单位可以解除劳动合同：(1) 在试用期间被证明不符合录用条件的；(2) 严重违反用人单位的规章制度的；(3) 严重失职，营私舞弊，给用人单位造成重大损害的；(4) 劳动者同时与其他用人单位建立劳动关系，对完成本单位的工作任务造成严重影响，或者经用人单位提出，拒不改正的；(5) 因本法第二十六条第一款第一项规定的情形致使劳动合同无效的；(6) 被依法追究刑事责任的。

(三) 应届生三方协议与劳动合同的关系

三方协议是《普通高等学校毕业生就业协议书》的简称，它是明确毕业生、用人单位、学校三方在毕业生就业工作中的权利和义务的书面表现形式，能解决应届毕业生户籍、档案、保险、公积金等一系列相关问题。三方协议是普通高等学校毕业生和用人单位在正式确立劳动人事关系前，经双向选择，在规定期限内就确立就业关系、明确双方权利和义务而达成的书面协议；是用人单位确认毕业生相关信息真实可靠以及接收毕业生的重要凭据；是高校进行毕业生就业管理、编制就业方案以及毕业生办理就业落户手续等有关事项的重要依据。

2009 年，教育部高校学生司发布了《关于修订〈普通高等学校毕业生就业协议书〉若干意见的通知》(教学习[2009]28 号)，将三方协议的制定权下放至省级教育主管部门，各省修订后的三方协议文本上均采用了经过数据加密处理的专用条码防伪方式，每个毕业生有且仅有一份。

三方协议虽然也规定了一些劳动关系涉及的内容，但其不能代替劳动合同，它与劳动合同相比存在以下区别：

第一，签订时间不同。三方协议是学生在校期间签订的；而劳动合同是毕业生毕业离校后到用人单位正式报到时签订的。

第二，主体不同。三方协议的主体是三方，即学校、毕业生和用人单位；而劳动合同的主体是两方，即劳动者和用人单位。

第三，内容不同。三方协议的主要内容是毕业生如实介绍自身情况并表示愿意到用人单位就业，用人单位表示愿意接收毕业生，学校同意推荐毕业生并列入就业方案；而劳动合同是记载劳动者和用人单位的权利和义务，是劳动关系确立的法律凭证。

第四，目的不同。三方协议是毕业生和用人单位关于将来就业意向的初步约定，是编制毕业生就业方案和将来双方订立劳动合同的依据；而劳动合同主要是劳动关系确立后使劳动者和用人单位的合法权益得到应有的保障。

第五，适用的法律不同。三方协议订立后如发生争议，解决的主要依据是《普通高等学校毕业生就业工作暂行规定》《合同法》等；而劳动合同订立后，发生争议解决的主要依据是《劳动法》《劳动合同法》及相关法律法规、司法解释。

需要注意的是，三方协议与劳动合同并非没有任何联系，三方协议中的毕业生就业之后的工作性质、地点、期限、工资薪金、社会保险和公积金等涉及劳动合同关系的条款与双方正式签订的劳动合同的内容基本一致。通过三方协议中的内容，毕业生基本可以预见到自己与用人单位建立劳动关系之后所享有的权利和应承担的义务。

（四）社会保险和公积金

1. 社会保险项目

社会保险是指国家通过立法，按照权利与义务相对应原则，多渠道筹集资金，对参保者在遭遇年老、疾病、工伤、失业、生育等风险情况下提供物质帮助(包括现金补贴和服务)，使其享有基本生活保障、免除或减少经济损失的制度安排。

我国《社会保险法》第二条规定，国家建立基本养老保险、基本医疗保险、工伤保险、失业保险、生育保险等社会保险制度，保障公民在年老、疾病、工伤、失业、生育等情况下依法从国家和社会获得物质帮助的权利。其中，基本养老保险制度包括职工基本养老保险制度、新型农村社会保险制度和城镇居民社会养老保险制度；基本医疗保险制度包括职工基本医疗保险制度、新型农村合作医疗制度和城镇居民医疗保险制度。

2. 住房公积金

住房公积金是指国家机关、国有企业、城镇集体企业、外商投资企业、城镇私营企业及其他城镇企业、事业单位、民办非企业单位、社会团体及其在职职工缴存的长期住房储金。住房公积金是职工按规定存储起来的专项用于住房消费支出的个人住房储金，具有积累性和专用性。

（五）做好劳动保护

劳动保护是国家和组织为保护劳动者在劳动生产过程中的安全和健康所采取的立法组织和技术措施的总称。劳动保护旨在消除危及人身安全健康的不良条件和行为，防止事故和职业病，保护劳动者在劳动过程中的安全与健康，其主要内容包括劳动安全、劳动卫生、女工保护、未成年工保护、工作时间和休假制度。

做好劳动保护还要注意以下两个方面。

1. 规避劳动禁忌

(1) 普通劳动禁忌。

某一工作状态的长期保持：体力劳动者如果在工作时长期保持一定姿势，会导致个别身体器官或生物系统过度紧张而引起疾患；脑力工作者容易用脑过度，使大脑产生疲劳感，如果继续强迫大脑工作，则会进一步加重心理疲劳，造成脑细胞的损伤，或使脑功能发生障碍，严重者，还可能造成心理健康失调，对工作、学习丧失兴趣，产生厌倦感，甚至产生轻生念头。

不良劳动环境条件：劳动者长期处于高温、寒冷、潮湿、光线不足、空间狭窄等工作环境，会增加劳动者的劳动负荷、提高劳动强度，容易产生疲劳和造成损伤。

劳动组织和劳动制度安排不合理：劳动时间过长，劳动强度过大，休息时间不够，轮班制度不合理等，也容易形成过度疲劳，造成劳动者身体损伤。

劳动者身体素质不强：劳动者身体状况不适应所安排的劳动强度，容易造成劳动者身体损伤。

(2) 女职工劳动禁忌。

国家禁止安排女职工从事的劳动：矿山井下作业；体力劳动强度分级标准中规定的第Ⅳ级体力劳动强度的作业；每小时负重 6 次以上，每次负重超过 20 公斤的作业，或间断负重、每次负重超 25 公斤的作业；女职工在月经、怀孕、哺乳期间禁忌从事的其他劳动。

女职工在月经期间实行特殊保护：女职工在月经期间，所在单位不得安排其从事高处、低温和冷水作业以及国家规定的Ⅲ级体力劳动强度的劳动；从事以上工作的女职工在月经期间应尽可能调整其从事适宜的工作，如不能调整时，根据工作和身体情况，给予经期假 1～2 天，不影响考勤。

已婚待孕女职工禁忌从事的劳动：已婚待孕女职工禁忌从事铅、汞、苯、镉等作业，场所属于《有毒作业分级》标准第Ⅲ、Ⅳ级的作业。

怀孕女职工特殊的劳动保护：女职工怀孕期间，所在单位不得安排其从事国家规定的Ⅲ级体力劳动强度和孕妇禁忌从事的劳动，不得在正常劳动日以外延长劳动时间；对不能承受原劳动的，应根据医务部门的诊断和建议予以减轻劳动量或安排其他劳动；应对工程部门从事野外勘测工作及施工一线的女职工安排适当工作。

怀孕女职工禁忌从事的劳动：作业场所空气中铅及其化合物、汞及其化合物、苯、镉、铍、砷、氰化物、氮氧物、一氧化碳、二硫化碳、氯、己内酰胺、氯丁二烯、氯乙烯、环氧乙烷、苯胺、甲醛有毒物质浓度超过国家职业卫生标准的作业；从事抗癌药物、己烯雌酚生产，接触麻醉剂气体等的作业；非密封源放射性物质的操作，核事故与放射事故的应急处置；高处作业分级标准中规定的高处作业；冷水作业分级标准中规定的冷水作业；低温作业分级标准中规定的低温作业；高温作业分级标准中规定的第三级、第四级的作业；噪声作业分级标准中规定的第三级、第四级的作业；体力劳动强度分级标准中规定的Ⅲ级、Ⅳ级体力劳动强度的作业；在密闭空间、高压室作业或者潜水作业，伴有强烈振动的作业，或者需要频繁弯腰、攀高、下蹲的作业。

2. 预防职业病

职业病，是指企业、事业单位和个体经济组织等用人单位的劳动者在职业活动中，因接触粉尘、放射性物质和其他有毒有害物质等因素引起的疾病。

职业病的危害因素是指在生产过程中、劳动过程中、作业环境中存在的危害劳动者健康，可能导致职业病的各种因素。

生产现场的作业人员，在日常的生产作业过程中，可能会接触到各种各样的职业病危害因素。这些职业病危害因素按其来源可以分为生产过程中接触的危害因素、劳动过程中接触的危害因素和作业环境中的危害因素三类。针对不同的职业病危害来源，我们要有针对性地开展预防职业病危害的综合性防护。

九、劳动纠纷处理

我国境内的用人单位与劳动者发生的下列劳动纠纷：(1) 因确认劳动关系发生的争议；(2) 因订立、履行、变更、解除和终止劳动合同发生的争议；(3) 因除名、辞退和辞职、离职发生的争议；(4) 因工作时间、休息休假、社会保险、福利、培训以及劳动保护发生的争议；(5) 因劳动报酬、工伤医疗费、经济补偿或者赔偿金等发生的争议；(6) 法律、法规规定的其他劳动争议，任何一方均可以向劳动人事争议仲裁委员会申请劳动仲裁。

劳动者与用人单位发生劳动争议，可以先通过协商解决或者向调解组织申请调解，当事人不愿协商、调解或者协商调解后不履行调解协议的，可自知道或者应当知道自己的权利被侵犯之日起一年内依法向有管辖权的劳动争议仲裁委员会申请仲裁，当事人对仲裁裁决不服的，可以在收到裁决书之日起 15 日内依法向人民法院提起诉讼。

中国加入世界贸易组织之后，深刻地意识到经济全球化发展下，我国社会主义建设需要大步向前走，人民的权益必将受到更好的重视。随着劳动改革，就业方式的多样化使劳动关系变得更加复杂，大学生面对复杂的人际关系或刚性的管理制度，既要表面上做到"和光同尘"，又要选择积极进取、勇于创新的人生态度，而劳动法和社会保障法是我们进入职场的重要保护屏障，不但可以维护劳动者权益，还能促进社会主义现代化建设的速度，促进经济的协调发展。

【拓展阅读】

不服调岗遭下岗

张女士在某贸易公司从事财务主管工作多年，期间工作表现良好。随后在续订劳动合同时用人单位与其订立了无固定期限劳动合同。2009 年 11 月，张女士患病，因错过最佳治疗时间，转为慢性疾病，后来时常因其身体状况和病假问题影响工作。该公司领导经讨论认为，张女士目前的身体状况不符合财务主管工作岗位的要求，已经影响了公司的正常经营活动，决定将其由目前的工作岗位调到相对轻松的其他岗位，以方便治疗和休息，相关待遇按照新岗位标准执行。

张女士认为其在公司工作多年，表现良好，用人单位于情应为其保留工作岗位，待其痊愈后继续工作；于理在没有征求她本人意见的前提下，擅自调整她的工作岗位及待遇，属于擅自变更劳动合同的行为，因此拒不执行公司的安排。

在双方经过数次协商仍未达成一致意见的情况下，该公司以张女士不服从工作安排，属严重违纪为由，决定与其解除劳动关系，停发工资，停缴社会保险。张女士不服，将该公司告上劳动争议仲裁委员会，要求恢复劳动关系，继续从事原岗位工作。

仲裁结果：

劳动争议仲裁庭经调查认为，该公司相关规章制度明确规定，张女士的身体状况无法履行相应的岗位职责情况，视为不能胜任工作。因劳动者不能胜任工作而变更、调整职工工作岗位，则属于用人单位的自主权。因此驳回张女士的申请，裁定该贸易公司的解除决定合法、有效，双方解除劳动关系。

（资料来源：搜狐网，有删改）

第三节　促进劳动者全面发展

职业伴随着人的一生，大学生在求职的过程中，首先，要全面审视自己，对自己有一个客观的认识，还要通过各种途径搜集将入职的企业的信息，对企业有全面且正确的认识，为自己的入职做好准备；其次，要积极进行由学生角色向职业人角色的转变，力争做到在心理上、生理上、岗位上、知识技能上和人际关系上与企业环境相适应；再次，要知道如何适应多变的职场人际关系，通过有效的心理调整来维持与领导、同事、客户的良好人际关系；第四，在投入工作以后，要以一个积极的心态科学地规划时间，从容破解工作中面临的各种压力和困惑，克服自身的职业倦怠心理；最后，在工作中养成良好的职业习惯，在纷繁复杂的职场社会中不断提升个人的综合能力，促进自身的全面发展。

一、入职准备

（一）全面了解新环境

1. 主动了解企业的基本情况

正所谓"知己知彼，百战不殆"，大学生在正式进入企业就职之前，应该通过各种途径搜集企业信息，全面了解企业情况，包括企业的建制沿革、发展现状、组织架构、工作流程、规章制度、薪资福利等，可以减少自己心理上的不适应感，尽快进入工作角色，为今后正式就职、融入团队打下良好的基础。

2. 了解企业的企业文化

企业文化是文化现象在企业中的体现，是在一定社会历史环境下，企业及其成员在长期生产经营活动中形成的文化观念和文化形式的总和，是企业员工共同的价值取向、经营哲学、行为规范、共同信念和凝聚力的价值观念体系。对于新员工而言，熟悉本企业的企业文化是了解企业的关键环节。只有了解和体会企业文化，才能迅速理解企业的精神和宗旨，使自己的行为符合企业的总体目标，适应企业发展的步伐，使自己迅速融入企业大家庭。

(二) 塑造良好的职业形象

职业形象是社会公众对职业人的感受和评价，职业人从事职业活动时的形象就是职业形象。一个职业人的职业形象是公众对他的着装、气质、言谈、举止、职业素质等外在形象和内在涵养的综合印象。

良好的职业形象不仅能够提升个人价值，而且还能提高自己的职业自信心。职业形象也是维护职业声誉的重要组成部分，是企业文化和社会文明的重要组成内容。塑造和维护良好的职业形象，是入职工作的重要内容。

(三) 建立良好的人际关系

第一，尊重他人，和平相处。同事之间交往应该相互尊重。人和人之间的关系是平等的，不因职业高低、收入多少而不同。相互尊重、平等待人是建立良好人际关系的前提。

第二，律己宽人，包容有爱。在与他人的交往过程中，要努力做到严于律己、宽以待人，以责人之心责己、以恕己之心恕人。遇到事情能进行换位思考，不要斤斤计较，做到谦让大度、宽容守礼，这是建立良好人际关系的润滑剂，能赢得更多同事的信任和喜爱。

第三，诚实守信，进退有度。诚信乃立身之本，工作中更是要讲求言必信、行必果。在工作中要养成良好的习惯，做到诚实守信。同时，与同事交往时还要注意进退有度，保持合适的距离，不给他人造成困扰和误会。

二、积极进行角色转换

(一) 角色转换的概念

角色是个体在特定的社会关系中处于一定位置时所执行的职能，是人们社会地位的外在表现。社会角色是指与人们的某种社会地位、身份相一致的一整套权利、义务的规范与行为模式，它是人们对具有特定身份的人的行为期望，是构成社会群体或组织的基础。

在社会中，角色不是孤立存在的，而是与其他角色联系在一起的。因此，任何一个人都不可能仅仅承担某一个社会角色，而总是承担着多种相互联系、相互依存、相互补充的社会角色。

个体在社会中所扮演的角色并不是固定不变的，而是会根据相应的环境进行不同角色的转换。人的社会任务和职业生涯不断变化，角色也随之变化，从一个角色进入另一个角色，这个过程称为角色转换。角色转换就是在社会关系中对个体地位的动态描述。社会角色由角色权利、角色义务、角色规范三个要素组成，角色转换也就是这三个要素的转换。

人的一生有许多次角色的转换，大学生从学校毕业进入工作岗位就完成了从学生角色到职业人角色的转换，这种转换是每个人都会经历的过程，也是一个人人生中最重要的一次转折。

(二) 角色转换要与环境相适应

大学生就业之初，从相对简单的学生角色转变到较为复杂的职业角色，实习实践与正式上岗之间，理想与现实之间的差距就会表现出来，大学生会面临很多困难和挑战也是可想而知的。要完成从学生角色到职业角色的顺利转换，就要充分认识和认真对待这些矛盾和冲突，充分考虑企业的具体环境，只有大胆面对现实，立足岗位努力学习，不断提升和完善自我，才能顺利实现角色的转换。

1. 心理适应

发挥自身健康的心理机能，包括整体协作意识、独立工作意识、创造意识。要克服以下五种心理：对学生角色的依恋心理、观望等待的依赖心理、消极退缩的自卑心理、苦闷压抑的孤独心理、见异思迁的浮躁心理。

职场新人一般总是从基层做起。职场新人首先要学会心理适应，学会适应艰苦、紧张而又有节奏的基层生活。由于缺少基层生活经历，可能会不习惯一些制度、做法，这时千万不要用自己的习惯去改变环境，而是要学会入乡随俗，适应新的环境。虽然在刚开始的时候可能会做错事，但只要能够吸取经验，在同事前辈们的帮助下，就会养成职业人的整体协作意识、独立工作意识。

要充分发挥自己的主观能动性和创造性，凡事要进行具体分析、具体对待，然后脚踏实地地工作。在任何一个行业都要准备好从底层做起，不断积累经验提升能力，就能为今后的职业发展打下一个良好的基础，形成一个有延续性的职业发展历程。

2. 生理适应

既然步入了职场，学生时的许多生活习惯就都得改变。在学校的时候，上课迟到等行为也许不会带来什么严重的后果，但在工作期间，如果迟到、旷工，耽误的就是整个团队的业绩，随时有被开除的可能；如果工作失误，会造成重大的经济损失，没有挽回的机会，所以为了自己的职业前途，毕业生需要及时调整生活作息，加强自我管理，遵守职场的规则，快速适应职场生活。

3. 岗位适应

年轻人容易将事情看得简单而理想化，在跨出校门前，都对未来充满憧憬，初出校门的毕业生不能适应新环境，大多与其事先对新岗位估计不足、想法不切实际有关。当职场新人对新环境、新岗位期望过高时，许多所谓的"现实所迫"会让他们在初入职场时就走了弯路，以至于碰了壁还莫名其妙、不知所措，并且产生失落感，感到处处不如意、事事不顺心。因此毕业生在踏上工作岗位后，要学会根据现实的环境调整自己的期望值和目标，为自己做一个适当的职业规划，明确职业目标是什么，在职场中自己该扮演什么角色，该怎样去强化自己的职业，并且持续投入钻研，自然就能得到较好的发展。

4. 知识技能适应

初入职场的新人可能文凭比企业里的一些前辈要高，但现实常常是刚刚工作的毕业生什么都不会，因为在学校里比较注重的是学习理论知识，而在职场上更注重的是动手能力和经验的积累。因此，职场新人要主动投入到再学习中，学习能让自己尽快适应工作的知识技能。正所谓"干到老、学到老"。职场竞争在加剧，学习不但是一种心态，更应该是一种生活方式。为适应社会发展和实现个体发展的需要，每个职业人都需要培养主动探索、自我更新、学以致用和优化知识的良好习惯。同事、上级、客户、竞争对手都是老师。谁会学习，谁就会成功。学习不仅增强了自己的竞争力，也增强了企业的竞争力。

5. 人际关系适应

与象牙塔里单纯的人际关系不同，踏入了职场，人际关系也相应地变得复杂了起来。刚走上工作岗位的职场新人最容易犯的毛病是过于高傲，而把姿态放低一点、谦逊有礼，往往会赢得好感。无论是对领导还是同事，无论喜欢还是讨厌，都要彬彬有礼。同时，努力工作，适当表现自己，最大限度地得到上司和同事的认可，方能赢得职场人缘。总之，在职场中，当面对复杂情形或困境时，要仔细观察，用心揣摩，注意自己的言谈举止，有意识地提升职场情商，就会明显改善自己在职场中的生存环境，进入良性和快速发展轨道。

(三) 角色转换的原则

1. 强化职业角色意识，培养职业兴趣

职场是实现人生价值的舞台，从业者在特定的社会环境下和职业氛围中、在培训和任职实践中形成的与从事职业密切相关的思想和观念，将逐步内化为从业者的职业意识。职业意识是职业人的根本素质，也是必备条件，科学地规划自己的职业，可以有意识地强化自己的职业意识，培养自己的职业兴趣。

2. 提高社会责任意识，强化职业素质

社会责任意识是指一个具有独立人格的社会成员对国家、集体和他人所承担的职责、任务和使命的态度，是一切美德的基础和出发点，也是社会得以发展的基石。提高社会责任意识，加强职业道德教育，强化职业素质的培养，对学生角色转换具有重要的现实意义。

3. 增强独立自主意识，勤于思考和研究

增强独立自主意识，勤于思考和研究有助于形成自尊、自信、有责任感的品质，有助于学生的基本素质得到全面发展，引导自己"勤学、善思、笃行"。

4. 提高心理调适能力，跨越心理误区

提高心理适应能力有助于学生学会如何适应新的环境，并具备在新环境中不断学习创新、自我发展的能力，能避免进入心理误区，减少心理问题的困扰。

(四) 角色转换的意义

1. 有利于完善自身知识结构，确立择业目标

角色转换可以帮助职场新人尽早确立自己的择业目标，然后以目标为导向，不断完善自己的专业知识结构，提升自己的职业素质，为今后更好地就业做好充分准备。

2. 有利于尽快适应职业生活

从学生过渡到职业人，面临着不同的内外部环境，需要学生从生理和心理等各方面都提前做好相应的准备，越早融入职场生活，对今后职业的发展越有好处。

3. 有利于在激烈的人才竞争中脱颖而出

职场竞争是激烈而残酷的，职场新人在角色转换的过程中要不断调整自己的状态，提升自己的综合能力，才会有更多职业发展的机会，更有可能获得职业成功。

4. 可以为将来的成才和创业夯实基础

在进行角色转换时可以找出自身的不足，提高心理承受力，加强角色认知，做好上岗前的各项准备，全方位地为就业打下良好的基础。

三、尽快融入企业

即将步入社会，进入新的人生历程，初入职场的大学生们既满怀对过去几年大学生活的不舍，又对未来充满好奇与期待。如何安然度过职场初期，更快更好地融入职场；如何对自己未来的职业发展做出全面、科学、合理和最优的规划，在职场中抢占先机，是每个大学生需要重点学习的。实践证明，能在短时间完成从学生到职业人角色转换的人，更能获得企业的认可，得到更多的机会，更快地找到自己的位置，更好地实现自己的职业发展，更容易获得职业成功。

大学毕业不是结束而是开始，大学毕业生开始直面日益严峻的就业竞争和残酷的职场比拼，要面对严峻的就业形势和日趋激烈的竞争局面。大学生毕业后想要能够完全适应未来的职业，还有一段距离。为了更好地适应未来职业的要求，大学生要充分利用求学期间的大好时光，根据所选择的职业要求和社会发展，不断提高、完善自身素质，大胆迎接挑战，投入竞争，为适应未来职业生活和事业发展奠定良好的基础。

(一) 珍惜第一份工作

1. 慎重择业以达到人职匹配

每个人的第一份工作都是特别的，它是职业生涯的起点，也是命运的转折点；它见证了人们从学生转变为职业人的过程，是人们进入职场社会的第一个起点和基础。每个刚进入职场的人都是一张白纸，未来的职场蓝图需要通过自己的努力和不懈奋斗去一笔笔勾画。因此，在选择第一份工作时，一定要谨慎细心，三思而行，其中有你最初对职场的想象和期待，对未来的梦想。调查显示，如果一个人对他的工作感到满意，他就能够发挥他全部才能的 80%~90%，并且能够长时间地保持激情而不疲倦；相反地，如果他对工作不满意，则只能够发挥他才能的 20%~30%，而且更容易产生厌倦。认真选择对待第一份工作，你会收益良多。

2. 目标明确，强化职业适应

个人的第一份工作最好能坚持三年。在进入职场初期一定要有一个明确的目标，做一个科学的职业规划，利用 3~5 年的时间积累经验，拓宽人脉，磨炼技能，提升素养，完成自己的职业化进程，这样将更有利于今后的职业发展。

3. 提高综合素质，增强职业弹性

所谓职业弹性，是指当个人的职业生涯遭遇不利因素或受阻时，能将不利影响最小化并承受挫折的能力。职业弹性受外部环境的影响，体现个人对职业逆境的良好适应，取决于个人综合素质的高低。努力提升自己的综合素质，能为今后抗击挫折多做一些准备。

(二) 做一个合格的职业人

1. 做一名具有高度责任感的好员工

(1) 把职业当作事业。

如果你把职业当职业，职业对你而言也就仅仅是一种谋生的手段，用来挣钱养家。当你遇到工作压力过大、待遇不公、升迁受阻时，会产生许多不良的情绪甚至怨恨。如果你把这些不良情绪都带到工作中，即使从事的是你最喜欢的工作，你仍然无法持久地保持工作的激情，此时的你注定一事无成。

敬业的最高境界是什么？就是把职业当成自己的事业来做。世界上没有一个老板会不喜欢敬业的员工，因为敬业是一种责任，而对待工作的态度就决定了你的成绩。正如德国思想家马克斯·韦伯所说，有的人之所以愿意为工作献身，是因为他们有一种"天职感"，他们相信自己所从事的工作是神圣事业的一部分，即使是再平凡的工作，他们也会从中获得某种人生价值。

(2) 灵活运用职场礼仪。

随着现代社会的不断发展，职场礼仪已越来越受重视，它不仅是企业文化和企业精神的重要组成部分，也是企业形象的重要体现。而一个人的举止、表情、谈吐、待人接物等方方面面，都能展示一个人的素质修养，也能展示一个企业的整体形象。

因此，在平时的工作与生活中，应注重四个方面的提高：一是强化自律意识，提高自身服务能力；二是端正思想态度，提高自身道德修养；三是讲究学习方法，提高自身礼仪水平；四是注重学以致用，提高工作效率。

(3) 脚踏实地，认真工作。

职场新人要想适应当今的职场环境，就必须具备明确的工作目标和强烈的责任心，带着激情去工作，踏实、高效地完成自己的本职工作。工作态度很大程度上能够决定一个人的工作成果，有良好的态度才有可能塑造一个值得信赖的形象，获得同事、上司和客户的信任。

2. 做一名受人欢迎的好同事

(1) 注意自己的说话方式。

好好说话是一门技能，在职场中掌握与人沟通的技巧，说话应注意方式方法，多倾听，学会控制自己的情绪，注意场合，为他人留自尊，为自己留空间。

(2) 保持乐观和适度的幽默。

无论我们从事什么样的工作，都应该拥有一颗积极乐观的心，让自己变得幽默起来，使自己成为一个充满正能量的人，这样才会为自己赢来好人缘。

(3) 尊重工作前辈，保持谦逊。

企业中的前辈在工作中必然会积累很多的经验，有机会时不妨聆听他们的见解，从他们的成败得失里寻找可以借鉴的地方，这样不仅可以帮助我们自己少走弯路，更会让他们感到我们对他们的尊重。

(4) 学会适当"吃亏"。

职场中要学会适当"吃亏"，将眼光放长远些，不要过于计较眼前的利益，不要总想着"捞好处"。要相信"日久见人心"，用现在的一些利益换来他人的尊重，才会更快地建立良好的人际关系。

3. 做一名踏实谦逊的好下属

(1) 尊重领导，不妄议。

领导是单位凝聚力、效率的保证。与领导相处，重要的不是智商，而是情商，情商就是自我情绪的控制力、人际关系的协调力；重要的不是自我表现，而是尊重领导，站在领导的立场上思考问题。职场中最忌"说是非"，不要在背后妄议领导。

(2) 将服从进行到底。

一切行动听指挥。领导安排的事要尽力做好，领导禁止的事坚决不做。做事要紧守红线，绝不越线。尊重领导的权威，切忌与领导发生正面冲突，要学会用恰当的方式表达自己的意见。

(3) 具有较强的执行力。

执行力是指能按质、按量、按时地完成自己工作的能力。在工作中应充分发挥个人的主观能动性与责任心，在接受工作之后应想尽一切办法把工作做好，不推诿、不拖拉。

四、克服职业倦怠

(一) 职业倦怠的含义

倦：疲乏，厌倦；怠：懒惰，松懈。倦怠是指对事物丧失动力，产生疲倦、懈怠的心理。职业倦怠是一种由工作引发的心理枯竭现象，是人们在工作的重压之下所体验到的身心俱疲、能量被耗尽的感觉。这与生理的疲倦劳累是不一样的，职业倦怠源自心理的疲乏。它被视作现代社会的一种职业疾病，普遍发生在各种服务行业的群体中。它会对人的工作与身心健康产生不良的影响，因此，职业倦怠应当引起我们的关注。

(二) 职业倦怠产生的原因

1. 个人原因

技能与职位不匹配；容忍程度或者坚忍程度与工作要求不一致；生活中有不良习惯；趋向于将他人需求放在第一位，无法优先考虑自身需求；缺乏社会支持；缺乏自信；无法控制情绪，无法自我安慰或者寻求帮助。

2. 外部职场因素

工作氛围紧张、压抑；工作要求过于苛刻；压力过大或工作时间过长；受到欺凌或骚扰；经历创伤性事件；工作场所暴力；投入得不到相应的回报；对企业内部的沟通状况不满意；规章制度不合理。

(三) 职业倦怠的表现形式

当职业倦怠产生后，职业人的认知态度、个人行为、生理的表现都会发生明显的变化。

1. 认知态度上的表现

在认知方面，对工作失去兴趣，认为工作毫无意义、毫无价值，只是枯燥乏味的、机械重复的烦琐事务；感到前途无望，对周围的人、事、物漠不关心；疏远工作，无心投入，意志力缺失；如果有机会就想跳槽、转岗或是逃离现有工作环境。由于对工作感到厌倦，情绪波动很大，会产生压抑、苦闷、怨恨、忧郁、多疑等多种消极情绪。

2. 个人行为上的表现

对工作敷衍了事，得过且过，没有任何抱负，个人发展停滞，行动无常，职业倦怠因工作而起，反过来就会作用于工作，影响人的正常工作，导致工作效率低下，于是职业倦怠进一步增强，继而影响到接下来的工作状态，如此形成一种恶性循环。还有些人表现为攻击行为增多，包括人际摩擦增多，在极端的情况下会出现打骂他人的情况。在严重时，将攻击指向自身，出现自残行为，甚至在极端的情况下有自杀行为。

3. 生理上的表现

职业倦怠对工作有极强的破坏力，而且能导致当事人发生多种生理疾病和不良反应，如精神萎靡、活力下降、深度疲劳、失眠、头昏眼花、恶心、过敏、呼吸困难、肌肉疼痛和僵直、月经不调、腺体肿胀、咽喉痛，反复得流感、头痛、消化不良等。其中，呼吸系统传染病和头痛会持续很长时间，有些人还会出现更为严重的消化系统和心脑血管系统疾病。

因此，我们要密切关注工作过程中自己的种种表现，认真分析具体情况，合理判断自己是否正处于职业倦怠的早期，抑或已经产生明显的职业倦怠。

(四) 职业倦怠的调适方法

影响职业倦怠的因素有很多，既有工作和组织因素，又有个人因素。很多时候我们无法改变环境，如工作的性质、组织公平等，但我们可以改变自己。对于个体来说，要想有效缓解或消除职业倦怠，关键还是从自身做起，从个体认知、情绪、能力等方面积极寻找自我调节手段。

1. 正向激励法

对于职业人来说，在人生不同的职业发展阶段，所侧重的需要也不尽相同，因此我们可以根据自己当下和长远的发展需要，为自己设立一些短期和长期的目标，以应对职业倦怠。这些目标的设定，将使日复一日的工作变得有意义，职场生活也不会那么枯燥乏味了。

2. 自我调节法

自我调节法是利用正能量强化手段，提升职业人的自我效能感。特别是当我们身处逆境时，自我调整、自我进取、自我鼓励就变得尤为重要。

(1) 保持平和心态，改变认识观念。

工作总是要求精益求精，但有时候结果与要求并不相符，努力了、尽力了，就不要对自己求全责备。对于上司的不理解和同事的指责，要保持平和的心态，适当的时候可以与他人沟通、交流。一个人不可能把事事都做得尽善尽美，也不可能让所有的人都满意，更不可能控制和改变工作中的所有事情。有的工作是我们可以胜任的，有的则是自己做不好的。要学会欣赏自己、善待自己。遇挫折时，要善于多元思考，"塞翁失马，焉知非福"，适时自我安慰，千万不要过度否定自己。有些职场不利因素是不可避免或难以在短时期内排除的，如激烈的竞争、失业等，但我们可以改变自己的心境、控制自己的情绪，保持平和的心态才能够在职场中走得更远。

(2) 保持进取心，不断学习与创新。

工作中也会出现"审美疲劳"，重复、枯燥的工作会让你看不到自己的长处，"停滞"会让人产生挫败感与无力感。职业倦怠很多情况下是一种"能力恐慌",这就需要职业人不断地为自己充电加油,保持一颗进取心,不断挖掘工作中创新的可能性;同时不断地学习、吸收更多的专业知识,武装自己的头脑,多参加工作相关的活动,这不仅能够拓宽自己的视野,构建自己新的思维框架,更能不断开发自身潜能,给工作带来新的活力与动力。

(3) 劳逸结合,控制工作节奏。

把麻烦棘手的事情在开始工作之前处理好,这样会让自己一天的"压力指数"大大降低,因为最难办的事情都处理掉了,就可以轻装上阵了。同时参加一些闲暇活动,例如处理完一件事情之后喝杯茶,与同事在休息区开个玩笑,或者做个简单的放松运动。

五、养成良好的职业习惯

养成良好的职业习惯,对大学生未来的职业发展大有益处。遗憾的是,目前大多数大学生缺乏对自己未来职业的认识,对职业习惯的养成并没有足够的重视。随着经济全球化和信息化时代的到来,职场竞争愈加激烈,为了毕业后能更好、更快地融入职场,在大学期间开始有意识地培养一些基本职业习惯是很有必要的。

(一) 职业习惯的含义

职业习惯是指人们在长期从事某种职业的过程中自然培养的一种带有所从事工作鲜明特点的言行举止。职业习惯与工作之间密切联系,相互影响,相辅相成。良好的职业习惯体现了较好的职业素养,彰显了个人魅力,因此,养成良好的职业习惯是一个人拥有美好的职业前景所必不可少的条件。

(二) 职业习惯的培养途径

1. 积极转变观念,强化职业意识,增强职业习惯认同感

唯物辩证法中提到,认识对实践具有反作用,正确的认识对实践具有促进作用,错误的认识对实践具有阻碍作用。大学生应该树立对职业习惯的正确认识,即应提前在大学生活中养成良好的职业习惯,并且加强这种认识。良好的行为习惯和道德修养首先要从严格遵守日常行为规范做起,要把良好的行为习惯融入生活、学习的各个环节,并让这种认识去促进自己在生活实践中一步步养成良好的职业习惯。

2. 提升职业知识与素养,精心培养基础职业习惯

大学生可通过校内开设的职业生涯规划、职场交流与礼仪等相关课程加深对未来

职业的了解，具备一些基础的职业知识与素养，从而潜移默化地让自己养成良好的职业习惯。通过职业技能的学习，提前了解自己未来的职业环境和职业要求，对自己的未来职业有一份清晰的职业规划，从而按照这份规划去养成自己必备的职业习惯，让自己在今后的职业生涯中拥有更多的自信心。良好职业习惯的形成，将提升整个行业的职业素养，这不仅会使职业人受益，更会促进整个社会进步。

3. 积极参加实践锻炼，强化职业习惯

良好职业习惯的形成离不开积极的专业实践活动。职业院校的学生应积极参加生产实习，掌握本专业的基本生产技能，加强综合运用专业知识解决生产实际问题的能力。同时，积极参与第二课堂活动、社团活动、社会实践活动、各类型比赛等，将所学知识与社会需求结合起来，强化自身的应用能力，增长见识，加强团队协作能力、沟通能力等综合素质的培养。

4. 培养自主发展意识，调动内生动力，谋求职业发展

自主发展可以充分彰显个人发展的价值和思想，调动个人内在的发展动力，发掘个人潜力，可以充分体现人才培养和人才使用的有效性，因此，自主发展已成为个人职业生涯发展的新潮流。当然，提倡自主发展，并不等于可以随意发展，也不等于每一个人都能够实现自主发展，因为自主发展是有条件的，是在客观评价自身优劣和客观分析外部发展条件的基础上做出的客观发展的决策，是个人因素与外部因素的有机结合，并且是二者正向互动的结果。自主发展而强化内在动力的自主发展，同外在推动力作用下的自主发展截然不同。具备自主发展的素质和能力，特别是自主管理素质和自主管理能力，是实现自主发展的前提条件和基础。

自主发展既需要了解自己的长处、兴趣点、性格特征等，又要看到自己的不足，使这种自我客观评价成为个体自我调控的内在依据。只有这样，才能确保自主发展的质量，充分调动内生动力，谋求职业长远发展。

5. 持续做好自我管理，接纳正向动力，把握职业方向

良好的自我管理能力是组织与个人共同成长的持续动力。自我管理，简单地讲就是自己管理好自己，包括如何做人和如何做事。在做人上，自己要有理想和追求的目标，始终让自己的理想目标不偏离正确的方向，不断接纳正向动力；在做事上，要有端正的态度，认真干事，精益求精，才能干好事。如果没有自我管理意识，总是被动地被别人管理，就会逐渐失去发展内动力。而自我管理意识强的人，随着成就感的提升，发展的内动力则不断增强，也更能把握好职业的发展方向。作家杰克森·布朗比喻得好："缺少了自我管理，就好像穿上溜冰鞋的八爪鱼，眼看动作不断，可是却搞不

清楚到底是往前、往后还是原地不动。"

6. 养成终身学习的习惯，增强自身软实力，实现人生价值

终身学习是指开始于人的生命之初，终止于人的生命之末，包括人的发展的各个阶段的学习活动，它突破了学校教育的固有框架，可以根据自己的特点和需要选择适合自己的学习，囊括了人的各个不同发展阶段的、各种连续不断的学习过程。

终身学习是飞速发展的时代向我们提出的要求，是实现人生价值的需要，也是职业发展的必然要求。过去一个人凭着从学校学得的知识，在工作岗位上就基本够用，但现在还仅仅满足于在学校学到的知识，而不注意及时"充电"，则远远不能满足职业的纵深发展要求。高新技术带动生产力突飞猛进，不断改变着我们的生存环境和生存方式，更需要我们不断提高对新知识、新科技的掌握能力，以及对新环境、新变化的应对能力。毫无疑问，这种能力只能从学习中来，不学习，就会被飞速发展的社会淘汰。只有养成终身学习的习惯，不断更新和扩充自身的知识量，才能增强自身软实力，得到别人尊重，获得幸福感，进而实现自己的个人梦想和人生价值。

【拓展阅读】

在图书馆上"大学"的金克木

1935 年，只有小学学历的金克木经人介绍，到北京大学图书馆工作，主要负责借书还书。一天，他忽然想到："我为什么不能也像那些教授、学生一样读一些书呢？"

但如何在书海中寻到最有价值的书，令他一筹莫展。后来，他想到了一个办法——"索引"，就像他根据"索引"给借书人找书一样，反过来，他也可以从借书人那里搜索到有价值的书啊！从此，借书人就成了他的"导师"。白天，他在借书台和书库间穿梭，晚上他就偷偷阅读那些被别人借过的书。他的"导师"五花八门，但以毕业生为主，因为这些学生要写论文，因此他们借的书都很有方向性。

教授们很少借书。有一次，一位从十几公里外步行赶来的教授，他夹着布包，手拿张纸往借书台上一放，一言不发。金克木则利用这极少的机会主动学习。在教授刚出门的刹那间，金克木赶紧抓张废纸，把进出书库时硬记下来的书名默写出来。以后有了空隙，便照单去善本书库一一查看。

"我很想知道，这些书中有什么奥妙值得他远道来借，这些互不相干的书之间有什么关系，对他正在校注的那些古书有什么用处。""我当时这样的行为纯粹出于少年好奇，连求知欲都算不上，完全没有想到要去当学者或文人。我自知才能和境遇都决

不允许我立什么远大目标。我只是想对那些高深莫测的当时和未来的学者们暗暗测一测。我只想知道一点所不知道的，明白一点所不明白的，了解一下有学问的中国人、外国人、老年人、青年人是怎么想和怎么做的。"

可以说，完全是由于超强的好奇心，金克木表现出与众不同的学习劲头和"书虫傻气"，而就是靠着这个，金克木后来成为中国顶尖的学者。

(资料来源：文汇报，有删改)

第八章　劳　动　实　践

第一节　校园劳动实践

校园劳动实践活动可以组织、安排学生进行"美丽校园，我先行""劳动最光荣"
"学生宿舍大清扫"等活动，具体活动实施如表 8-1～表 8-7 所示。

表 8-1　美丽校园，我先行

实践活动一：美丽校园，我先行	
活动主题	校园卫生大扫除
活动宗旨	1. 使学生了解校园公共区域的卫生标准，掌握校园公共区域卫生打扫基本技能。 2. 通过该项劳动，使学生体会保洁人员维护环境的艰辛，养成不随意乱丢垃圾和做好垃圾分类的好习惯。 3. 人人参与绿色校园建设，培养良好行为习惯
活动时间	教学周每周五下午第 7、8 节课(具体安排由院系结合实际安排)
活动准备	1. 后勤部门负责划分各院系校园公共卫生打扫责任区域。 2. 院系联系一名保洁工作人员对学生进行指导和帮助。 3. 院系根据实际划分各班级负责的卫生区域。 4. 后勤部门准备好打扫工具并分发至各院系，院系负责保管打扫工具，并做好工具的收发及登记工作
活动实施	1. 各班辅导员或班主任组织本班同学完成所负责区域的卫生，做好工作记录。 2. 院系指定专人协助保洁工作人员检查打扫情况，确保实践活动高质量完成
活动总结	干净整洁的校园环境和良好行为习惯的养成均在于长期的坚持，校园环境卫生的保持要靠所有师生的共同努力，大家做到自我监督、相互监督，积极行动，做好垃圾分类，一起让校园变得越来越美
根据具体活动可以调整流程和项目	

表 8-2　劳动最光荣

实践活动二：劳动最光荣	
活动主题	我劳动，我快乐
活动宗旨	1. 校园是同学们学习和生活的场所，校园环境卫生时刻影响着同学们的学习和生活。 2. 开展以"劳动最光荣"为主题的系列活动，让同学们了解"劳动节"的由来，了解劳模风采，将"劳动最光荣"内化为实际行动。 3. 通过此次系列活动，使同学们体验劳动的艰辛，珍惜他人的劳动成果
活动时间	每年 5 月(具体安排院系可结合自身实际开展)
活动准备	1. 准备"以劳动最光荣"为主题的主题班会材料，包括"五一劳动节"的由来、当代劳模学习典范、劳动教育的意义等内容，制作成 PPT 演示文稿。 2. 准备打扫工具(拖把、扫帚、抹布、水桶、垃圾袋、垃圾桶、簸箕等)
活动实施	1. 辅导员或班主任负责组织召开"劳动最光荣"主题班会，班级全员参加，班长、劳动委员组织完成签到，做好班会记录，最后形成简报提交院系，简报由院系存档。 2. 教室卫生大扫除，由劳动委员负责组织同学们完成本班级所负责的教室卫生，辅导员或班主任检查打扫情况
活动总结	通过"劳动最光荣"系列活动，强化同学们的劳动观念、劳动意识和团结协作的合作精神，锻炼同学们的意志品格，培养同学们积极参与劳动的热情，养成热爱劳动的良好习惯并内化为生活行动，懂得珍惜他人的劳动成果，从而形成良好的学习与生活习惯，提升综合素养
根据具体活动可以调整流程和项目	

表 8-3　学生宿舍大清扫

实践活动三：学生宿舍大清扫	
活动主题	"宿舍是我家　干净靠大家"
活动宗旨	宿舍文化是大学校园文化的重要组成部分，是校风、学风的具体表现，学生宿舍不仅仅是学生生活和休息的场所，更是学生心灵、情感、智慧和思想相互交融、相互影响的自我天地。宿舍的整洁美观与否直接影响同学们的学习和生活
活动时间	每周 1 次
活动准备	学生自己准备扫把、拖把、抹布等工具
活动实施	1. 学生按照以下要求打扫宿舍卫生： (1) 地面干净，无灰尘、污渍、烟头、垃圾，物品摆放整齐。 (2) 墙面无污迹、脚印或球印，无蜘蛛网、无乱贴乱挂。 (3) 桌面及书架无灰尘、杂物，物品摆放整齐。 (4) 床上清洁、无杂物，被子叠放整齐，床单、枕头、枕巾干净平整。 (5) 室内门窗无灰尘、无泥迹、无乱贴乱画。 (6) 阳台、卫生间干净整洁，洗漱用品摆放整齐、无异味。 (7) 宿舍环境优美。 (8) 室内布置内容健康向上，反映当代职业院校学生的精神风貌。 (9) 宿舍文化主题鲜明、整体协调、张贴有序、美观大方。 (10) 有一定创新意识和文化品位。 2. 由指导老师对学生宿舍的卫生情况进行评分
活动总结	
根据具体活动可以调整流程和项目	

表 8-4　义务植树

实践活动四：义务植树	
活动主题	"热爱劳动　保护环境　植树校园　从我做起"
活动宗旨	植树节是按照法律规定，宣传保护树木，并组织动员群众积极参加以植树造林为活动内容的节日。在植树节前后，由老师带领学生植树，在植树过程中，能够让学生更好地体会劳动的艰辛，感受劳动的快乐，理解"十年树木"和建设校园文化的意义，帮助学生更好地了解劳动方式的多样性。同时培养学生吃苦耐劳的精神、劳动责任感、集体主义精神，进一步树牢劳动观念，弘扬劳动精神，争做具有正确劳动价值观和良好劳动品质的新时代青年。
活动时间	每年 3 月 12 日植树节前后
活动准备	提前准备植树所需要的树苗、锄头、水盆、簸箕等植树工具
活动实施	1. 学生在指导老师的指导下挖坑、植树。 2. 立标牌，纪念本次植树活动。 3. 请学生在现场准备的留言板上写下植树节劳动的感触
活动总结	
根据具体活动可以调整流程和项目	

表 8-5　课堂教学中的专业技能训练

实践活动五：课堂教学中的专业技能训练	
活动主题	"学以致用　从专业技能中寻找劳动的魅力"
活动宗旨	将劳动教育贯穿于教育教学，培养高素质技能型学生。会计专业的学生根据自身专业特色，选择点钞作为专业课上的专业训练项目。使学生更好地掌握手工点钞的规范方法，更好地了解点钞的基本知识，熟练掌握实用型点钞的技能，通过不断的训练和及时考核，达到行业技能标准与要求
活动时间	根据专业课程学习进度安排
活动准备	提前准备好点钞纸(由指导老师在练功券中设置长、短款差错)、海绵缸，签字笔等
活动实施	1. 手工点钞比赛限时 5 分钟，每位学生必须在规定时间内完成。 2. 单指单张点钞时必须自始至终逐张清点，不准一次捻两张或两张以上，发现差错复点时也不能改变点钞方法。多指多张点钞方法不限，可采用手持式四指四张或五指五张点钞法、手按式多指多张点钞法、扇面式点钞法等。 3. 由指导老师对学生点钞结果进行评分
活动总结	
根据具体活动可以调整流程和项目	

表8-6　课后专业技能练习

	实践活动六：课后专业技能练习
活动主题	"践行工匠精神　感受劳动之美"
活动宗旨	将劳动教育贯穿于专业教学，实行劳动教学与专业教学双嵌入、双促进，培养高素质技能型劳动者。酒店管理专业的学生根据自身专业特色，选择餐巾折花作为劳动实践项目。餐巾折花不仅是宴会摆台的组成部分，而且是一种不可缺少的装饰品，可以起到渲染宴会气氛，增强艺术感染力的作用。花形与美味菜肴相互呼应，协调一致，美观统一，会收到美食美器的良好效果。学生在此项劳动实践过程中，不仅能够体会到自身专业与劳动的关联，感受到劳动之美，更能让学生看到自己的劳动成果，从而树立自信心，更加坚定学好本专业做新时代高素质劳动者的决心，也能促使学生更好地认识到能工巧匠的深层内涵与魅力
活动时间	根据专业课程学习进度安排
活动准备	提前准备餐巾
活动实施	1. 指导老师在活动开始前，提醒学生注意清洁卫生相关事项： (1) 操作前要洗手消毒，剪短指甲，着干净工作服。 (2) 在干净托盘或餐盘中操作； (3) 操作时不允许用嘴叼、用牙咬； (4) 餐巾折花放入杯时，要注意卫生，手指不允许接触杯口，杯身不允许留下指纹。 2. 5分钟内完成10种不同造型餐巾折花，花型高低错落，美观大方。 3. 由指导老师对学生餐巾折花作品进行评分
活动总结	
根据具体活动可以调整流程和项目	

表8-7　实训基地实训劳动

	实践活动七：实训基地实训劳动
活动主题	精雕细刻出精品，千锤百炼铁成金
活动宗旨	校内实训基地实训是一种实践，是理论联系实际、应用和巩固所学专业知识的一个重要环节，也是培养学生能力和技能的一个重要手段；通过实训，学生可以提升自己的实践能力，缩短从一名学生到一名一线技术人员之间的差距，为学生毕业后的身份转变打下基础
活动时间	根据各专业人才培养方案安排校内实训
活动准备	认真组织动员，做好实习准备。组织学生进行实训前的动员，通过实训动员，使学生有充分心理准备应对实训劳动。 　　周密部署、科学组织学生开展实训。在实训过程中，由任课老师负责学生实训期间的业务指导、安全管理等
活动实施	1. 实训要求 　　学生需遵守实训基地的各项规章制度和有关安全法规，确保良好的工作秩序，保证人身安全。 　　理论联系实际，认真完成各项实训内容，将专业理论知识与实际相结合、相互印证。实训过程中遇到问题及时向老师或同学请教探讨，按照要求撰写实训记录。 　　2. 实训管理 　　强化实训管理，严肃实训纪律。实训期间，学生因病因事请假，应严格按照实训管理规定请销假；实训期间，学生不得无故私自终止实训劳动，不得随意调整实训岗位。 　　组织实训检查，确保实训质量。实训老师负责检查学生实训情况，包括学生出勤、实训进度及完成情况等，做好实训期间的安全检查。

活动实施	3. 实训成绩评定 实训评定成绩要严格掌握评分标准，从实际出发，实事求是
活动总结	案例：学院装备制造分院电工实训 　　电工实训是装备制造类专业的必修课，从接线开始，逐步开展电路设计、安装、调试，实训时间为 2 周。实训期间，同学们都在认真接线，希望每一次通电成功，指导老师反复强调 6S 安全要求。通过两周的实训，同学们掌握了基本的电工工具使用、导线的连接方法、电路安装中的走线、元件布局等基本常识。电工实训不仅巩固了课堂上所学的专业知识，还培养了同学们的团队合作精神，提高了同学们的动手实践能力，也培养了同学们细致严谨的工匠作风。  图 8-1-1　学院装备制造分院学生合作进行电工实训  图 8-1-2　装备制造分院实训教师指导学生进行实训劳动

根据具体活动可以调整流程和项目

第二节 社会劳动实践

社会劳动实践包括企业生产劳动与职业体验、大学生"三下乡"社会实践、假期兼职调研等具体活动实践如表8-8～表8-10所示。

表8-8 企业生产劳动与职业体验

实践活动一：企业生产劳动与职业体验	
活动主题	校企深度融合，共把育人质量关
活动宗旨	1. 使学生加深对岗位工作的认识，逐步明确自身的发展定位。 2. 加强学生的实践能力锻炼，提高学生的实际操作能力。 3. 提高学生的职业素质，培养学生的敬业精神、团队精神、责任意识以及良好的职业心态和工作作风，逐步实现向"职业人"的转化。 4. 使学生逐步了解和熟悉社会，为走上社会、顺利实现就业做好充分的思想和心理准备，打下良好的基础。 5. 根据顶岗实习情况，在指导老师和企业专家的指导下，完成毕业论文
活动时间	第五或第六学期
活动准备	1. 各院系成立学生顶岗实习组织机构，由院系负责人担任组长，全程负责对学生毕业顶岗实习工作进行指导、统筹。 2. 院系做好学生离校安排工作。 3. 院系指派专人负责对学生顶岗实习进行全程跟踪、监督。 4. 院系结合学生学情制定顶岗实习考核与成绩评定标准
活动实施	1. 实习期间，学生必须严格遵守实习单位的规章制度，杜绝一切可能危及安全的事件发生；学生每天按时参加实习，不得无故缺勤、迟到、早退；实习期间严重违反规章制度的学生，将暂停或取消实习资格；对在实习中表现好的学生，给予奖励，并记入考核成绩；学生需按规定在实习系统中撰写实习日志，做好替代课程学习，及时总结实习经验，为今后的学习与工作做好充分准备；做好实习总结，写好实习报告。 2. 指导教师要与学生保持经常性的联系，通过电话、书信等形式指导学生实习，与实习单位保持联系，争取实习单位的最大支持和帮助，处理好校方与实习单位之间的关系，对于自己不能处理的，要及时报院系协商解决；指导教师要按学校要求，在实习系统中及时批改实习日志，掌握学生的实习情况，帮助学生总结实习成果，指导学生撰写实习总结、调查报告、毕业设计，指导学生做好替代课程学习；实习结束，对实习指导教师进行评价，结果为优秀、良好、合格、不合格，对于考核合格者按规定计入工作量
活动总结	案例：中国铁路成都局集团有限公司与贵阳职业技术学院深度合作，从2018年3月1日至2018年6月20日期间，对我院共140名实习学生(成都机务段11人、重庆机务段7人、贵阳机务段122人)进行了为期3个多月的培训，各机务段在培训结束前最后一周对此次培训进行了结业鉴定考试。双方就学生培训、鉴定考试等相关事宜多次沟通，并派专人对培训及鉴定考试进行定期巡视，与此同时，同学们不怕吃苦，积极利用休息时间加强实操技能训练，最终全部圆满地通过鉴定，实习学生的实操技能也得到了各站段领导的肯定。实习期间，同学们积极参加站段各种活动，在贵阳机务段建段60周年职工舞蹈大赛中荣获一等奖，展现了学院学生"重技艺、全面发展"的能力与风采。

活动总结	
	图 8-2-1　学院轨道交通分院学生在贵阳机务段实习
根据具体活动可以调整流程和项目	

表 8-9　大学生"三下乡"社会实践

实践活动二：大学生"三下乡"社会实践	
活动主题	家电义务维修，劳动收获快乐
活动宗旨	"三下乡"社会实践活动，对提高学生的奉献精神和吃苦耐劳的劳动精神具有积极的作用。通过家电义务维修的服务活动提高学生的动手能力，发挥学生的专业特长，培养学生的服务意识，传播奉献友爱的社会风尚，还能向乡村群众普及科学文化知识，让同学们在微笑与汗水中感受到劳动的价值，增长知识才干
活动时间	暑期 7～8 月份
活动准备	1. 召开暑期社会实践活动"三下乡"行前会议，明确活动的主要任务内容、注意事项和工作人员。 2. 招募机电、计算机类相关专业学生志愿者。 3. 收集、整理常见的家电维修故障，进行行前业务培训，拟定维修方案，列出维修所需的工具和相关必需品，制作详情清单。 4. 购买所有列出的维修工具和常用配件。整理完善前期准备工作，整理各项工具和生活用品。 5. 与服务地点沟通联系，确定时间，做好宣传
活动实施	1. 熟悉当地村民使用电器的基本情况。进行家电维修宣传，发放宣传单(宣传单上注明维修范围)。 2. 通过设点接收群众拿来维修的家电和组织维修队实地走访上门服务两种形式开展活动，并做好相关记录和服务。 3. 向当地村民介绍防雷电、用电安全、家电使用注意事项等知识宣传。 4. 参与活动的学生志愿者返校后认真总结整理好"三下乡"材料，总结活动经验，撰写心得体会
活动总结	"三下乡"家电义务维修活动充分发挥了同学们的专业优势，使同学们体会到学有所用，对自己所学知识也有了更深的理解和自信，让同学们在情感体验与行为体验中强化劳动意识，提升劳动技能，树立正确的职业观与劳动观，有利于增强当代大学生的社会责任感和劳动价值感
根据具体活动可以调整流程和项目	

表 8-10　假期兼职调研

实践活动三　假期兼职调研	
活动主题	甄别假期兼职的陷阱
活动宗旨	让学生能很好地判别兼职是否合理合法，避免兼职陷阱
活动时间	周末、"五一""十一"小长假
活动准备	1. 对全班进行合理分组，5～6 人一组，具体可根据全班实际人数而定，务必确保各组成员分工协作。 2. 确定一个小组担任所在班级假期兼职的相关调研工作，如：假期兼职的需求、难点、途径等。其余小组担任兼职陷阱案例收集工作，每个小组负责一个案例，可就身边发生的比较典型的案例进行总结，也可在网络上搜寻、对比选择典型案例，注意各组案例不要雷同，最好做到所选案例类型各不相同。 3. 老师对近期出现的或者我校曾出现的兼职陷阱典型案例选择出 2～3 个进行分享
活动实施	1. 由兼职调研小组对调研数据进行分享。 2. 各组分享所选案例。 3. 老师对各组分享进行总结分析
活动总结	1. 各小组以 PPT 形式向全班展示通过案例解析的所思所想。 2. 老师对兼职过程中容易遇到的问题进行分析，引导大家在假期兼职中尽力避免出现权益受损的事件发生
根据具体活动可以调整流程和项目	

参 考 文 献

[1] 李岑虎. 新时代劳动教育课程设计. 北京：旅游教育出版社，2021.

[2] 关春霞，陈东东，李淼. 劳动教育课程实施与评价. 北京：知识产权出版社，2020.

[3] 吕罗伊莎，王调品，刘桦. 劳动教育教程. 北京：北京师范大学出版社，2021.

[4] 李效东，陈臣，安娜，等. 大学生劳动教育概论. 北京：清华大学出版社，2021.

[5] 曾天山，顾建军. 劳动教育论. 北京：教育科学出版社，2020.

[6] 刘向兵，等. 新时代劳动教育论纲. 北京：社会科学文献出版社，2019.

[7] 丁晓昌，顾建军. 新时代大学生劳动教育. 上海：上海交通大学出版社，2021.

[8] 刘青松. 新时代的劳动教育. 重庆：西南大学出版社，2021.

[9] 郭明义，巨晓林，高凤林. 劳动教育箴言. 北京：中国工人出版社，2020.

[10] 钱欢欣. 新时代劳动教育新论. 南宁：广西师范大学出版社，2021.

[11] 陈国维. 大学生劳动教育[M]. 北京：高等教育出版社，2020.

[12] 聂峰. 新时代劳动教育教程[M]. 北京：电子工业出版社，2020.

[13] 袁国，徐颖，张功. 新时代劳动教育教程[M]. 北京：航空工业出版社，2020.

[14] 赵鑫全，张勇. 新时代大学生劳动教育[M]. 北京：机械工业出版社，2020.

[15] 刘向兵. 劳动的名义[M]. 北京：中国工人出版社，2018.

[16] 彭新宇，陈承欢，陈秀清. 职业素养的诊断与提高[M]. 北京：电子工业出版社，2018.

[17] 檀传宝，等. 劳动创造美好生活[M]. 北京：中国劳动社会保障出版社，2019.

[18] 姚裕群. 人力资源开发与管理通论[M]. 北京：清华大学出版社，2016.